婚姻家庭纠纷类案研究

杜江涌 著

群众出版社
·北 京·

图书在版编目（CIP）数据

婚姻家庭纠纷类案研究/杜江涌著．—北京：群众出版社，2022.11
ISBN 978-7-5014-6266-7

Ⅰ.①婚…　Ⅱ.①杜…　Ⅲ.①婚姻家庭纠纷—案例—中国
Ⅳ.①D923.905

中国版本图书馆 CIP 数据核字（2022）第 208641 号

婚姻家庭纠纷类案研究
杜江涌　著

出版发行：群众出版社
地　　址：北京市丰台区方庄芳星园三区 15 号楼
邮政编码：100078
经　　销：新华书店
印　　刷：北京市泰锐印刷有限责任公司

版　　次：2022 年 11 月第 1 版
印　　次：2022 年 11 月第 1 次
印　　张：8.875
开　　本：880 毫米×1230 毫米　1/32
字　　数：231 千字

书　　号：ISBN 978-7-5014-6266-7
定　　价：43.00 元

网　　址：www.qzcbs.com
电子邮箱：qzcbs@sohu.com

营销中心电话：010-83903991
读者服务部电话（门市）：010-83903257
警官读者俱乐部电话（网购、邮购）：010-83901775
法律图书分社电话：010-83905745

目　录

前 言

婚姻家庭关系是人类社会最广泛、最普遍的社会关系。婚姻家庭案件的处理事关各方当事人的切身利益。目前，婚姻家庭案件审理中出现了一些相对复杂并且无相应的具体法律规范的问题。而且，对某一具体问题，各地或者一地各个法院判决很可能不同。

我国是实行成文法的国家，法律规范无法穷尽生活中的一切可能，立法者在制定法律时所持的价值观，需借助裁判者于法律适用阶段体现并指引。从个案到共性，类案研究是立法者价值观、司法者裁判观得以挖掘和实现的有效途径之一。

类案研究有助于规范裁判尺度。通过类案法律适用的统一，限缩裁判者滥用自由裁量权而徇私枉法裁判的“任性”，从源头上预防司法腐败，让人民群众的“阳光”监督成为常态，确保司法公正。

类案研究有助于增强群众的法律确定性和预见性。通过类案归纳典型案例，法的评价功能具体化为群众对类似案件处理结果的合理预期，提升司法裁判在群众心中的认同感，促进矛盾纠纷的实质化解，更好地定分止争。

类案研究有助于实现司法实践与理论研究的良性互动。典型案例是法律实践与理论有机结合的产物，类案研究的过程架构起了实践与理论、问题与规则的桥梁。类案研究时，我们首先可以发现裁判观点。其次进一步深入分析，可以发掘出隐藏在裁判观点之后的价值观。最后通过价值观的发掘，我们就可以进一步明确法律应如何具体适用，发现分析说理的切入点，聚焦案件核心，拓宽诉讼思路，更好地回应法官关切的问题。

“理论家的天国没有阳光与空气，没有生命只有概念，甚至在太阳系之外，理论家像猫头鹰一样在黑暗中摸索。”① 法学不是纯粹的概念天国，各方利益如何平衡、应秉持何种价值观念才是法学钻探的核心。类案研究的意义也正在于此。

① ［德］鲁道夫·冯·椰林：《法学的概念天国》，柯伟才、于庆生译，中国法制出版社2009年版，第1页。

引　子

婚姻家庭纠纷类案研究的路径选择

近年来，围绕婚姻家事类的法律需求逐年增加，婚姻家事类案件也是民事领域最主要的案件类型之一，涉及争议类型多样复杂。

从实际的判例入手，以诉讼过程为路径，一方面，了解婚姻家庭案件的运行情况，从“个案”中发现共性，将机械、抽象的法律条文具体化；另一方面，通过对婚姻家庭制度和司法实践的梳理，厘清其存在的问题，为相关制度的进一步完善奠定基础。

一、类案的选择

2020 年 7 月，最高人民法院发布《关于统一法律适用加强类案检索的指导意见（试行）》。在这份意见中，最高人民法院明确提出了人民法院在办理案件时应当进行类案检索的情形，同时也对什么属于类案进行了明确的定义。

根据最高人民法院的指导意见，判断类案的标准需要满足包括但不限于以下三个条件：

（一）基本事实相似

《最高人民法院关于适用〈中华人民共和国民事诉讼法〉的解

释》第335条规定："民事诉讼法第一百七十条第一款第三项规定的基本事实，是指用以确定当事人主体资格、案件性质、民事权利义务等对原判决、裁定的结果有实质性影响的事实。"

严格来说，只有事实要素高度一致的两个案件，才可以称为类案；也只有在案件事实要素具备高度一致性的情况下，才可能抽象出裁判观点背后的价值观。

（二）争议焦点相似

案件的争议焦点是当事人之间纠纷的核心问题。

所谓争议，也就是说在民事诉讼中的当事人之间对争议的问题是持有完全相反的意见的。

所谓焦点，是指能够影响案件的处理结果的事实问题和法律适用问题，并且争议焦点可以对案件的处理结果产生法律上的意义。

（三）法律适用问题相似

类案所反映的是法律适用问题而非事实认定问题。

法律适用有狭义和广义之分，在制作类案报告的语境之下，我们选择狭义的定义，认为法律适用是国家机关及其公职人员依照职权范围把法律规范应用于具体事项的活动。换言之，可以认为是案件承办法官对于适用法条的选择。

若某一问题具备上述三个特征，一般即可认定其具有进行类案研究的价值；否则，简单的案例检索或法律检索即可解决。

二、类案的检索

（一）类案检索的工具

通过微信，北大法宝、威科先行等数据库，就案件争点问题检索实务文章，虽非第一手资料，但或许是当下更高效、快捷的选择。

（二）类案检索的原则

进行类案研究的检索时，应尽可能全面，即努力发现对于拟研究问题的全部观点，通过关键词的变化，尽量做到样本不遗漏。不过，全面并不代表要把所有裁判文书看完。如果某一案件在最高人民法院审理，我们去研究高院、中院甚至基层法院的案件裁判观点或标准，参考意义和价值不大。但如果某一案件在某市中院审理，考虑到司法实践同样存在地域差别，某省高院、省内其他市中院的案例可能会比最高人民法院的一般案例更具有研究价值。

（三）类案检索的环节

1. 归纳

类案分析的首要工作是归纳事实。案件事实的归纳对于类案研究极为重要：严格来说，只有事实要素高度一致的两个案件，才可以称为类案；也只有在案件事实要素具备高度一致性的情况下，才可能抽象出裁判观点背后的价值观。

在归纳案件事实时，应把所有影响到裁判结论得出的事实均予摘出，而对一些并未真正影响法官价值判断的事实，则应剔除，以免产生干扰，分散聚焦。当然，干扰事实有时并不能轻易通过个案观察予以排除，更多时候还需要在案例比较时通过对照进行筛选。

2. 比较

在比较时，可以通过两个方向进行。第一个方向是把案件事实相同的案例放在一起，观察在具备同样的事实下，法官得出的结论是否一致。第二个方向则是把得出同一结论的案例放在一起比较，分析各自对应的案件事实是否一致。通过归纳、比较，我们可以从类案中抽取出一定的裁判规则，并可初步确定裁判规则所对应的射程范围。

3. 分析

较之于单纯地提取裁判规则，探求、分析裁判规则背后蕴藏的价值判断，评价此种价值判断是否正当，或许是类案研究更具意义的一面。在笔者看来，价值观在最终意义上决定了类案研究结论的射程范围。

三、婚姻家庭案件的特点

与其他社会关系相比较，自然性和社会性是婚姻家庭的本质属性。婚姻家庭案件的缘起、处理和解决，必须把握其特质，才能达到定分止争的司法目标和社会效果。具体而言，婚姻家庭类案件，呈现出以下三个特点：

（一）婚姻家庭案件所反映的社会关系具有鲜明的道德性和伦理性

婚姻家庭关系是身份关系的集中反映，婚姻家庭案件多是家庭成员之间的纠纷，当事人之间不仅存在某种情感的联系，其中的权利和义务相对复杂，同时这一关系还可能涉及当事人的隐私保护，涉及当事人之外第三人的利益。这些特殊性使得这类纠纷不能简单地以权威性的裁判来分清是非，或者即便分清是非，纠纷也不一定得到合情合理的解决，甚至有时表面上的纠纷解决了，却带来更多更严重的问题。

（二）婚姻家庭案件中财产问题的处理与身份关系相关联

与身份关联的财产关系是身份关系引起的法律后果，它常常随着身份关系的产生而产生，随着其变更而变更、消灭而消灭。相应地，对这种财产关系的处理不能不顾及这种关系的前提关系——身份关系，所以它必然与一般财产关系处理有所不同。这种不同，学者概括为以下几个方面：

第一，基本原则不同。一般财产关系以等价有偿、公平、自愿为原则，身份上的财产关系以男女平等、保护弱者为原则。

第二，目的不同。一般财产关系以服务于商品经济关系或市场经济关系为目的，身份上的财产关系以服务于家庭共同生活、实现家庭职能为目的。

第三，产生的根据不同。身份上的财产关系以引起特定身份关系的法律事实为根据，而引发一般财产关系的法律事实不具有此特性。

第四，性质不同。一般财产关系带有任意性，具有意思自治特点，而身份上的财产关系大多带有强制性，且权利义务的对等、互动性要求较低。

因此，当事人在身份关系领域所达成的财产处理协议与当事人在商事关系中签订的合同绝不可等同对待。

（三）婚姻家庭案件的解决“以和为贵”①

身份关系诉讼处理的是过去发生的纠纷，但纠纷的处理却具有面向未来性。比如离婚诉讼，法院一旦判决离婚，不仅对成人产生影响，对未成年子女也将产生巨大的影响，未成年子女在成长中失去对他们至关重要的东西——家庭结构。与成人不同，孩子的痛苦并非在父母关系破裂时达到顶峰，而后慢慢减少，相反，离婚所造成的伤害，对孩子而言是一个累积的过程，它的影响甚至会随着时间而扩大。有人形容，离婚等身份关系纠纷就像一个向外发射电波的核心点，它的影响随着发射的电波一圈一圈向外扩大，如果不能妥善处理好离婚案件，带来的消极影响将呈几何级数累加。

因此，针对身份关系诉讼，宜采取与财产关系诉讼不同的裁判理念和方法，宜疏不宜堵、宜调不宜判，以妥善处理纷争，为家庭和谐以至社会和谐打下基础。

---

①　超半数以调撤形式结案。尤其是离婚纠纷案件，调撤率超过 50%，明显高于其他民商事案件调撤率。

四、婚姻家庭纠纷的新情况

随着婚姻家庭法律制度的逐步完善和人们法律意识的增强，新的婚姻家庭理念对传统的婚姻家庭观念产生了明显的冲击。婚前人身与财产关系、夫妻财产分割关系、亲子关系、抚养关系等新型法律关系不断增加。①

---

① 较之于以往，各个年龄段的婚姻家庭纠纷都层出不穷。老年人的婚姻家庭类案件类型：现在，老年人离婚多数是再婚后子女怕后老伴儿把父母辛辛苦苦一辈子积攒下来的钱卷走，而离婚有很多都掺杂子女意愿，老人左右为难；还有一部分是再婚后一方患病，子女把父母连同父母的钱财控制起来，怕后老伴儿转移财产或逼迫对方写遗嘱，导致老人无法继续生活。

老人的原配去世后又再婚的，再婚配偶和老人自己的子女则有打不完的官司。老人的子女会因为与老人继承原配的遗产与现任配偶打官司；老人也会受再婚配偶的影响就赡养费起诉自己的子女；老人的房子动迁，再婚配偶会和老人自己的子女为争房产而打官司；老人去世后，老人的子女还会和继父母打官司。连环案多数就是这样产生的。

中年人的婚姻家庭类案件类型：人到中年，基本上是事业有成，房子、存款、车子都有了。到法院起诉离婚不是有外遇就是有家庭暴力。这两种情形受害者取证是非常困难的，往往因为证据不足未能获得相应的财产。而且有外遇和家庭暴力方多数是为家庭贡献较多的一方，他（她）们时刻都有心理准备，受害方对家里的财产掌握不够全面，在分割时很少达到自己的要求。法院在审理时想帮助弱者往往无能为力。

年轻人的婚姻家庭类案件类型：现在的年轻人多数是独生子女，他们受家庭影响较多，独立性较差，一旦产生纠纷双方父母齐上阵。不为别的，主要是年轻人经济基础薄弱，结婚时的房子、车子都是双方父母准备的，又写在了子女名下。如果产生纠纷，父母辛苦攒下大半辈子的钱都用在子女房子上了，无端让“外人”分走一半儿，无法承受，特别是结婚买房对父母的投资另一方不认可，或者房证下来另一方就加为共有人的，离婚时房产肯定有配偶的份额，造成矛盾激化。

（一）财产纠纷案件增多、争议标的日趋加大

财产动辄成百万，上千万，上亿元。财产种类名目越来越多。新的财产类型有：股权、期货、家族信托、名人字画、知识产权、商标权等。常见的有以下情形。

一是以处对象结婚为名赠送彩礼或购买大件商品，因没有登记而要求返还彩礼或商品的婚约财产纠纷案件不断增多。

二是未办理结婚登记手续而以夫妻名义共同生活的男女一方，因子女或财产纠纷起诉到法院的同居析产纠纷案件不断增多。

三是离婚时一方隐匿夫妻共同财产，导致离婚后被对方发现而起诉到法院的离婚后财产纠纷案件不断增多。

四是在离婚案件中，有的当事人为了达到多分财产和逃避债务的目的，在诉前和诉讼期间制造虚假借据，而债权人多为近亲属或朋友，债务数额一般都比较大，有的甚至能提供通过恶意诉讼获得的调解书或判决书，而另一方往往对所借债务并不知情。

（二）纠纷所涉及的类型越来越多

1. 关于婚约财产纠纷

首先，给付彩礼后双方未办理结婚登记手续而要求返还彩礼的，应根据不同的情况区别对待。如果给付彩礼后双方未同居，则给付彩礼的一方可以要求返还彩礼，法院也应当支持，但共同花费和属于赠与性质的财产除外，其中共同花费普遍是指一方收到彩礼后，往往会拿出一部分用于共同开销，如为办婚礼宴请宾客、送礼及平时的吃喝玩乐等。如果给付彩礼后虽未登记但男女双方即开始同居，并且用彩礼购置房屋、家具或用于日常开销的，应当在返还彩礼时将此部分扣除，自愿赠与的不予返还。如果同居后女方怀孕或者流产的，应当考虑女方利益少还或不予返还。

其次，双方办理结婚登记手续但确未共同生活的，应当按照过错原则进行返还。如果接受彩礼的一方有过错，如故意借婚约索要

财物、与第三人有性行为等，应当返还全部彩礼，给予方自愿赠与的除外。如果给付彩礼的一方有过错则应当少还或者不予返还。如果双方均有过错或均无过错，则应根据公平合理的原则进行返还。如果虽未共同生活，但接受彩礼的一方对对方尽了主要义务的，则彩礼应当适当少还或者不还，自愿赠与的不予返还。

最后，婚前给付并导致给付人生活困难的，也应根据不同情况来确定是否返还彩礼以及返还的数额。如果婚前给付，男女双方结婚时间在 2 年以上的，离婚时彩礼应不予返还。因为此时男女双方已经履行了各自的义务，根据婚姻自由的原则，离婚是合法行为，经过 2 年时间，已经排除了接受彩礼方借结婚索要财物的可能性，因此不应返还。结婚时间在 2 年以下的，如果离婚时给付人生活困难的，应当返还彩礼，但返还彩礼将导致接受彩礼一方同样生活困难的，则应根据公平原则确定返还数额，自愿赠与的不予返还。结婚时间在 2 年以下，虽然给付并未导致给付人生活困难，但如果接受彩礼一方是故意借结婚诈骗财物的，也应当适当返还。

2. 关于子女抚养费纠纷

根据司法解释，子女的抚养费一般包括子女生活费、教育费、医疗费等费用，夫妻双方离婚后，有固定收入的，抚养费一般可按其月总收入的 20%～30%的比例给付，负担两个以上子女抚养费的，比例可适当提高，但一般不得超过月总收入的 50%；无固定收入的，抚养费的数额可依据当年总收入或同行业平均收入，参照上述比例确定。该费用可以按月或定期给付，有条件的也可以一次性给付。抚养费一般应给付至子女 18 周岁，但如果子女完全丧失或部分丧失劳动能力、尚在校就读、确无独立生活能力和条件的，父母仍应在给付能力范围内继续给付。

3. 关于探望权纠纷

子女是现代家庭的核心，子女的抚养权与探望权往往是夫妻双方离婚时争议的焦点，处理不当就会导致矛盾激化，因此处理离婚案件时，即使双方当事人均未主张探望权，法官也应积极履行释明义务，除非当事人明确表示无须判明探望权，否则应在离婚判决时判明。对于探望的时间、地点、方式等具体情况，应当组织当事人进行协商，协商不成的，应在坚持有利于子女健康成长、便于执行基础上，对探望权作出明确的规定。

4. 关于协议达成离婚后又起诉离婚的纠纷

离婚前男女双方所达成的离婚协议中关于子女抚养、财产分割的约定，是以双方协议离婚为前提，一方或者双方为了达到离婚的目的，可能在子女抚养、财产分割等方面作出有条件的让步。在双方未能在婚姻登记机关协议离婚的情况下，该协议没有生效，对双方当事人均不产生法律约束力，其中关于子女抚养、财产分割的约定，不能当然作为人民法院处理离婚案件的直接依据。但是，一般来说，这种协议有可能是男女双方对子女抚养、财产分割的底线，如果人民法院的判决远远超出这种底线的话，可能会引起双方矛盾激化，因此，人民法院在处理案件时不妨将之作为子女抚养、财产处理的参考。

5. 关于同居期间形成的财产分割

同居关系不同于合法婚姻关系，在解除同居关系时，对于同居期间一方的工资、奖金和生产、经营的收益以及因继承、赠与等途径所得的合法收入，原则上归其本人所有。双方在同居期间有共同购置的财产或者共同经营所得的收入，如果查明属于按份共有关系，则按照各自的出资份额分享权利；如果查明属于共同共有关系，则对共有财产共同享有权利。如果无法查明，视为按份共有，按照各自的出资份额予以分割。不能确定出资份额的，视为等额享有。

6. 关于婚外情所涉赠与的认定和处理

有配偶者赠与或约定赠与第三者财物，赠与后反悔主张返还或第三者要求履行赠与的，不予支持。但合法婚姻配偶一方以赠与行为侵犯其夫妻共同财产权为由起诉主张返还的，一般应予支持。

合法婚姻配偶一方主张赠与行为无效并要求返还赠与物的，应认定赠与行为全部无效而非部分无效，赠与物应全部返还。

赠与行为被认定无效后返还的赠与物应为赠与当时的标的物，如果赠与的是金钱，应返还金钱，如果赠与的是房屋、车辆等实物，应返还实物。

7. 关于未成年人的保护

离异家庭"问题孩子"成为社会难题。低龄离婚案件当事人离婚后，多数抚养方因组建新的家庭，对前一次婚姻所生子女不尽抚养义务或怠于抚养，或双方均不尽义务，将孩子丢给年迈的祖父母，使这些儿童缺乏父母的亲情呵护，疏于管教，脆弱的心灵过早地蒙受阴影。

抚养权怎么判，一般家庭只有1个或2个孩子，怎么判才能保障未成年人利益最大化？

由于孩子数量少，现在离婚一方总是提前"抢孩子"，另一方有何司法救济措施？

两位法定监护人的意见冲突时，应该以谁的意见为准？

抚养费的法定标准也明显过低，不符合人们的现实需要。

孩子在不同年龄阶段的需求是不一样的，抚养方案如何更精细、更灵活、更人性化？

是否需要像普通法系一样，在对抚养问题存在争议的情况下，法院应当举行专门的抚养争议听证会？

抚养费法定标准只到18周岁，但现在培养一个人远远不止18年，子女18周岁以后的培养是否应当设置相应的费用标准？

对孩子不闻不问的一方是否需要承担法律责任？

一方拒绝另一方履行探望权，如何强制执行？

对孩子尽了主要抚养责任的爷爷奶奶外公外婆或其他人，虽然不是法定监护人，但是否也应当享受某些权利？

对于特殊需要儿童，包括各类残障儿童、读写障碍儿童、困境儿童，法律上还应进一步作出更精细、系统的规定，才能切实保障他（她）们的利益。

对上述问题，现行法律要么规定得较为粗疏、标准偏低，要么两手一摊、表示无能为力。尤其是对抢孩子、拒不履行探望权等涉及人身权益的问题，司法保护基本失灵，令人痛心。这些都是个案中面临的实际困难，也是未来家事法律改革需要解决的问题。

8. 关于新技术带来的新挑战

现代科学技术的发展，医药学的进步和人口的增长，优生学的产生，试管婴儿的出现，优选精子与遗传工程的应用，器官移植的推广，正在给婚姻家庭生活带来许多变化，提出并改变了许多婚姻家庭道德观念。

（三）纠纷的性质越来越不单一

许多婚姻家庭纠纷不是纯粹的民事案件或刑事案件，而是存在民事和刑事交叉即民刑复合的问题。比如重婚罪。从技术上讲，分为事实上的重婚和法律上的重婚。事实上的重婚需要充分收集证据，法律上的重婚往往要紧接着进行行政诉讼。

再比如家庭暴力。我们首先要鉴定是否构成轻伤，构成轻伤涉及刑事犯罪。不构成轻伤，要申请保护令，要取证，要进行过错赔偿。

还有婚内性骚扰问题（目前的案例中，被定为一般人格权纠纷）。

（四）纠纷的法律适用冲突越来越大

婚姻家庭纠纷虽然是发生在婚姻家庭领域，但涉及的法律关系具有多样性，不仅有夫妻之间的关系问题，还有与案外第三人的关系问题，不仅是民法规范的适用问题，还涉及其他部门法，诸如公司法的适用问题。例如，公司股权代持的问题。离婚案中的丈夫一方和案外人就一家公司的股权签订了股权代持协议，约定由该案外人代持丈夫在该公司中的股份。这家公司也很奇怪，注册资金只有50万元，但是在离婚期间这家企业估值就达到了5000万元，那这时应该怎么计算家庭财产？从婚姻法角度来说为了保障家庭成员的权益，5000万元应当认定为家庭共有财产，因为当初投入的金额是家庭共有财产，应当算作家庭资本增值。但是从公司法角度来说，应当保障隐名股东的隐名权利，只能认定该财产是显名股东的财产，且丈夫本质上并不是该公司的股东。这种法律权益上的冲突如何解决都是需要思考的问题。

第一章

彩礼返还纠纷类案研究

彩礼是中国自古以来就有的婚嫁习俗，其作为婚姻缔结过程中的重要环节传承至今。相较于过去彩礼更注重伦理价值、补偿女方家庭经济损失与惩罚违反婚约行为的作用，时移世易，现代彩礼的功能已经发生转变，彩礼的最终流向代表着其更偏向于资助新婚家庭的作用。这种转变并未带来彩礼习俗的逐渐消亡，而是给现代彩礼给付提供了新的正当性基础，农村和城市给付彩礼仍然是普遍现象；并且，现代彩礼已经失去了等同于婚书的法律效力，法律规定了给付彩礼的一方有权在婚姻无法成立时要求返还，因此实践中每年都有大量关于彩礼返还的纠纷。

一、问题的提出：彩礼"经济"价值的认知偏差

"彩礼"具体的规制源于西周时期的"采择之礼"，表达的是男方迎娶女方的心意和决心，亦在于补偿女方家庭的损失以及加强亲缘和彼此所代表的地缘社会关系。

时代变迁，彩礼的本质正悄然发生着改变，"工具理性"① 至

---

① 所谓"工具理性"，就是通过实践的途径确认工具（手段）的有用性，从而追求事物的最大功效，为人的某种功利的实现服务。工具理性是通过精确计算功利的方法达到最有效目的的理性，是一种以工具崇拜和技术主义为生存目标的价值观，所以"工具理性"又叫"功效理性"或者说"效率理性"。

上使得人们越发关注“彩礼”的经济价值，“彩礼要价越来越高，要彩礼的理由越来越多，真是越来越不像话了”①。民众对彩礼原有的认知受到困扰，同时也带来了一系列的负面影响。

（一）高额彩礼使得彩礼本身的礼仪性特质丧失

彩礼也被称为“礼钱”，从构词的角度解读：“礼”为形容词，“钱”为名词，“礼”的内涵包括礼节、仪式以及体现道德理念的礼节性或仪礼性表达。因此，“礼钱”中的“钱”，除了体现为实物——货币外，还受一定的文化规则的制约。

国人的固有观念认为：嫁女是一种人力资本（或称为成年劳动力）的转移，“彩礼对女方家庭而言，具有对女性人力资本转移的补偿意义”②，而这种补偿，应该是具有象征性意义的补偿。但现实中，不少女方家长持着“嫁女大赚一笔”的想法，把女儿作为牟利的工具，把彩礼看作获取意外财富的机会，丢掉了为人的情分，淋漓尽致体现逐利的“本分”。

（二）高额彩礼使得婚姻的本质丧失

婚姻的本质是男女双方以永久共同生活为目的的结合，是以感情为基础。高额彩礼使得原本纯粹的情感夹杂了更多的物质，对于家庭经济能力不强的个体而言，因为无力负担而“待婚”家中，无法成婚，即使举全家之力支付，也为婚后生活添加了羁绊。索要彩礼的一方认为给钱是天经地义，只认钱不认人；给付彩礼的一方不情不愿，认为给钱办事，爱情成了一场买卖交易，夫妻之间、两个家庭之间不免心生嫌隙。

（三）高额彩礼诱发多重社会问题

“彩礼”的明码标价、漫天要价造成一系列的社会不稳定因素：

---

① 这是笔者母亲面对当今的彩礼怪象发出的感慨。

② 阎云翔：《礼物的流动：一个中国村庄的互惠原则与社会网络》，上海人民出版社 1999 年版，第 43 页。

第一，在高额彩礼的利益面前，一些人打起了歪主意，借结婚诈骗钱财的骗婚情形屡屡发生；因彩礼协商不成、退婚或离婚时彩礼退赔不成，两个家庭反目成仇的情况屡见不鲜。

第二，以前我们总认为只有在偏远地区或经济不发达地区才存在收彩礼的现象，调查数据显示，目前，我国绝大多数的地区（包括城市、乡村）都存在彩礼现象，面对高额彩礼，不仅仅农村，城市也有相当多的家庭无力负担，因“彩礼”而导致的“贫困剩男”不在少数。

第三，为了支付高额彩礼，不少家庭（甚至包括父子两代）辛苦积攒的财富化为乌有，甚至还要对外举债，使得有些家庭因儿子结婚而再次返贫，家庭的发展受到严重限制，导致贫穷的代际传递。

二、彩礼返还纠纷的司法实务考量

实践中每年都有大量关于彩礼返还的纠纷。从案件数量看，整体呈上升趋势，近几年彩礼返还案件数量上升趋势相对平缓；从案件地域分布看，彩礼返还纠纷分布地域广泛，其中河南、甘肃、安徽、江苏、江西、山东等地纠纷数量相对更多；从法院级别看，基层法院占比 74. 17%，中院占比 25. 47%，高院占比 0. 36%；从裁判结果看，裁判结果中一审全部或部分支持原告诉求的占比 73. 67%、二审维持原判的占比 67. 42%，大部分案件在基层法院得到解决并且大部分案件请求返还彩礼得到了支持。①

① 以威科先行法律信息数据库（https：//law. wkinfo. com. cn/）为检索平台进行数据检索，笔者将关键词限定为“彩礼返还”“返还彩礼”，以全文为检索范围对关键词进行精确检索，共计检索婚姻家庭纠纷 9590 个。

（一）总体返还率

表 1-1　总体返还情况

返还比例	一审裁判结果（份）	二审裁判结果（份）	再审裁判结果（份）
全部返还	15	10	0
酌情返还	138	139	1
不予返还	13	16	1
总计	166	165	2

在 166 份判决书中，一审法院判决全部返还和酌情返还的占据 153 份，总体返还率为 92. 17%，不予返还的仅占比 7. 83%；而二审法院的 165 份判决书中，全部返还和酌情返还的占据 149 份，总体返还率为 90. 30%。由此可见，绝大部分法院更倾向于判决“返还彩礼”，在比例上更倾向于“酌情返还”。

（二）时间和地域与返还情况

表 1-2　2017—2020 年返还情况

年份	案件总数（件）	一审返还率	二审返还率	再审返还率
2020	46	93. 5%	93. 5%	1%
2019	43	93. 0%	90. 7%	0
2018	42	92. 9%	92. 9%	0
2017	35	85. 7%	80%	0

由于样本数据量较少，2017—2020 年每年的案件数量并不多，整体来看彩礼返还率数值均较高，但也可发现 2017 年彩礼返还率是低于 2018—2020 年的。

表 1-3　部分地区返还情况

地区	案件总数（件）	一审返还率	二审返还率	地区	案件总数（件）	一审返还率	二审返还率
甘肃	26	96.2%	96.2%	河北	4	100%	100%
安徽	19	84.2%	84.2%	宁夏	4	75%	75%
河南	14	100%	85.7%	重庆	3	100%	100%
江西	14	92.9%	92.9%	四川	3	100%	100%
江苏	13	92.3%	92.3%	云南	3	100%	66.7%
山西	12	91.6%	91.6%	吉林	2	100%	100%
贵州	9	88.9%	88.9%	天津	2	100%	100%
湖北	8	87.5%	87.5%	浙江	2	100%	100%
福建	7	100%	100%	湖南	1	100%	100%
辽宁	6	66.7%	66.7%	内蒙古	1	100%	100%
山东	6	100%	100%	青海	1	100%	100%
陕西	5	80%	80%	广东	1	100%	0

彩礼返还案件具有较强的地域性，该表反映出甘肃、安徽、河南、江西、江苏、山西等地彩礼纠纷较多，与整体数据一致。此外，就返还率而言，安徽、贵州、湖北、辽宁、陕西等地相对较低，但还需更多案例才能有更精确的判断。

（三）二审、再审改判情况

表 1-4　二审、再审改判情况

	维持原判	改判全部返还	改判部分返还	改判增加返还	改判减少返还	改判不予返还
二审	116	2	2	1	26	5
再审	0	0	1	0	0	1

该表反映出彩礼返还类案中，二审维持原判的可能性相对更高，维持原判决的案件占比为 70.7%；改判不予返还的可能性非常

低，其中，改判全部返还的案件占比为1.2%，改判部分返还的案件占比为1.2%，改判增加返还比例的案件占比为7.9%，改判减少返还的案件占比为15.9%，改判不予返还的案件占比为3.0%。笔者总结发现，二审法官有一定可能会根据是否同居、同居时间的长短、同居期间是否怀孕、堕胎或生育、双方的过错、彩礼的实际使用情况等方面改判增加或减少彩礼的返还比例。

（四）诉讼主体

表1-5　诉讼主体情况

	男方、女方及父母
共同返还	97
单独返还	63

从诉讼主体角度看，实践中部分法院并不认可同居关系或婚姻关系当事人双方以外的其他人享有诉讼主体地位，判决由同居关系或婚姻关系当事人本人自行承担返还义务的比例占到了38.0%；但更多的法院认为，实践中出现彩礼数额较大、彩礼给付的对象本就是男方或女方的父母，因此判决收受彩礼的男女方父母承担连带责任是有利于彩礼返还的。

（五）同居前后

表1-6　同居前后情况对比

	案件总数（件）	一审返还率	二审返还率
同居前	9	77.8%	77.8%
同居后	155	93.5%	95.5%

同居前判决彩礼不予返还的案例只有2个，原因是双方在起诉前已经达成返还彩礼的合意并且已经履行完毕，法院对原告再次提起的诉讼请求不再支持。而同居后的返还比例仍然非常高，其中不

乏尚未办理结婚登记但早已同居多年甚至女性已经堕胎或生育过或者已经办理结婚登记但同居时间较短法院不认为成立“共同生活”的情况，从这个结果来说其实并不利于对女性权益的保护。

（六）法律适用

表 1-7 法律适用情况

	双方未办理结婚登记	双方办理结婚登记手续但确未共同生活	婚前给付并导致给付人生活困难
全部或部分返还	129	8	16
不予返还	9	0	4
总计	138	8	20

从法律适用角度看，实践中大部分案例适用的是司法解释的第一项“双方未办理结婚登记”，其次适用较多的是第三项“婚前给付并导致给付人生活困难”，适用第二项“双方办理结婚登记手续但确未共同生活”的案例最少。从法院判决书中也可发现，第二项发生的情形较少，而法院在适用过程中对于“共同生活”的理解因人而异，因此导致同案不同判的情形；第一项和第三项的判断更容易清楚明确，判决不予返还的比例相对于第二项更大。

三、彩礼返还纠纷类案焦点问题

在彩礼返还纠纷中，主要争议问题为彩礼的范围、彩礼的返还主体、共同生活的认定标准以及影响彩礼返还比例的因素等。

（一）彩礼的范围

在婚约财产案件中，哪些应该归于彩礼系列，哪些不属于彩礼，当事人在认识上存在很大争议。

通过对我国近三年审理的彩礼纠纷案件进行梳理可以发现，男女双方从开始恋爱到订婚再到结婚，其中涉及的财物名目繁杂、种类繁多，包括聘礼、见面礼、上门礼、金银首饰、节日红包等。在男女交往过程中涉及的财物种类一般分为以下四种情况：

1. 聘礼

聘礼是男女双方在订婚当日男方家庭给予女方家庭的金钱、财物。聘礼往往是在订婚时由男方家庭通过媒人交付给女方家庭，或者是在媒人的见证下由男方家庭直接交付给女方家庭，其数额较大，远远超出当地的生活水平。男方之所以给付女方大额聘礼是希望与女方缔结婚姻，因此，将聘礼认定为彩礼是没有争议的。①

---

① 例如，在苟某与田某婚约财产纠纷一案中，原告苟某与被告田某在相亲网上认识便确立了恋爱关系，原告分别于 2020 年 5 月 2 日、2020 年 5 月 4 日向被告微信转款 20000 元、5000 元，微信支付转账说明均为订婚彩礼。后原、被告未办理结婚登记，原告要求被告返还彩礼，被告拒绝。法院认为，彩礼是指订立婚约的男女双方及各自父母以男女双方结婚为目的，按照当地习俗，在婚约期间与结婚时向对方给付的贵重礼物及礼金。作为结婚之用的彩礼在给付时应认定为是以结婚为目的的附条件的赠与，在双方结婚登记的目的无法实行，其赠与的条件未成立且赠与钱款数额较大，接受彩礼一方应当返还。《中华人民共和国民法典》（以下简称《民法典》）第 1042 条规定“禁止借婚姻索取财物”，同时《最高人民法院关于适用〈中华人民共和国民法典〉婚姻家庭编的解释（一）》（以下简称《民法典婚姻家庭编解释一》）第 5 条规定：“当事人请求返还按照习俗给付的彩礼的，如果查明属于以下情形，人民法院应当予以支持：（一）双方未办理结婚登记手续……”本案中，原告苟某与被告田某订立婚约后，原告按习俗给付彩礼，然而双方未共同生活，且未办理结婚登记手续，现双方已无结婚意愿，双方结婚目的已不能实现，原告请求被告返还按照习俗给付的彩礼，应予以支持。结合本案，原告在与被告恋爱时送的现金 25000 元在性质上属于原告为了与被告订立婚姻关系而赠送给被告的彩礼，应予以返还。关于被告已支付原告 2500 元性质的认定，庭审中原告认为该款系被告偿还恋爱期间的借款，而被告认为原告另支付的 2500 元是因双方恋爱生活期间花销等，因原告并未举示证据证明被告支付的 2500 元系偿还的借款，且原告支付的 2500 元也不属于彩礼范畴，故被告于 2021 年 8 月 2 日支付原告的 2500 元应认定为彩礼的部分返还，应在被告返还的彩礼中予以扣除，原告苟某请求被告支付利息的诉讼请求，无法律依据，不予支持。[详见（2021）渝 0105 民初 898 号民事判决书。]

2. 见面礼与上门礼

关于见面礼与上门礼是否属于彩礼，在司法实践中是有争议的。部分法院认为，见面礼与上门礼是彩礼。部分法院认为，见面礼与上门礼不是彩礼。通过裁判文书可以看出，见面礼与上门礼是否属于彩礼与其数额有很大的关系。① 如果见面礼与上门礼数额较大，远远超出当地的生活水平，可以推定男方在给付见面礼与上门礼时是以缔结婚姻为目的，因此可以将其认定为彩礼。如果见面礼与上门礼数额较小，可以推定男方在给付见面礼与上门礼时是出于礼貌，出于对女方家庭的尊重，可以将其理解为一般的赠与，并非附条件的赠与。并且，我国自古就推崇礼尚往来，男方在给付见面礼与上门礼后，女方一般也会回馈一定数额的财物。因此，小额的见面礼与上门礼可以认定为不是彩礼。②

3. 金银首饰

男女双方在恋爱过程中，为了促进感情，男方会为女方购买物品，包括金银首饰、手机、服饰、化妆品等。大多数法院认为，金银首饰属于彩礼。按照习俗，男方和女方订婚后会为女方购买金银首饰，俗称“四金”，包括金耳环、金项链、金戒指、金手镯，花

---

① 如何区分“大额”与“小额”，目前并无统一标准。本书认为，不宜以一个固定的数字来作为划分的标准，应根据当地的经济水平，居民人均可支配收入综合考量确定。

② 例如，在张某诉向某婚约财产纠纷一案中，2018 年年初，原、被告经人介绍认识，2018 年 12 月 30 日经双方父母决定两人订婚，原告方依照被告要求给了 9000 元见面礼。2019 年 1 月 23 日按照农村风俗举办结婚仪式，被告方收取原告给付的“三金”物品。举办结婚仪式后，双方在一起生活一年多时间后，原告张某与被告向某分居。双方一直未办理结婚登记。法院认为见面礼属于赠与行为，不属于彩礼范围，不予返还。[详见（2021）渝 0105 民初 2983 号民事判决书。]

费较大，因此将其认定为彩礼是没有争议的。①

4. 亲戚红包

亲戚红包是指男方与女方父母以外的其他亲戚见面时，给予的红包。大多数法院认为，男方给予女方亲戚的红包不属于彩礼。男方给付女方亲戚的红包，相对而言数额较小，并且女方出于礼尚往来也会赠与男方亲戚礼物，因此，亲戚红包不属于彩礼范畴，而属于一般的赠与。②

（二）彩礼的返还主体

婚姻的缔结不仅需要深厚的情感，也需要一定的物质基础支撑婚姻双方当事人的现实生活。彩礼通常被视为缔结婚姻时提供的经济保障，其本质是一种婚姻关系双方的利益交换，主要表现在两个

---

① 例如，在郑某与赵某婚约财产纠纷一案中，原告郑某与被告赵某于2019年10月经人介绍相识并同居生活，后于2020年1月21日办理结婚登记手续。2020年1月3日，原告郑某通过微信转账10000元给被告赵某用于二人拍摄婚纱照；2020年1月10日，原告郑某在中国黄金为被告赵某购买了“五金”即足金项链及项坠、手镯、耳饰、钻石戒指，价值25000元。法院认为，给付彩礼是我国的民间婚俗。彩礼是男女双方以将来结婚为目的而为的给付，是订立婚约的男女之间发生的财务往来。广义上的彩礼应包括男方为实现与女方结婚为目的所给付的金钱和贵重物品。原告郑某因结婚为被告赵某购买的价值25000元的“五金”，应当属于彩礼的范畴。[详见（2020）渝0105民初6485号民事判决书。]

② 例如，在胡某与李某婚约财产纠纷一案中，原、被告于2020年农历正月初六经媒人李某介绍认识。正月十二，媒人交给被告李某彩礼20000元，红包1200元，媒人另外给被告的亲人红包4400元。2020年3月6日，原、被告双方共同生活，2021年1月双方分开。原告胡某与被告李某一直未办理结婚登记。法院认为，婚姻关系应建立在感情基础之上，法律禁止借婚姻索取财物，并且不主张也不支持结婚以给付彩礼为条件。对于媒人交给被告的1200元红包及被告亲人的4400元红包，属于礼节交往中原告为增进感情而作出的赠与，不属于彩礼。[详见（2021）渝0105民初1008号民事判决书。]

方面：一是乡村社会"男女有别"的两性交换秩序通过婚姻支付得以巩固，二是乡村社会"家庭颜面"的地位象征秩序通过婚姻支付得以维系。[①] 从社会意义上讲，婚姻不仅是男女双方构建亲密关系，两个家庭也因此产生了联系。在彩礼的给付上，年轻男女往往不具有足够的经济能力，需要家庭提供一定的帮助。司法实践中，彩礼给付与收受的实际主体也可能并非男女双方，如何确定彩礼返还之诉的诉讼主体就成为亟待解决的问题。

1. 学界关于彩礼返还主体的争议

学界对彩礼返还主体的认定标准也存在分歧，有学者从家庭财产观出发，倾向于认定双方父母有请求权和连带返还责任，该观点认为将彩礼返还的诉讼主体局限于男女本人是没有看到彩礼在代际之间转移财产的功能，原则上应承认男方父母请求返还彩礼的诉讼主体地位，女方本人没有经济能力返还彩礼的，女方父母除非能够证明女方本人婚前已经与之在经济上相互分立，且未将彩礼移作己用，否则应承担连带返还责任；[②] 有学者从家庭成员范围入手，认为家庭是亲属的基本单位，现实中父母及兄弟姐妹为了帮助经济尚未稳定的男方完成婚姻大事，往往不遗余力、鼎力相助，根据《民法典》第 1045 条的规定应当对给付主体作扩大理解，即为男方及其家庭；[③] 有学者从现实情况出发，认为很多时候彩礼是全家用共同财产给付的，而接受的彩礼往往是女方娘家，真正用于其结婚置

---

① 参见李升、方卓：《乡村婚姻支付的社会交换逻辑——基于豫东 F 乡高额彩礼的个案研究》，载《贵州师范大学学报（社会科学版）》2021 年第 6 期。

② 参见李付雷：《论彩礼的功能转化与规则重构》，载《中国社会科学院研究生院学报》2021 年第 1 期。

③ 参见刘彬彬：《彩礼返还制度基于民法典精神的反思与重构》，载《天津法学》2021 年第 2 期。

办各种物品的反倒很少，[①] 因此在彩礼返还案件中，同居男女双方应作为诉讼主体，若彩礼的赠与人和受赠人涉及双方近亲属的，则应将其列为共同的诉讼主体；[②] 也有学者认为应当将彩礼返还主体严格限制在男女双方当事人之间，不应过度扩张彩礼返还主体的范围。

2. 实务界关于返还主体的认识

实务界关于彩礼返还主体的认识并不一致，司法裁判也存在一定的矛盾和冲突，需要结合具体情况进行认定。

当前实务界关于彩礼返还主体的争议主要体现在媒人、女方父母及其他亲属是否共同承担彩礼返还义务上，司法裁判关于彩礼返还主体的认定需要综合考虑彩礼的接收、保管和使用情况。概括来讲，目前主要有三种观点：一是只有男女双方才是案件适格的当事人；[③] 二是

---

① 《最高人民法院婚姻法解释（二）的理解与适用》，北京人民法院出版社 2004 年版，第 104 页。

② 参见吴娟：《解除同居关系后彩礼返还的法律分析》，载《东南大学学报（哲学社会科学版）》2017 年第 S1 期。

③ 2018 年 12 月 24 日，原告孙某与被告王某 1 经媒人介绍认识后并确立恋爱关系。2019 年 1 月 13 日，孙某与王某 1 按照习俗举行了订婚仪式，在订婚仪式上，孙某向王某 1 给付彩礼款 88000 元。双方订婚后在交往过程中，孙某通过支付宝给王某 1 转款共计 135000 元，孙某的姐姐通过支付宝给王某 1 转款 20000 元，孙某通过微信给王某 1 转款共计 18370. 02 元。双方在筹备结婚过程中产生矛盾，致使没有办理结婚登记手续，故原告起诉要求被告退还彩礼。

山东省枣庄市中级人民法院认为，在订婚时，孙某、王某 1 及其双方父母均在现场，王某 1 作为缔结婚约的一方，应当承担相应的法律责任。王某 2、李某 1 是王某 1 的父母，孙某要求王某 2、李某 1 与王某 1 共同返还聘金与案件事实不符，缺乏法律依据，不予支持。[详见（2020）鲁 04 民终 2976 号民事判决书。]

彩礼的实际给付人和接受人是案件的当事人；[①] 三是男女双方和彩礼的实际给付人、接受人为案件的共同当事人。[②] 从比例上来看，在未办理结婚登记的情况下，多数法院或通过实际接受情况或通过当事人实际经济能力认定除双方当事人外的婚姻缔结相关人员承担共同返还责任，部分法院则认为仅缔结婚约的双方当事人承担彩礼

---

① 2017 年 2 月原告陈某与被告肖某 1 在深圳打工时相识并确定恋爱关系，2017 年 12 月开始同居生活，年底与双方父母见面。2018 年 5 月 4 日陈某通过支付宝向被告肖某 2 尾号为 5573 的湖北省农村信用社账户转账 60000 元，5 月 5 日以无折现金存款方式向前述肖某 2 银行账户存入 50000 元，即陈某总共向肖某 2 账户转账 110000 元。2018 年年底，陈某将其父亲陈某勇名下的一张内存 32000 元的邮储银行卡交付给肖某 2 当作彩礼。后因双方感情不和，原告起诉要求二被告退还彩礼。

湖北省十堰市中级人民法院认为，上述 110000 元直接打入了肖某 2 的账户，由此可以认定彩礼的接受人为肖某 2，且银行卡是经发卡银行批准的只限持卡人本人使用，不得出租或转借，即便被告二人主张该卡实际使用人是肖某 1，肖某 2 也应当自负责任。因此，本案中返还主体亦应为肖某 2。［详见（2021）鄂 03 民终 498 号民事判决书。］

2019 年 3 月，原告王某经人介绍与被告谢某 1 相识，建立恋爱关系。按照当地风俗送彩礼 10 万元，由媒人芦某伟和原告的大爷经手送到被告处，谢某 1 和其父亲谢某 2 接收的彩礼。共同生活了一段时间后，被告谢某 1 就回娘家不回来，也不愿和原告共同生活，因为操办婚礼原告举债数万元，造成生活拮据，请求被告返还 10 万元彩礼。

江苏省丰县人民法院审理认为，婚约关系的当事人给付彩礼是以成就婚姻关系为条件，在婚约解除时，接受彩礼方理应返还。本案中，原告王某因婚约给付彩礼后，两人未办理结婚登记，故被告应当返还彩礼性质的金钱及财物。关于彩礼返还主体的认定，被告谢某 1 是彩礼的实际收受人，应承担返还彩礼的责任，原告王某未提供证据证明被告谢某 2 实际接收了彩礼或保管、使用了彩礼，故谢某 2 不应承担返还彩礼的责任。［详见（2021）苏 0321 民初 2366 号民事判决书。］

② 参见吴家林：《解除同居后彩礼返还法律问题探讨》，载《福建师大福清分校学报》2011 年第 4 期。

返还责任。

（三）共同生活的认定标准

何谓共同生活？个体的理解不尽相同，但对于裁判的考量却有着决定性的意义，一方面是共同生活影响着彩礼是否应该返还，另一方面则是共同生活影响着彩礼应该返还多少。《民法典婚姻家庭编解释一》延续了《最高人民法院关于适用〈中华人民共和国婚姻法〉若干问题的解释（二）》（以下简称《婚姻法司法解释二》）中将“共同生活”作为彩礼能否返还的条件，即“双方办理结婚登记手续但确未共同生活”，在离婚时才可以请求返还彩礼。

1. 学界关于共同生活的认识

对于共同生活的认定，学界中存在争议，有观点认为认定夫妻共同生活要从两个方面来进行：一方面是从名义上是否共同分配财产等；另一方面则是要兼顾实质，从夫妻双方精神上是否一致等角度来认定。[①] 另一观点则认为夫妻共同生活应当从缔结婚姻这一节点来开始进行认定，此关系的订立，则意味着夫妻共同生活的开始，反之则不开始。[②]

2. 实务界关于共同生活的认识

司法实践中关于共同生活认定的标准也存在不同的理解，有法院认为共同生活是一种长期、稳定的状态，除夫妻双方共同居住在同一住所外，还应从物质、精神、生活等多方面进行综合考量，做到主客观统一。主观上，双方具有携手共度余生的美好愿望，客观上，双方能够相互扶持照顾，相互抚慰理解，共同履行夫妻义务，承担家庭责任，抵御外界压力及风险。

---

① 余延满：《亲属法原论》，法律出版社 2007 年版，第 260 页。

② 参见何立新：《论婚姻财产权的共有性与私人财产神圣化》，载《中州学刊》2013 年第 7 期。

从法院对共同生活的认定角度来说，其实核心问题在于认定标准是实质审查还是形式审查，从司法解释原文来看，措辞用的是“确未共同生活”，因此，在审查这一情况时一方面可以通过形式标准，即共同生活的时间长度或者是否以夫妻名义共同生活来进行判断；另一方面则是通过实质标准进行判断，即通过当事人有没有长时间履行夫妻之间的权利义务以及结合双方精神上的慰藉、双方之间的互助、子女的共同抚养、双方老人的赡养等一系列标准来判断是否构成共同生活。正如史尚宽先生所理解，“婚姻”有两个最本质的要素，“两性结合和共同生活，两性结合是婚姻的自然要素；共同生活包括精神上、肉体上、经济上的共同生活”。①

例如，在王某某诉刘某某离婚案中②，原、被告通过网络相识两个月后便登记结婚，在筹备婚礼期间，原告分期分笔向被告给付彩礼，被告对此予以认可。一审法院认为，所谓夫妻的共同生活，主观上，夫妻双方应当有长期共同生活在一起的愿望；客观上，夫妻双方应当能互相扶持，共同履行夫妻义务和家庭义务，共担生活压力和风险，共创美好生活。夫妻的共同生活应当是一种较为持续和稳定的状态。结合原、被告之陈述，双方仅一起居住过极为短暂的几日，故法院认定原、被告虽办理了结婚登记但并未共同生活，根据查明的具体情况对返还彩礼的数额予以认定。在此案中根据原、被告陈述，双方登记后仅一起居住过极为短暂的几日，难以认定为共同生活。如果夫妻双方因工作或其他需要，导致两地分居，只要符合上述主客观情形，便不宜认定为“确未共同生活”。此外，关于返还的具体数额，应根据双方的过错程度、彩礼使用情况，参考当地的风俗习惯，由法院结合案件的具体情况酌情予以确定。在

① 杜晓晖：《彩礼返还请求权研究》，中国政法大学出版社 2020 年版，第 32 页。

② 详见（2018）京 0105 民初 59656 号民事判决书。

闫某与韩某某离婚纠纷案中，原审法院认为，通过庭审调查并结合本案实际情况，原、被告虽办理了结婚登记手续，但并没有像正常夫妻那样实质性地生活在一起，不能以导致被告怀孕的行为来认定双方具备法律意义上的共同生活关系。据此，原、被告的情况符合《婚姻法司法解释二》第10条的规定，被告应返还原告彩礼款。二审法院认为原告与被告已经登记结婚，但并没有共同生活，被告应返还原告给付的彩礼。但鉴于本案的特殊实际情况，原审法院考虑彩礼的数额、去向、损失等，从照顾女方利益和兼顾公平原则的角度出发，对用16万元彩礼款购置的物品进行了分配，并酌定被告返还原告彩礼20000元并无不当，因此维持一审法院的判决。德州市中级人民法院在于某与崔某离婚纠纷案中①，提出“共同生活”的含义应当是夫妻双方事实居住在一起，长期、稳定地共同履行夫妻权利和义务。本案中，双方当事人自办理结婚登记后，事实居住在一起生活时间非常短，尚不足达到夫妻“共同生活”的情形，并且彩礼数额较大，兼顾公平、公正原则，原审判决上诉人崔某适当返还现金彩礼60000元，并无不当。而在李某、周某婚约财产纠纷案中②，浙江省人民检察院认为共同生活则是指男女双方结婚后互相扶持，共担生活压力，共创美好生活的持续、稳定的状态，主观上应当具有长期共同生活的愿望，客观上又有共同履行夫妻义务、家庭义务的行为。

3. 共同生活认定的特殊情况

男女双方未办理结婚登记手续的实际上分为两种具体情况：一是双方未办理结婚登记手续且尚未开始共同生活，二是双方虽未办理结婚登记手续但已经开始共同生活。在第一种情况下，双方既未登记结婚，也未开始共同生活，此时全额返还彩礼是合理

① 详见（2016）鲁14民终620号民事判决书。

② 详见（2019）浙民再51号民事判决书。

的。但在双方已经开始共同生活的情况下，判决彩礼全额返还是否合理则是有待商榷的。《民法典婚姻家庭编解释一》并未考虑到此种情况的存在，但司法判决却对此作出了回应。[①] 法院并未简单地适用登记作为彩礼是否返还的判断标准，反而结合共同生活时间的长短、有无生育子女、财产使用情况、彩礼数额并结合当地的风俗习惯等因素进行考量。在实际生活中，不少彩礼都用于男女双方共同生活，若不加以区分地一并判决全额返还彩礼，确属有失公平。

（四）影响彩礼返还比例的因素

对于符合《民法典婚姻家庭编解释一》第 5 条应当返还彩礼的案件，就彩礼返还的比例而言，法律上没有明确的规定，那么归属于彩礼范畴的钱物是判决全部返还还是部分返还？部分返还的比例应当为多少？这往往是该类案件双方争议的焦点也是当事人最关心的问题，但由于没有统一的裁判标准，最终返还的比例往往由法官结合个案实际情况综合裁量，但通过法官对于判决结果的说理，可以发现影响彩礼返还比例的往往有以下几个因素：女方怀孕、流产事实，过错责任，彩礼使用情况，公平原则，当事人共同生活时间。其中有些案例会综合考虑多个因素，有的仅仅考虑单个因素，其实每个案件都有其独特性，单独考虑某个因素都是有失偏颇的。

---

① 袁某与孙某 1 于 2018 年经人介绍相识，当年国庆期间订婚。订婚时，孙某 1 给付袁某彩礼 30000 元。2019 年 1 月 29 日双方举行婚礼，在婚礼前一天，孙某 1 给付袁某父母 63000 元，之后双方开始同居生活。2019 年国庆节之后，袁某回父母家生活，双方正式分居，至今未进行婚姻登记。一审法院认为原告要求被告返还全部彩礼款的请求不切实际，判决被告在判决生效之日起十日内返还原告彩礼款 46500 元。二审法院综合考虑双方当事人共同生活的时间、给付彩礼的数额以及共同生活期间的合理花销等因素，最终维持原判。[详见（2020）晋 02 民终 915 号民事判决书。]

前文已经对当事人共同生活时间展开了讨论，下面主要从女方是否怀孕（流产）、过错责任以及彩礼使用情况和公平原则对彩礼返还比例的影响进行类案分析。

1. 女方怀孕、流产的事实对彩礼返还比例的影响①

女方怀孕并流产的事实是法院裁判返还比例的重要因素，当婚约财产返还案例中存在这一事实时，法院会判决酌情减少彩礼返还的数额。因为从女性的生理特点来看，女方怀孕生子对其身体和心理都造成了很大的伤害，流产事实对女方今后的生活造成的不良影

---

① 案例一：2020 年 8 月 4 日，原告与被告刘某举行订婚仪式，并交付彩礼，2020 年 9 月被告刘某因停经、流产到医院进行治疗。2021 年 1 月，原告付某与被告刘某分开生活。原告付某与被告刘某至今未办理结婚登记。本案中法院认定的彩礼的数额为 100000 元，判决返还 40000 元，即返还比例为 40%。[详见（2021）渝 0242 民初 1751 号民事判决书。]

案例二：2020 年 1 月原、被告经人介绍认识、订婚，2020 年 7 月，双方按照农村风俗举行结婚仪式，此前原告给付被告彩礼 100000 元现金。2020 年 7 月经重庆市开州区妇幼保健院检查确认被告宫内早孕，因无法继续共同生活双方协商后同意做人工流产。法院认为“被告怀孕后人工流产对其身体上和心理上必然会造成一定的伤害，原告应当给予一定的补偿”。判决返还 35000 元，返还比例为 35%。[详见（2020）渝 0154 民初 6329 号民事判决书。]

案例三：2020 年 1 月原告交付彩礼，2021 年 4 月原、被告因矛盾分开。原、被告至今未办理结婚登记。被告主张的怀孕及流产的事实因没有证据支撑未能得到法院确认。本案中法院认定的彩礼数额（扣除嫁妆后）为 104000 元，判决返还 55000 元，返还比例为 53%。[详见（2021）渝 0192 民初 3134 号民事判决书。]

对比案例一和案例三，两案件彩礼数额相当且案件发生、裁判时间相近，案例一同居时间为五个月且存在怀孕并流产这一因素，但案例三同居时间为一年零三个月而没有认定存在怀孕及流产这一事实，从而案例三的返还比例高于案例一 13%；对比案例二和案例三，案例二同居时间比案例三同居时间短近一年，但由于案例二存在女方怀孕并流产这一事实，案例二的返还比例比案例三低 18%。

响较大。在现实中，因为男女的社会地位和社会对男女犯错后的宽容度都是不一样的，一场婚约的解除给女性所带来的伤害和损失往往要比男性大。女方在青春最美好的几年与男方同居并怀孕流产，这会使女性内心受到极大的冲击。从我国传统的贞洁观念来看，退婚并有流产经历的女性更会受到名誉上的损失，特别是在农村地区，女性一般都会被否定，而这些事实会使女方的社会评价降低、名誉受损，可能会影响其今后另行择偶，但是男性所受到的影响却不大，一段时间以后，他们仍然可以结婚生子，所以如此裁判是合理且符合社会大众道德观念的。因此法院处理彩礼返还类案件时会考虑女性是否怀孕并流产这一因素，展现了法律关爱妇女、呵护妇女的温情，也落实了公平原则，这一点毋庸置疑，并且值得称赞，但由于个案的特殊性，女方流产这一因素对于最终的裁判结果的影响大小存在一定的差异，重庆市基层法院对于这一因素降低彩礼返还金额的比例约为15%，具体的标准也是立法有待完善之处。

2. 当事人一方存在过错对彩礼返还比例的影响

在我国家事法中，当事人是否有主观过错是处理婚姻家庭案件时应当由当事人举证的重点内容，也是法院在裁判时考量的因素，它具体体现在是否准予离婚、共同财产的分割和损害赔偿等方面。同理，在解决彩礼返还纠纷案件中也应该将主观过错作为判决的依据，根据男女双方的具体过错来判定彩礼返还的情况和比例。

例如，在刘某1与肖某1、肖某等婚约财产纠纷中，原告在与被告分居几个月后又与他人恋爱并生育一子，因此，原告在原、被告关系彻底破裂上存在较大过错。法院综合考量认为，由被告返还原告给付彩礼的一半较为合理。[1] 又如，在刘某与余某婚约财产纠

① 详见（2020）渝0113民初1769号民事判决书。

纷中，双方在约定好婚期后，因彩礼给付多少的问题，余某在朋友圈发表感言“婚姻就是买卖”，导致双方及其家人产生矛盾。后经过协商也未能缓解，导致双方不能结婚，法院说理时将该事件纳入裁判理由中，“鉴于余某与刘某未能如期举办婚礼的起因在于余某发布的朋友圈的感言让刘某及其家人感到不快”，最终法院裁判返还的比例为66%。对比两个案例，前者原告方当事人与他人恋爱并生子直接导致了原、被告无法登记结婚，而后者的主观过错性相对较小，仅是在朋友圈发表了“不当言论”致使双方撕毁婚约，从法院裁判的返还结果和比例来看，因彩礼给付方的过错致使双方未能按约缔结婚约的情况下，法官在裁判时将作为返还比例考量的因素，并且不同程度的过错对于最终返还比例的影响也有着较大的差异。①

除了上述案例的情况之外，关于过错的认定可以从以下几方面考虑。例如，在缔结婚约或婚约关系存续期间，是否存在对婚姻不忠、出轨等情况，是否存在家庭暴力等对另一方造成人身、财产或精神上损害的情况。若对这些情况不加考虑而支持彩礼返还，是极不公平的。② 过错的认定还可以包括当事人存在婚姻法规定的无效婚姻的情况，如存在重婚、隐瞒重大疾病且未治愈、不符合结婚条件的亲属关系等。

确立主观过错原则，完全符合现行法律的原则精神和人民群众的道德观念，尤其是在婚姻家庭法领域。③ 一方当事人的不恰当行为对于双方的人身和财产关系都有着决定性的影响，同时，婚约关系也是“有着人身属性的合同关系”，过错方承担相对不利的后果

---

① 详见（2020）渝民终1475号民事判决书。

② 参见吴娟：《解除同居关系后彩礼返还的法律分析》，载《东南大学学报（哲学社会科学版）》2017年第S1期。

③ 参见杨临萍、龙飞：《德国家事审判改革及其对我国的启示》，载《法律适用》2016年第4期。

是符合法理及情理的。法官在司法实践中大多都会考虑过错因素，但是因为没有明确的法律依据，为使裁判的案件社会效果和法律效果相统一，法官就会更多地依据公平正义、男女平等、公序良俗等原则判案，所以在立法中引入过错机制更有利于法官明确适用法律依据。

3. 彩礼使用情况对返还比例的影响

随着我国社会经济水平的提升和人们思想观念的进步，以及目前适婚人群大多为独生子女的情况，彩礼已经逐渐与其早先作为偿付女方家庭劳动力缺失的补偿的意义有所区别，彩礼的象征意义和礼节性质逐渐凸显。在现实生活中，年轻的新婚夫妇大多数在刚刚成立家庭时经济水平一般，需要双方父母提供经济上的支持，因此在实践中彩礼常常由女方父母以支持小家庭经济生活的方式流向了新婚夫妇，即彩礼给付方支出的彩礼很多都会以嫁妆等形式返还到新婚家庭。那么此时，在考虑彩礼是否应当返还或返还比例时，这一部分“回流”的财产不应纳入返还的范围。

例如，在谭某与张某婚约财产纠纷一案中，被告接受原告邀请到贵州与其共同生活，来回开支给被告造成了一定的损失，在贵州同居期间的房租、生活花销均由其开支，法院认为给付的彩礼已经用于男女双方在结婚前二人共同生活中正常的生活花销、用于准备结婚事宜的花销，最终判决返还比例为40%。[①] 同理，如果彩礼用于购买结婚所用的动产、不动产及抚养双方所生子女等，已经无法返还时，不应要求全部返还。比如，双方当事人用彩礼以及双方的资产一起购买了用于结婚的不动产，但后来并未缔结婚姻，如果满足彩礼返还的条件，此时可以令其中一方取得该不动产的所有权，并要求其按照出资比例对另一方给予补偿，彩礼金额可以作为彩礼给付方的出资来计算返还比例；相反，如果不满足彩礼返还的条

① 详见（2021）渝0112民初1102号民事判决书。

件，此时可以将彩礼金额作为彩礼收受方对不动产的出资额来计算比例。

4. 公平原则对彩礼返还比例的影响

公平原则是民法的一项基本原则，同样适用于解决彩礼返还纠纷案件。在案例中，有的法官会直接适用公平原则，[①] 有的法官虽未直接适用公平原则进行裁判，但是可以看出是在当事人之间维持一种利益的均衡，其实就是公平原则的体现。当前，我国正在进行的司法体制改革的基本目标就是“必须要让人民群众在每一个司法案件中感受到公平正义”。足以见得，公平原则是进步和正义的道德观在法律上的具体体现，对于弥补法律规定的不足和保证私法自治原则的实现，具有重要作用。

该原则与民法中的“帝王原则”即诚实信用原则一样，与道德规范联系非常紧密。而彩礼返还纠纷案件更多的时候所体现的正是道德问题。有鉴于此，法官在审理此类案件时，就应当从公平原则出发，通过平衡双方之间的利益来判断是否符合道德要求，这样才能更好地体现人民法院的裁判符合公平正义的深刻内涵，令当事人心悦诚服。

四、彩礼返还规则的完善建议

当前，我国有关彩礼返还的规则主要体现在《民法典婚姻家庭编解释一》第5条，上述彩礼返还规则在适用中出现了彩礼法律属性界定的缺失或者争议、彩礼范围界定的争议以及彩礼返还比例大相径庭的问题。《民法典》以及《民法典婚姻家庭编解释一》已于2021年1月1日实施，《民法典》婚姻家庭编中对婚姻和家庭关系的相关规则进行了一定的完善和修改，但令人遗憾的是，彩礼返还规则并未纳入《民法典》以及《民法典婚姻家庭编解释一》的调

① 详见（2021）渝0109民初1008号民事判决书。

整。《民法典婚姻家庭编解释一》第 5 条继续沿用《婚姻法司法解释二》第 10 条的规则，该条规则已经施行了 18 年之久，已经明显落后于司法实践，彩礼返还规则的完善十分必要。彩礼返还规则完善应当遵循一定的原则。第一，回应司法实践、面向司法实践的原则。因为，法律是制度性的实践，法律必须立足于“实践问题的解决”，我国的司法实践是立足于本土的社会环境、现实国情、风俗习惯等因素进行的实践活动，具有重要的借鉴价值。第二，精细化的原则。《民法典婚姻家庭编解释一》第 5 条的核心问题是过于概括和笼统，不足以解决实践中的问题。因此，彩礼返还规则的完善应当是对彩礼返还所涉相关问题进行全面的、精细化的规定。第三，尊重彩礼返还的民间习惯的原则。彩礼脱胎于民间习俗，在漫长的历史中不断受到民间习惯的调整。《民法典》第 10 条已经明确了“习惯”在民法中的法源地位。彩礼返还规则应当尊重并吸收彩礼返还中不违背社会公序良俗的习惯。

（一）以“共同生活时间长短”为彩礼返还规则的核心要素

1. 《民法典婚姻家庭编解释一》第 5 条以是否登记结婚为判断的核心和基准，与现实生活中的差距过大

对彩礼返还相关案件的实证考察表明，在现实生活中，彩礼返还的争议主要发生在双方未办理结婚登记的情形。如果仍然坚持以是否登记结婚为判断的核心和基准，多数案件中的彩礼返还请求都应当得到支持。彩礼给付的目的是缔结婚姻关系，但是，现实生活中，男女双方的家庭、亲友等多数都是将双方举办“婚礼”而非“登记”作为确认双方缔结婚姻关系的依据。

2. “是否登记结婚”要素的判断并不能免除“共同生活时间长短”的判断

以“是否登记结婚”为要素的判断应然的推理结论是：若双方未办理结婚登记，原则上应该全部返还或者大部分返还；若双方已办理结婚登记，原则上应该不返还或者少部分返还。但是，司法实

践中的判断过程却被《民法典婚姻家庭编解释一》第 5 条人为地分割成了两层逻辑：先以是否登记结婚判断是否返还，再以双方共同生活时间长短判断返还的比例。如果双方已登记却未共同生活的，第二层逻辑的结论则推翻了第一层逻辑的结论。

3. 以“共同生活时间长短”为核心和基础的判断逻辑，简单有效，避免法院裁判分歧过大

以“共同生活时间长短”为核心，法院的推理逻辑简单有效：其一，双方未共同生活的，不管双方是否登记结婚，原则上全部返还彩礼；其二，双方共同生活一段时间的，根据双方共同生活时间的长短，来确定返还比例的基本范围；其三，双方共同生活已持续多年，原则上彩礼不予返还。

以“共同生活时间长短”为核心，规定共同生活时长所对应的彩礼返还的比例幅度，可减少不同案件彩礼返还比例相差过大的情况。根据检索到的案件，共同生活时间相近的不同案件的彩礼返还比例有时候相差过大，难以实现裁判指引的作用。

（二）明确彩礼的实际用途对彩礼返还的影响

将彩礼的实际用途作为彩礼返还的考量因素的理论基础是民法中的公平原则和防止双重获利理念。《民法典》第 6 条规定了公平原则，民法理论中也有禁止双重获利的理念。男方给付彩礼之后，彩礼一般不会被完全储蓄。双方共同生活期间、双方筹备婚礼期间往往会对彩礼进行一定的支出。例如，双方花费彩礼用于购买家具、家电或者装修房屋等。彩礼的可消耗性决定了男方给付的彩礼的余额可能会越来越少。彩礼消耗产生的利益可能被双方共同享有，也可能被男方或者女方的某一方享有。如果彩礼的消耗仅让女方获益，那么彩礼的消耗可能对彩礼的返还不会产生影响，但如果彩礼的消耗是让男方获益或者双方获益，那么至少可以说明，男方从彩礼的消耗中获得了利益。此时，如果不对彩礼的实际用途进行考察，完全根据男方所给付的数额进行返还，一方面

导致男方双重获利，另一方面导致女方未获利益却需要返还，有违公平原则。

将彩礼的实际用途作为彩礼返还的考量因素，其核心不在于彩礼是否被消耗，而在于彩礼被用到了“何处”。彩礼可能被用于双方共同生活的消耗，也可能用于男方单方的消耗或者女方单方的消耗。例如，彩礼被用于男方或者女方自己的职业培训，此种用途属于男方或者女方的单方消耗。又如，彩礼被用于双方日常生活中的开销，此种用途属于双方共同生活消耗。因此，彩礼的实际用途可分为两大类别：

第一，彩礼用于双方共同生活或者男方单方的生活、工作需要的，男方是该种彩礼消耗的获益人，彩礼返还之前，应当将此种消耗予以相应扣减，扣减后的彩礼数额为彩礼返还的基数。

第二，彩礼用于女方单方的生活、工作需要的，女方是该种彩礼消耗的获益人，此时，可以依照其他因素直接计算彩礼返还的比例，彩礼返还的基数就是男方给付的彩礼数额。

需要强调的是，彩礼用于共同生活或者男方单方的生活、工作需要的举证责任在彩礼接受方，法院可以根据当事人的具体情况进行适当的判断，如双方均无固定工作或者其他收入来源的，可以推定被消耗的彩礼用于了双方共同生活。

（三）明确过错对彩礼返还的影响

我国彩礼返还的历史以及民间习惯均承认当事人过错对彩礼返还产生一定的影响。司法实践中对于过错是否影响彩礼返还的比例存在一定的分歧：部分法院认可当事人过错对彩礼返还产生影响；也有部分法院认为过错对彩礼的返还不产生影响。

这里的过错仅指当事人对于不能缔结婚姻关系或者终结婚姻关系所存在的过错。不能缔结婚姻关系或者结束婚姻关系是彩礼返还的原因，因此，过错往往是彩礼返还的触发机制，不能不予以考虑。《民法典》婚姻家庭编部分有不少条文体现了对有过错方和无过错方的区别对待，因此，在《民法典》的体系下，过错在婚姻纠纷的处理中具有重要的意义。对于当事人的过错，建议区分以下三种情况：

1. 男方存在过错时

根据男方的过错程度，酌情调低彩礼返还比例。在男方存在过错的情形下，男方的行为是导致双方不能缔结婚姻关系或者不能维持婚姻关系的原因，这时，如果允许男方获得全部彩礼的返还，无异于使违约的人从其违约行为中获利，违反了禁止从违约行为获利的原则。当然，如果按照"男方存在过错，彩礼全部不予返还"的习惯，对男方也过于严苛，可能会激励女方诱使男方犯错或者主动提出解除婚约。因此，笔者建议如男方存在过错时，根据过错程度，酌情调低彩礼返还比例。

2. 女方存在过错时

根据女方的过错程度，酌情调高彩礼返还比例。女方存在过错与男方存在过错的原理一致，女方的过错行为构成了彩礼返还的原因，法院在确定彩礼返还比例时，应当酌情调高。但是，女方最多只能全部返还彩礼，而不能因为存在过错还要加倍返还彩礼。

3. 双方均有过错时

此时，法院应当参照适用过失相抵原则处理彩礼返还比例。

总之，笔者建议未来立法及司法活动中将过错纳入彩礼返还比例的考量因素。

（四）以家庭经济水平替换生活困难标准

生活困难标准是《民法典婚姻家庭编解释一》第5条规定的彩礼返还的三种法定情形之一。根据《民法典婚姻家庭编解释一》第5条的理解与适用，是否生活困难的标准是绝对生活困难。这一标准在实践的运行中暴露了两个大的问题：一是这一标准过高，其在司法实践中适用的比例极低；二是绝对生活困难的结果是彩礼全部返还，该因素未能处理彩礼返还的中间地带。

为了应对上述问题，司法实践中创设了不同于绝对生活困难标准的其他标准：有的法院考虑的是当地生活水平；有的法院考虑的是家庭生活水平；有的法院考虑的是家庭生活水平与当地生活水平的对比。上述法院的裁判文书中虽然是单独列出了当地生活水平或者家庭生活水平，但其暗含的仍然是家庭生活水平与当地生活水平的对比，因为家庭生活水平的高低是相对的，其只有在当地生活水平的背景下才具有意义；而当地生活水平的考察是为了掌握个案中男方家庭水平的实际情况，也不具有独立的意义。因此，前述所主张的考量因素实际上是在当地经济水平背景下对家庭经济水平的考察。

家庭经济水平标准相比于绝对生活困难标准具有重大的进步意义：

第一，绝对生活困难标准解决的是彩礼全部返还的问题，而家庭经济水平标准不仅可以解决彩礼全部返还的问题还可以解决彩礼部分返还的问题。绝对生活困难标准是一个点，而家庭经济水平标准是一条线，是由无数个反映家庭不同经济水平的点集合成的线，后者更为全面地反映了司法实践中的各种情况。

第二，绝对生活困难标准将彩礼返还的范围限制得较为狭窄，其适用的结果是要么全部返还，要么一点都不返还，其适用后果走向两个极端，不能覆盖到司法实践中的主要情形。而家庭经济水平标准则有更大的灵活性和更普遍的适用性。男方家庭经济水平较低的，彩礼返还的比例可以适当调高；男方家庭经济水平较高的，彩礼返还比例可以适当调低。

第三，绝对生活困难标准的证明难度较高，而家庭经济水平标准的证明难度较低。绝对生活困难可能需要达到农村或者城市的低保户的认定标准，实践中难以举证；而家庭经济水平标准则只需要男方举证证明家庭的实际收入与支出即可，证明难度较低。

总之，家庭经济水平的标准相对于生活困难标准具有更好的灵活性和适用的普遍性，更符合彩礼返还纠纷的司法实践需要，建议以家庭经济水平标准替代生活困难标准，构成彩礼返还的考量因素之一。

第二章

同居关系析产纠纷类案研究

非婚同居是目前具有代表性的一种生活模式。现代社会，与经济发展和价值观念的多元化相适应，非婚同居的现象越来越多，从同居的年龄结构来看，既有青年人同居，也有中老年人同居；从同居的目的来看，包括以结婚为目标的同居、订婚后同居、彼此相爱就可以同居三种主要类型。① 本书所要探讨和分析的“同居关系”是以爱情为情感基础，没有办理结婚登记，但对外以夫妻名义宣称，持续、稳定地共同居住，形成一种生活上依赖性的一男一女的结合。

一、问题的提出：现代家庭模式下非婚同居引发的财产纠纷日益增多

从尊重个人意志自由理念出发，法律对非婚同居的选择与否并

① 参见张亮：《从约会到同居：“他的”和“她的”同居决策比较——基于“90后”流动青年同居者的质性研究》，载《妇女研究论丛》2020年第2期。

无强制性规制。但在非婚同居期间产生的一系列问题，诸如财产的认定问题、分割问题等，都需要相关的制度设计来解决。

我国法律并未对同居关系引发的法律问题进行明确规制，据全国人大法工委发言人臧铁伟表示，2001 年修改婚姻法时，我国立法机构就注意到了非婚同居引发的各类社会问题，但是受限于非婚同居“在整个社会还远未形成共识”，如有学者指出同居与婚姻具有本质差异，婚姻是从实体性出发的精神，双方执着追求成为“一个人”而扬弃自身的单一性，在深厚持久的亲密关系中获得实体性自由；同居则以个体的个别性或特殊性为出发点，是缺乏普遍物统摄与维系的无精神行为，因此拯救婚姻、抑制同居是我国伦理道德发展的重要课题。① 且同居的情况和原因都比较复杂，对于未婚同居涉及的诸多法律问题难以进行统一规定，非婚同居入法时机还不成熟，因此《民法典》婚姻家庭编没有对非婚同居问题进行明确的规定。

我们认为，现代社会家庭模式和生活方式多元化趋势已经不可逆转，法律是否调整以及如何调整非婚同居关系，已经成为我国法学领域面临的前沿课题。婚姻家庭法律的完备需要积极构建多层次的家庭规制体系，应当考虑将非婚同居纳入婚姻家庭法律的调整范围。② 在《民法典》颁布以前，司法实务中主要依靠民法诚实信用原则、权利义务相一致原则和公序良俗对非婚同居纠纷进行裁判，判决的规范性、一致性难以得到有效保障，可能会出现同类案件判决结果差别较大的情况，客观上影响了司法公信力和公平正义价值的实现。同居关系析产纠纷作为非婚同居的主要纠纷类型，当事人

---

① 参见许敏：《当前中国社会同居现象的伦理精神分析》，载《学海》2021 年第 1 期。

② 参见王旭霞：《多层次家庭规制体系之一——非婚同居的历史考察及重构》，载《兰州大学学报（社会科学版）》2009 年第 2 期。

之间的法律关系亟待厘清，具体的财产分割原则和规则也需要进一步明确。同居财产的归属包括同居前的财产归属、在同居期间共同取得财产的处置以及同居关系结束时财产的分割，其中同居期间共同取得的财产应采用何种财产制度加以处理是长期令人困扰的法律问题。有研究指出，在城镇化与迁居化的影响下，老年人在“空巢”之后的独居，必然产生照料需求，即老年人的非婚同居陪伴功能更强，其财产继承是核心焦点问题，继承是以人身关系为前提，我国目前立法和司法对于同居关系财产继承的要求比较严格，财产继承纠纷的化解相对容易；青年非婚同居的财产关系呈现出财产关系复杂、财产来源多样化、财产价值具有不确定性、权利意识薄弱、举证难度大、扶养和继承纠纷少等主要特点，需要更为精细的法律规定予以调整。①

二、同居关系析产纠纷案件的整体情况

法学研究要服务于社会发展和人民需求，很多政策在设计时的初衷都是好的，但效果如何还要看实践的检验。着眼于同居关系析产纠纷的现实情况有利于明确阻碍同居关系析产纠纷化解的主要因素，通过类型化的研究方法将复杂的问题拆解开来，深入分析同居关系析产纠纷裁判的困境成因，从而探求同居关系析产纠纷裁判的优化路径。②

（一）同居析产纠纷案件的描述性分析

对同居关系析产纠纷的案件进行精确检索，通过整体性的描述

---

① 参见于晶：《青年非婚同居的财产权益保护问题研究》，载《中国青年研究》2019 年第 12 期。

② 以威科先行法律信息数据库（https：//law. wkinfo. com. cn/）为检索平台进行数据检索，笔者将关键词限定为“同居关系析产”，以全文为检索范围对关键词进行精确检索，截至 2022 年 1 月 11 日共计检索同居关系析产纠纷 202187 个结果。

分析形成对我国当前同居关系析产纠纷司法现状的基础性认识，继而进入实质性研究阶段。

1. 案件数量总量大　标的额主要在50万元以下

从检索得到的案件数量来看，近5年同居关系析产纠纷案件数量增长较快，2001年至2017年间同居关系析产纠纷案件数量为92335件，最近5年间涉及同居关系析产纠纷的案件高达132638件，案件数量总量大，整体呈上升趋势，根据威科先行法律信息数据库提供的标的额数量计算可知，除极少数纠纷涉及巨额资产外，大部分案件的标的额在50万元以下，同居关系析产纠纷标的额在50万元以下的约占总数的88.12%。

2. 案件地域分布分散　部分省份案件突破万件

从案件地域分布看，同居关系析产纠纷分布地域广泛，案件数量达到万件的省级行政区有6个，分别是云南省、安徽省、河南省、贵州省、四川省和甘肃省，其中云南省检索得到的同居关系析产纠纷案件结果数量最多，高达23437件，具体情况见表2-1：

表2-1　同居关系析产纠纷数量达到万件的省级行政区

省级行政区	案件数量（件）
云南省	23437
安徽省	19484
河南省	16671
贵州省	15581
四川省	14616
甘肃省	10738

案件数量在5000件至10000件之间的省级行政区有9个，分别为江苏省、山西省、陕西省、河北省、湖南省、广西壮族自治区、山东省、重庆市、广东省和浙江省，具体情况见表2-2：

表 2-2　同居关系析产纠纷数量位于 5000 件至 10000 件之间的省级行政区

省级行政区	案件数量（件）
江苏省	9476
山西省	9069
陕西省	7632
河北省	6900
湖南省	6408
广西壮族自治区	5648
山东省	5597
重庆市	5457
广东省	5372
浙江省	5160

3. 案由以民事为主　执行问题也受到较多关注

从案件检索情况来看，同居关系析产纠纷绝大多数属于民事案件，占比高达 99. 92%，主要包括婚姻家庭和继承纠纷、合同纠纷、侵权纠纷、人格权纠纷等具体类型，仅有极少部分案件涉及刑事、行政和国家赔偿，申请执行的案件数量为 9051 件，初步体现出我国同居关系析产纠纷在执行问题上受到了较多关注，同居析产执行工作的开展需要加强，应当将其作为优化同居关系析产纠纷处理的重要环节。

表 2-3　同居关系析产纠纷案由分布情况

案由	案件数量（件）
民事	202026
刑事	49
行政	51
国家赔偿	2
执行	9051

4. 绝大多数纠纷化解在基层人民法院 极少数案件进入二审程序

从审判法院级别来看，基层人民法院占比高达 94.29%，中级人民法院审理案件占比约为 5.48%，高级人民法院审理案件占比约为 0.23%，绝大多数同居关系析产纠纷在基层人民法院得到有效处理，基层法院充分发挥了定分止争的重要功能。

表 2-4 同居关系析产纠纷审判法院级别分布情况

法院级别	案件数量（件）
最高人民法院	3
高级人民法院	465
中级人民法院	11088
基层人民法院	190463
专门法院	7

从案件的审判程序来看，一审程序审理的案件占比约为 85.90%，绝大多数同居关系析产纠纷都在基层人民法院适用一审程序处理，二审程序和再审程序占比分别为 5.12%和 0.56%，执行程序占比 7.57%，与前文提到的执行问题受到关注可以互相印证。

表 2-5 同居关系析产纠纷审判程序分布情况

审判程序	案件数量（件）
一审程序	173669
二审程序	10362
再审程序	1139
执行程序	15302
督促程序	1
其他程序	1549

以上数据较为直观地呈现了我国同居关系析产纠纷的司法现状，为同居关系析产纠纷调查研究的进一步开展提供了现实基础和数据支撑。

（二）同居关系析产纠纷类案的数据分析

从数据统计上来看，最近几年非婚同居析产纠纷案件增多；非婚同居析产纠纷案件大部分经过二审。这说明法律对于非婚同居财产分割的规范还不够完善，实务处理中存在争议，纠纷解决效率低。

1. 关于同居关系的主体

从所选取的类案来看，同居关系的类型主要分为两种：

一种是没有违反法律的非婚同居。双方基于恋爱关系，共同生活的目的，没有进行结婚登记也不具有婚姻效力的同居。非婚同居既没有违反法律，也不属于婚姻的关系，大约是恋爱之上，婚姻未满的一种状态。没有配偶的男子和女子二人，未进行结婚登记而以夫妻名义共同生活是本书所要探讨的非婚同居关系。

还有一种同居关系是不合法的。同居的两个人，其中一方有婚姻关系，而与另一方共同生活，这就涉嫌构成重婚罪，本书不予探讨。

2. 诉争财产的内容

笔者从案例中总结到，在同居关系析产纠纷类案中，主要就以下几种财产的认定和分割产生争议：

（1）同居期间共同出资购买的财产。主要涉及登记在一人名下的动产和不动产的性质认定。

（2）同居期间的收入。主要涉及同居期间，一方工资交与另一方保管，进行共同生活开支以及共同存款，还有共同存款利息、共同经营所得。

（3）同居期间债务的清偿。主要涉及以一方名义所借债务的定性和清偿问题，以及一方所借债务是否用于共同生活，是否可推知另一方的意思表示。

（4）遗产继承问题。主要涉及非婚同居双方之间，以及非婚生子女的继承权问题。

3. 同居关系析产纠纷的裁判思路

通过类案分析，不难看出，法院在处理同居关系析产纠纷案件时，裁判思路为：

（1）对同居者关系的认定。要对非婚同居析产纠纷进行正确的处理以及对财产准确定性，首先就要对非婚同居的定义及其构成要件准确把握，本书所探讨的非婚同居构成要件主要包括：

第一，同居就必须是共同居住，这里的共同居住不只是要生活在一个屋檐下，还需要对外以夫妻的名义，对内形成生活上的依赖。[①] 这里的共同生活，在时间上，应当具有一定的持续性，在一段时间内，较为稳定地生活在一起，照顾彼此的生活；在空间上，双方不只是住在同一个场所，与合租不同，同居双方是有感情基础的，饮食起居都是共同的且具有依赖性，是和夫妻一样的亲密关系。

第二，在主体的性别要求上，本书所探讨的非婚同居是指一男一女共同生活的异性同居。[②] 并且同居的当事人主观上具有同居的意愿。同居关系是一种事实关系，有的还形成了事实婚姻。我国民法最重要的原则之一就是自愿原则，虽然民法典规定，以感情破裂为由，申请解除同居关系的，人民法院不予受理。但是，这只是表明同居关系，不同于婚姻关系，不是一种法律关系，而是一种事实关系。当事人双方要形成本书所说的同居关系，就必须遵守民法典规定的自愿原则，形成长期、稳定的共同生活关系。民法典也规

---

① 参见廖秉静：《非婚同居的法律思考》，载《武汉科技学院学报》2007 年第 3 期。

② 魏振瀛：《民法》（第八版），北京大学出版社 2021 年版，第 665 页。

定，因胁迫而缔结的婚姻属于可撤销的婚姻，因为这违反公序良俗，违反民法典的自愿原则。同居关系也同理，必须同居双方自愿。

第三，非婚同居不是非法同居。[①] 要求双方没有办理结婚登记而长期且持续性地共同生活，并且在一定时间内，双方都没有办理结婚登记的意思，由此而形成一种长期稳定的共同生活的关系。

第四，非婚同居需要有一定的表现外观。非婚同居的双方，虽然没有办理结婚登记，但通常是以夫妻或恋人的身份生活在一起，并且在外人看来，二人就是夫妻或者恋人。

（2）对诉争财产定性。非婚同居期间的财产与婚姻关系类似，双方除了同居之前的个人财产，以及同居期间个人的工资收入等都属于个人财产，还有一部分是当事人以同居关系为基础，在同居期间，两个人共同努力，不分彼此，创造的收益，这一部分不能区分份额，双方平等地享有所有权，视为按份共有。这就出现了法律对待同居关系与婚姻关系的区别，同居双方当事人在同居关系存续期间所得工资、退休金、奖金、生产和经营的收益、知识产权的收益、继承或赠与所得的财产等，除非当事人另有约定，应当首先认定为个人财产。只有在该财产不能分割或不能证明该财产为哪方所有时，才推定为共同所有。在认定同居共同财产上面临的主要问题包括：同居开始的时间；同居前个人财产的认定；同居后为了同居生活而添置购买的财产是个人出资还是共同出资的证明；同居期间一方给另一方添置的财产和转账究竟是赠与还是借贷。

（3）对诉争财产的处理。法院首先尊重当事人的意思自由，但双方不能达成一致意见时，按照法律的规定和实际情况综合认定，作出处理。

---

① 参见贺波：《论非婚同居财产法律关系》，载《法学研究》2016年第5期。

第一，契约模式。双方可以契约处理共同财产。遵循自愿原则，同居期间的共同财产，同居双方可以协议约定处理方式。民法典规定和调整的是平等主体之间的人身和财产关系，而调整的一项重要依据则是契约，从身份到契约是人类发展的一个进程。民法典尊重当事人真实的意思表示，因此非婚同居当事人在订立了同居协议的前提下，同居期间发生财产纠纷，民法典尊重当事人的意愿，优先适用同居协议。但前提是同居协议不具有法律规定的无效事由，不违反法律的强制性规定，也不违背公序良俗，在当事人真实意思表示的前提下可以认定该协议发生法律效力，同居当事人必须严格遵守和履行，在没有法律规定的事由时，任何一方不得随意变更和解除，一方违反约定给对方造成损害的还应当赔偿损失。在当事人没有对同居期间的财产关系进行约定的情况下，法院将根据法律规定和判例进行裁定。

第二，身份模式。身份模式，是指按照类似婚姻关系来对非婚同居析产纠纷案件进行裁决。身份模式赋予同居当事人法律上的身份，不同于模式的自治原则，身份模式强调当事人之间的权利与义务必须由法律规定。这种模式虽然为非婚同居析产纠纷提供了明确的救济途径，但是不利于意思自治，同时也在一定程度上损害了婚姻登记制度。我国法律不承认事实婚姻的效力，因此要严格区分婚姻和同居关系，可以类比适用但是不能完全一样，对于一般财产和共同财产的划分应不同于婚姻关系，同时还要兼顾情感和道德，遵循照顾妇女、儿童和照顾无过错方原则。非婚同居期间的债务要注意个人债务和共同债务的区分，只有为了共同生产、生活而形成的债务，才能认定为共同债务，否则只能认定为个人债务。①

---

① 详见《最高人民法院关于人民法院审理未办结婚登记而以夫妻名义同居生活案件的若干意见》第 11 条规定。

既要高效解决纠纷，又要符合人情伦理，应当将身份模式和契约模式相结合，契约即同居协议，一方面可以保护当事人最真实的意愿，将选择权更多地交给同居双方当事人，实现意思自治；另一方面可以很大一部分预防纠纷的发生，减轻法院工作量。

（4）非婚同居当事人之间的遗产继承问题。血脉是大自然的传承方式，无论是婚姻还是非婚同居，子女都是父母血脉的传承，不应当有所区别。父母对于非婚同居生育的子女有着同样的责任和义务，应当和婚生子女享有同等继承权。① 非婚同居生存的一方不像婚姻配偶之间一样，一方死亡，另一方法定继承一方遗产，非婚同居者之间不享有法定继承权，但可以通过遗嘱、遗赠的方式，继承财产。

三、我国同居期间财产关系的法律演进

同居关系不同于夫妻关系，合法的婚姻关系一旦正式缔结，如果没有书面约定实行分别财产制，婚后所得财产原则上属于夫妻共同所有，即会自动适用夫妻法定共同财产制。而同居关系期间的财产不会自动共有，债权、债务也不会自动成为共同债权、债务。尽管如此，同居期间仍有可能基于事实而产生共同财产及债务。例如，二人虽未登记结婚，却共同购买房产、车辆、贵重首饰；或以双方名义共同贷款、借款，用于共同生产经营等。当同居关系解除时，同居双方往往会因为财产分割产生纠纷，即析产纠纷。针对同居析产纠纷的法律规定，可以《民法典》的实施为划分点，在《民法典》施行前后，对于同居关系及其同居期间财产分割的规定有着较大的变化。

---

① 王利明：《民法》下册（第九版），中国人民大学出版社 2020 年版，第 471 页。

（一）《民法典》施行之前

1.《中华人民共和国婚姻法》（1981 年版）

关于同居期间财产分割的规定，最早见于《中华人民共和国婚姻法》（1981 年版）（以下简称《旧婚姻法》），其中第 12 条规定：“无效或被撤销的婚姻，自始无效。当事人不具有夫妻的权利和义务。同居期间所得的财产，由当事人协议处理；协议不成时，由人民法院根据照顾无过错方的原则判决。对重婚导致的婚姻无效的财产处理，不得侵害合法婚姻当事人的财产权益。当事人所生的子女，适用本法有关父母子女的规定。”即同居期间的财产分割以当事人协议处理为原则，若当事人之间不存在协议或协议不成的，人民法院应根据照顾无过错方的原则判决。通过该条规定可以发现，同居关系虽有别于夫妻关系，但仍然遵循分割财产时照顾无过错方的原则。若同居期间一方存在出轨、家暴或其他重大过错的，分割财产时，法院将根据照顾无过错方的原则进行判决。具体如何分割，要结合过错程度的大小，以及财产标的多少，根据具体案情作出裁判。但是，该条规定仅适用于婚姻无效或被撤销后当事人同居的情形，而不涉及未婚同居或离婚同居等其他情形，此外，该条规范的内容过于原则，并未界定同居期间所得财产的属性，留给法官的自由裁量权过大。

2.《最高人民法院关于人民法院审理未办结婚登记而以夫妻名义同居生活案件的若干意见》

1989 年 11 月 21 日，最高人民法院发布实施《最高人民法院关于人民法院审理未办结婚登记而以夫妻名义同居生活案件的若干意见》（以下简称《同居案件若干意见》），旨在解决现实生活中频繁出现的多种类同居关系析产纠纷。

根据《同居案件若干意见》的规定，同居关系是指男女未办结婚登记而以夫妻名义同居生活，或离婚后双方未再婚，未履行复婚登记手续，又以夫妻名义共同生活。对于此种同居关系，法院一般应予以解除。与《旧婚姻法》仅规定婚姻无效或被撤销后，当事人同居期间财产处理不同，《同居案件若干意见》新增了对两种同居关系的规定：离婚后同居与未婚同居。可以说，《同居案件若干意见》就是对《旧婚姻法》立法漏洞的弥补，使得非婚同居案件的审判有法可依，依法而判。值得注意的是，虽然《同居案件若干意见》为同居生活案件提供了审判意见，但最高人民法院认为未办结婚登记而以夫妻名义同居生活的行为具有违法性和危害性，故将上述同居关系认定为“非法同居关系”，若一方要求解除同居关系的，一般应予以解除。这体现了当时对未办理结婚登记而以夫妻名义同居生活行为的否定性评价。

针对同居期间财产的处理，《同居案件若干意见》第10条规定：“解除非法同居关系时，同居生活期间双方共同所得的收入和购置的财产，按一般共有财产处理，同居生活前，一方自愿赠送给对方的财物可比照赠与关系处理；一方向另一方索取的财物，可参照最高人民法院（84）法办字第112号《关于贯彻执行民事政策法律若干问题的意见》第（18）条规定的精神处理。”根据该条规定，在同居期间，能够分割的应当是双方共同所得的收入和双方共同购置的财产，且应按照一般共有财产处理。因此，如果是一方的个人收入和财产，则不能进行分割。但是，关于“双方共同所得的收入”以及“按一般共有财产处理”中“一般共有”并未有更加详细的规定。此外，《同居案件若干意见》第8条规定：“人民法院审理非法同居关系的案件，如涉及非婚生子女抚养和财产分割问题，应一并予以解决。具体分割财产时，应照顾妇女、儿童的利益，考虑财产的实际情况和双方的过错程度，妥善分割。”《同居案件若干意见》第12条规定：“解除非法同居关系时，一方在共同生活期间患有严重疾病未治愈的，分割财产时，应予适当照顾，或者由另一方给予一次性的经济帮助。”

《同居案件若干意见》对同居期间“双方共同所得的收入”定

性不明，共同所得既可以指非婚同居双方共同劳动所得，还可以泛指非婚同居关系持续期间的一切所得。现代社会中大多数同居者都有自己的工作，或者一方在外工作，一方在内操持家务，真正进行共同劳动的人应当是少数，因此，如果只将共同劳动所得认定为共有财产，则使共同财产的范围过于狭窄，也否定了家事劳动的价值，使操持家务一方处于不利地位，但若是将非婚同居关系持续期间的一切所得认定为此处的“共同所得”，则与夫妻共同财产制没有什么差别，可能就违背了大多数人选择非婚同居的初衷，并且不利于维护婚姻法律的权威性。

“按一般共有财产处理”中“一般共有”范围极为模糊。《中华人民共和国物权法》（以下简称《物权法》）第 93 条仅规定了按份共有和共同共有两种方式，“一般共有”应当认定为按份共有还是共同共有，存在争议。但《同居案件若干意见》第 8 条和第 12 条规定了同居期间财产分割的原则：分割财产时应当照顾妇女、儿童的利益，并考虑财产的实际情况和双方的过错程度；以及在同居期间一方患有严重疾病未治愈的，进行财产分割时，应予适当照顾或者由另一方给予一次性的经济帮助。《同居案件若干意见》第 8 条、第 10 条、第 12 条对同居关系财产分割处理进行了更为细致的规定，为同居关系析产纠纷案件提供了审理精神与原则。但如前所述，上述规定仍存有定性不明、范围模糊的问题，还需通过立法来进一步完善。

3.《中华人民共和国婚姻法》（2001 年修正）及其司法解释

2001 年，全国人民代表大会对《旧婚姻法》进行了较大的修改，但《中华人民共和国婚姻法》（2001 年修正）（以下简称《新婚姻法》）第 12 条仍沿用了《旧婚姻法》第 12 条的规定。在 2001 年婚姻法修改过程中，对如何规定无效婚姻、可撤销婚姻当事人同居期间所得财产的处理原则，存在不同的意见。一种意见认为：无效婚姻、可撤销婚姻属于违法婚姻，在解除违法婚姻关系时，对同居期间所得财产的处理应当与解除合法婚姻关系时财产处理的原则有所区别。处理原则应当是：(1) 双方当事人同居期间各自的收入，认定为个人财产。双方各自继承和受赠的财产，按照个人财产对待。无效婚姻、可撤销婚姻被解除时，当事人一方个人的财产归个人所有。(2) 同居期间当事人双方共同所得的收入和购置的财产，按照按份共有处理。婚姻被确认为无效或婚姻关系被撤销后，双方当事人都有权请求从共有财产中分制出属于自己的份额。(3) 对同居期间为共同生产、生活而形成的债权、债务，债权按照按份共有处理，债务由双方协议偿还，协议不成时由人民法院依法判决，双方对债务互负连带责任。另一种意见认为：无效婚姻、可撤销婚姻虽然不符合法定的结婚条件，当事人之间不是合法的夫妻关系，但是，对当事人同居期间所得财产的处理原则，不宜完全按照民法通则按份共有的原则分割。对于无效婚姻或者可撤销婚姻，当事人在同居期间，如果一方挣得比另一方多，按照按份共有分割当事人同居期间所得的财产，那么，收入多的一方分得的财产必定比另一方多，而另一方虽然收入少，但在抚育子女、照料老人等家务上付出了大量的劳动，有的还协助另一方工作，并付出较多的义务。因此，在分割当事人同居期间所得财产时，不能按照按份共有的原则分割，否则不利于保护妇女、儿童和老人的合法权益。在广泛听取各方面意见的基础上，经过认真研究，多次修改，婚姻法规定无效的或者被撤销的婚姻，当事人同居期间所得的财产，由当事人协议处理；协议不成时，由人民法院根据照顾无过错方的原则判决，即对无过错一方当事人可以多分财产。

不过，最高人民法院随后出台的司法解释对《新婚姻法》第12条进行了补充规定，使得同居期间财产分割的规则更明确，更具备可操作性，更与时俱进。2001年12月27日起施行的《最高人民法院关于适用〈中华人民共和国婚姻法〉若干问题的解释(一)》(以下简称《婚姻法司法解释一》) 第15条规定："被宣告无效或被撤销的婚姻，当事人同居期间所得的财产，按共同共有处理。但有证据证明为当事人一方所有的除外。”该条法律规定对同居期间所得财产的性质给出了明确的定性，即同居期间所得的财产应当按照共同共有处理。共同共有，是指共有人对共有财产不分份额地享有共同的权利，承担共同的义务，夫妻法定财产制中夫妻对婚姻关系存续期间的一些财产便是共同所有。但需注意的是，“按共同共有处理”的前提是必须证明同居期间双方在生活经济上关系非常紧密，已形成财产上的混同，否则一方当事人可能提供证据证明财产归个人所有。在司法实践中，常见的不被认定为共有财产的情形有：同居期间，有证据表明双方已约定各自财产归各自所有；或者虽未约定各自所有，但互相没有资金往来，各自管理收入，未共同购置任何财产，没有发生财产混同；或者虽取得于同居期间，但财产来源于一方父母，另一方未做任何贡献；等等。可见，并不是只要同居就能以共有财产要求分割，“已发生财产混同”是非常重要的证明要点。主张分割财产的，必须提供付款凭证、转账记录、聊天记录、购置发票等证据积极进行举证。否则，即便同居多年后分手，因不属于法律上的夫妻关系，仍有可能按照各自名下财产归各自所有的方式处理。

此外，有些地方法院为便于审理同居生活财产关系案件，根据法律规定的原则与精神区分了同居期间财产分割的处理原则。例如，2016年8月，北京市高级人民法院发布了《北京市高级人民法院民一庭关于审理婚姻纠纷案件若干疑难问题的参考意见》，其中第44条规定了同居关系解除后财产分割的原则：“［同居关系解除后财产分割原则］男女双方未办理结婚登记手续以夫妻名义同居生活的，同居关系解除后要求分割同居期间共同劳动、经营或管理所得财产的，有约定从约定；无约定且上述同居期间财产混同的，推定为共同共有，但根据同居时间、各自贡献、生活习惯等因素能认定为按份共有财产的除外。男女双方未办理结婚登记手续亦不以夫妻名义同居生活的，同居关系解除后要求分割同居期间共同劳动、经营或管理所得财产的，有约定从约定；无约定且财产混同的，推定为按份共有，具体份额比例可依据同居时间、各自贡献、生活习惯确定。”北京高院对《同居案件若干意见》第 10 条中的“双方共同所得的收入和购置的财产，按一般共有财产处理”又加以区分：以夫妻名义生活，财产混同的，能根据同居时间、各自贡献、生活习惯等因素认定按份共有财产的，为按份共有财产，除此之外，推定为共同共有；不以夫妻名义生活，财产混同的，根据同居时间、各自贡献、生活习惯等因素确定份额。其实，无论是按份共有还是共同共有，法院判决财产分割时，均会综合考虑妇女、儿童的利益，考虑财产的实际情况（出资、贡献等）和双方的过错程度，进行妥善分割。

（二）《民法典》施行之后

2021 年 1 月 1 日，《民法典》正式实施。《新婚姻法》以及《同居案件若干意见》亦因《民法典》的出台而废止。《民法典》第 1054 条第 1 款对《新婚姻法》第 12 条未进行大的修改，仅语言表述上存在差异，“无效的或者被撤销的婚姻自始没有法律约束力，当事人不具有夫妻的权利和义务。同居期间所得的财产，由当事人协议处理；协议不成的，由人民法院根据照顾无过错方的原则判决。对重婚导致的无效婚姻的财产处理，不得侵害合法婚姻当事人的财产权益。当事人所生的子女，适用本法关于父母子女的规定”。婚姻无效或者被撤销的，双方当事人之间的财产关系不适用以夫妻身份为基础的夫妻财产制。对于同居期间所得的财产，首先应当尊重当事人对财产的处分权，若当事人对同居期间的财产归属有约定，则按约定处理，若没有约定，也应由双方当事人协商确定。当事人无法达成协议的，则由人民法院按照照顾无过错方的原则进行处理。“照顾无过错方”主要是考虑到有的婚姻无效或者被撤销，另一方当事人可能并不知情，其以为是合法有效的婚姻并对该段婚姻付出，对婚姻无效或被撤销并无过错，故人民法院在对财产进行处理时，应当适当照顾无过错方，对无过错的一方可多分财产。此外，《民法典婚姻家庭编解释一》第22条规定："被确认无效或者被撤销的婚姻，当事人同居期间所得的财产，除有证据证明为当事人一方所有的以外，按共同共有处理。"因此，人民法院对当事人同居期间的财产进行处理时，除当事人能够证明为一方所有的财产外，同居期间所得财产均应按双方共同共有予以处理。如果一方当事人主张是其个人财产的，应当负举证责任。《民法典》及《民法典婚姻家庭编解释一》关于同居期间财产关系的规定均援用了《新婚姻法》及其司法解释的相关规定，并无创新之处。且因《同居案件若干意见》的废止，导致目前法律仅对婚姻无效或被撤销后同居关系进行了规定，该条规定能否适用于未婚同居关系或离婚后同居关系，尚有争议。有观点认为，非婚同居关系包括婚姻被确认无效或者被撤销的同居关系，结合《民法典》第1054条第1款和《民法典婚姻家庭编解释一》第22条的规定，人民法院对于当事人同居期间形成的财产按双方共同共有予以处理，而非直接适用《民法典》物权编的共有规定。①

四、我国现行法对同居关系析产的制度设计评析

《民法典》以及《民法典婚姻家庭编解释一》都对同居关系析产纠纷作了规定，从现行规定来看，我国民法典其实是鼓励订立同居协议的，在一定的范围内保证当事人意思自治，然后再由法律兜

---

① 参见龙翼飞、赫欣：《〈民法典〉婚姻家庭编最新司法适用准则探析》，载《法学杂志》2021年第8期；参见贺波：《论非婚同居财产法律关系》，载《市场周刊（理论研究）》2016年第5期。

底解决纠纷。① 不过从整体的制度设计来看，法律更鼓励大家进行结婚登记，弥补婚姻的形式要件，形成婚姻关系，更好地受到法律的保护和调整。与此同时，现行规定还存在一定不足。

（一）在制度的设计理念上，缺乏对弱势一方的保护

非婚同居关系中，因为没有进行结婚登记，其关系不受法律保护，但双方仍以夫妻名义生活，共建一个小家庭，有的甚至生育了子女。这种关系和生活模式，其实对经济收入较少，照顾家庭更多的一方是较为不利的，因为非婚同居关系不受法律保护，更不能像离婚一样进行财产划分，非婚同居关系破裂时的财产划分对经济上处于弱势一方是极为不利的。需要解决的是，立法上应保护对家务劳动更多的一方的补偿请求权，以及保护确有经济困难一方的生存利益。②

（二）没有专门的财产制度，简单定性为共有不利于问题的解决

非婚同居虽未进行结婚登记，但其外部表现以及当事人之间的情感、意思表示与结婚基本一致，如果简单按照一般共同理论进行财产分割，不符合情理。同时，非婚同居的双方共同生活，不可避免地会发生财产混同，简单定性为共有其实是不利于经济贡献较多的一方的。还有的双方当事人非婚同居期间生育有子女，这也是在财产分割时需要考虑的重要因素。只按照简单的共有来进行财产分

---

① 《民法典》第 1054 条第 1 款规定："无效的或者被撤销的婚姻自始没有法律约束力，当事人不具有夫妻的权利和义务。同居期间所得的财产，由当事人协议处理；协议不成的，由人民法院根据照顾无过错方的原则判决。对重婚导致的无效婚姻的财产处理，不得侵害合法婚姻当事人的财产权益。当事人所生的子女，适用本法关于父母子女的规定。"

② 参见李婧杰：《论非婚同居财产关系》，载《知识经济》2009 年第 6 期。

割其实是十分空洞的，不够具体，容易造成法院裁判的差异性，因此，立法上需要建立专门的财产制度来对非婚同居析产纠纷进行规范。

（三）缺乏对无过错方的保护

非婚同居关系从事实上来说也是一种婚姻关系，双方也应当有忠实和相互扶助的义务。由于我国法律不承认事实婚姻，因此，非婚同居关系在法律上不受保护。因此，在非婚同居关系解除时，无过错方没有获得经济上补偿的法律依据。立法上，应当类比婚姻法律中对离婚时无过错方的保护，建立对非婚同居析产纠纷中无过错方的保护制度。

（四）同居双方之间没有继承权

同居关系不属于法律上调整和认可的关系，同居双方之间没有法定继承权。有的同居者，同居年限较长，孕育有子女，双方生活上密切依赖，已经形成了事实婚姻关系。当一方，尤其是在同居生活中经济贡献较多的一方去世，如果另一方同居者没有继承权，对其以后的生活将造成巨大打击，不利于保护同居关系中处于经济弱势的一方利益。从道德上看，“一日夫妻百日恩”说的不只是具有婚姻登记效力的婚姻，也包括事实上形成的婚姻关系，非婚同居关系亦如此。立法上应酌情保护非婚同居者的继承权。

五、同居财产权益保护的优化路径

社会进步和经济发展必然带来人民价值观念的革新以及思想的进步，同居现象越来越普遍，人们的接受程度越来越高。本书以承认、保护非婚同居为前提，以非婚同居财产关系呈现的特点为基础，从其财产权益保护特殊性出发，探讨非婚同居财产权益保护的路径。

（一）承认、保护非婚同居是财产权益保护的法律基础

非婚同居是一种事实状态，法律对非婚同居的立法态度不只涉及国家对两性生活方式管理制度的变化，还直接决定对其财产权益的保护。禁止非婚同居，甚至认定是违法行为，对其财产关系的调整宗旨在于不利于这种事实状态的存续，不会对同居期间的财产关系予以调整，只是在同居关系终止且发生财产纠纷时，法院依当事人的请求予以处理，同居者的个人财产权益是得不到救济和保护的，以示对这种违法状态的惩罚；如果对非婚同居采取不承认、不禁止的态度，对其财产纠纷多按一般财产法处理；只有在承认、保护非婚同居关系情况下，才会调整非婚同居期间的财产关系，其宗旨是有利于非婚同居关系的形成，满足非婚同居功能的实现，同居者的财产权益才能得到保护。

非婚同居的大量涌现有一定的必然性和合理性。婚姻作为人类进入文明社会以来两性关系的唯一合法模式，以此为基础组成的家庭承载着生产职能、消费职能、人类繁衍及抚育下一代等诸多社会功能，是以保障生存为目的的共同体，随着工业化、城市化的不断发展，家庭功能实现的途径日益多样化，特别是社会保障功能的强化，人们不必为满足生存之需而走向婚姻，人们主体意识的增强，经济的独立，选择生活方式的权利意识愈加强烈。与婚姻相比，非婚同居更多地体现当事人的意思自治。婚姻只是在缔结和解除时体现一定的意思自由，而对于缔结和解除婚姻的后果，更多的是法律强制性的规定，婚姻中意思自治的空间极其有限。而非婚同居从缔结、存续、解除所发生的各种关系更多地尊重当事人的意愿，法律予以最小的干预，更符合青年追求自我价值、追求个性化需求的特点，这也诠释了青年在非婚同居群体中占绝大多数的原因。有人担忧如承认非婚同居在一定程度上会冲击婚姻的主导地位，此观点是建立在将婚姻与非婚同居有主次之分的基础上。本书认为，婚姻与非婚同居只是两种不同的家庭生活方式，法律对非婚同居的调整，

可以使人们清晰认识到选择这种生活方式的后果，避免产生不必要的纠纷。事实证明承认非婚同居并不会对婚姻产生冲击。2001 年 11 月 15 日，法国国民议会的法律和文化事务两个委员，在审议并通过 PACS（《民事伴侣契约》）实施后的情况总结报告中指出："PACS 实施的头两年，有 5 万人缔结 PACS，这并没有对婚姻制度造成冲击。"该报告数据也显示，在 PACS 制度实施的同时，婚姻保持了大约 10%的增长率。[①]

自 20 世纪 60 年代以来，越来越多的国家承认非婚同居是一种新的家庭关系形式，与婚姻并行不悖、相得益彰，由此对非婚同居的立法态度，从禁止、不承认、不禁止，转向承认、保护，一些国家逐渐形成了完备的非婚同居（各国对非婚同居的称谓有所不同，如登记伴侣、民事伴侣、非法同居等，但含义是一致的）法律制度。瑞典作为非婚同居合法化的先驱者，1987 年通过《联合家庭法》，将非婚同居纳入家庭法领域。丹麦于 1968 年通过《正式同居及其解除法案》，将国家法律承认的非婚同居更名为"正式同居"，1989 年通过的《登记伴侣关系法》，将婚姻的效力赋予登记的同居伴侣。法国于 1998 年通过《民事伴侣契约》法案，承认非婚同居者的法律地位，自 2013 年以来，《法国民法典》规定家庭已不再是单一异性婚姻家庭，而分为婚姻家庭、非婚同居家庭、连带民事协约家庭。英国于 2004 年颁布了《民事伴侣关系法》。美国大多数州自 1976 年开启了通过承认同居契约的效力而调整非婚同居的先河，奠定了以合同法理论为基础确认同居者之间权利义务的做法。

---

① 王薇：《非婚同居法律制度比较研究》，人民出版社 2009 年版，第 101 页。

（二）非婚同居财产权益保护的特殊性及原则

1. 非婚同居财产权益保护的特殊性

婚姻与非婚同居同为两性结合的方式，但在其财产权益保护上应正视二者之间的差异，充分考虑其各自独特的特点。

（1）非婚同居财产权益保护有别于夫妻财产权益保护。婚姻更多的是分享，是义务与责任，因此法律对夫妻财产关系的调整大多为强制性规范，体现国家公权力对私生活的干预，通过对夫妻财产关系强制性的规定，旨在满足家庭功能的实现，体现对弱者的保护，彰显法律的公平、正义。而非婚同居这种生活状态的选择，更多的是彰显、尊重个性化需求的结果，因此在对非婚同居财产权益保护中，应以尊重意思自治，充分体现满足个性化需求，弱化公权力对私生活的干预为指导思想。婚姻与非婚同居作为两种并行的家庭生活方式，在其财产关系上应以满足各自对生活方式的需求为目标。

（2）非婚同居财产权益保护应有别于一般的财产权益保护法则。一般的财产关系更多强调等价有偿，不存在感情因素，而非婚同居双方是基于一定的感情成为共同生活的伴侣，在生活上相互帮助扶助，精神上相互抚慰，而家务劳动、家庭义务的履行具有一定的连带性。非婚同居期间，一般总会有一方承担较多家务劳动，承担较多家庭义务的，如果适用一般财产法会导致不公平，不利于对弱者的保护，特别是对家务劳动付出较多的一方，更不利于维护和巩固同居关系。

（3）非婚同居财产权益的保护不应适用合伙关系理论。合伙和非婚同居具有一定的相似性，都是建立在相互信任、信赖的基础上，非婚同居和合伙财产均来自同居者和合伙人的出资和共同体的积累。但合伙与非婚同居建立的目的与财产的用途迥异，合伙的建立是以事业的发展为核心，为发展某项事业所形成、取得、积累的财产是用于事业的经营或营利的。而非婚同居是一种生活方式，双方基于一定的感情形成一种生活伴侣关系，其间形成的同居财产以满足生活需要为核心，用来满足实现家庭职能的需要，在此基础上同居者的人格是独立的，有独立的财产权，同居期间的财产在满足共同生活需要的前提下还涉及同居者个人财产权。

2. 非婚同居财产权益保护的原则

非婚同居财产权益保护应以意思自治、满足其个性化为前提，以满足生活需要、实现家庭功能为核心，特别是非婚同居中的相互扶持、相互慰藉功能的实现，以有利于非婚同居关系稳定、健康发展为宗旨，同时为体现法律的公平、正义功能，应对非婚同居中弱势一方及第三人利益加以特殊保护。

（1）意思自治与国家适当干预的原则。非婚同居以意思自治为核心，选择非婚同居最主要原因在于追求更加独立自由的生活方式，在同居生活中保留经济和财产的独立及自由的选择决定权。因此，对非婚同居财产关系的调整应比婚姻有更大的自由度，意思自治应为调整非婚同居财产关系的基本准则，使非婚同居双方享有最大限度的自由，选择适合双方的财产关系模式。同时在非婚同居财产关系立法中要处理好个人自治权与保护社会公共利益及他人利益的关系，在最大限度承认、保护非婚同居者意思自治的同时，也要考虑到交易安全，减少和避免第三人与之交易而产生的财产纠纷。法律贯彻最小干预政策，以不损害社会公共利益和他人合法权益为意思自治与法律干预的边界。

（2）公平、正义及保护弱者的原则。家庭作为一个生活共同体包括生活上相互照顾、经济上相互供养等内容，而生活上供养家庭义务的履行具有一定的连带性，一方尽了较多的义务是以能够获得另一方取得的经济利益共享为前提的，家务劳动的价值已转化为另一方取得的经济利益，因此在家庭财产归属认定上，特别是生活共同体解体时，要充分考虑家务劳动在财产中的价值，以体现法律的公平、正义。受男女两性生理及社会性别差异规范的影响，在家庭中一般是以男性经济上的资源与女性生活照料资源的共享为基础的。而作为现代女性，一方面承担着主要的家庭劳动，另一方面也要参加社会工作，与男性共同为家庭创造财富，女性承担较多的家务劳动，必然在晋升、工资待遇、就业机会等方面不如男性，女性在经济收入中又处于弱势地位。对非婚同居财产调整中，为了避免强调形式上的平等而造成实质上的不平等，应当承认家务劳动的价值，对女性在抚育子女等尽较多家庭义务的价值方面给予肯定，特别在同居关系解除财产分割时，充分考虑家务劳动所创造的价值，对处于弱势地位的女性予以照顾。同样，男性尽了较多的家庭义务，所创造的价值也要予以认可，从而体现法律对弱者权益的保护和对公平价值的追求。

（3）公序良俗原则。公序良俗是我国民法中的一项基本原则，《民法典》第8条规定："民事主体从事民事活动，不得违反法律，不得违背公序良俗。"同时，民法典也规定了违背公序良俗的民事法律行为无效。公序良俗原则最重要的功能是在法律没有明确规定的情况下，对其法律行为效力的判断。非婚同居者的财产关系是建立在意思自治基础上，意思自治不意味着不受任何约束和限制，双方所订立的财产协议不得违反法律，也不得违背公序良俗。我国对非婚同居者财产权益保护还缺少经验，各种非婚同居情况又纷繁复杂，在这种情况下确立公序良俗原则，对解决实践纠纷尤为重要。

（三）非婚同居法律规则的建构

在处理非婚同居关系财产分割纠纷的过程中，法律应当对非婚同居关系和婚姻关系有明确的界定和区分，应以区分原则和保护及补偿原则为中心，以区别对待原则和尊重当地公序良俗原则为两翼。建立与婚姻关系相对应的、完善的非婚同居关系的财产分割规则制度。

1. 区分非婚同居关系的类型

在非婚同居关系结束，进行财产分割时，应首先对非婚同居关系的类型作出区分。运用区别对待原则，笔者认为需要注意的是如何划分非婚同居时间的长短，在笔者看来，选择 5 年作为节点比较合适，同居 5 年及以上的认定为同居时间长，同居 5 年以下的则认定为同居时间短，当然具体如何规定，应该结合现实中同居男女同居时间的一般状况并借鉴他国已有的法律规定。如果属于短期同居关系，使用夫妻财产制就不合适了，而应该坚持分别财产制。

2. 建立损害赔偿制度

我国可以将损害赔偿制度作为处理非婚同居关系财产分割纠纷时的一项辅助性原则。在解除非婚同居关系的过程中，如果由女方提出解除双方同居关系，那么在财产分割处理时，涉及经济赔偿及物归原主等，女方不需要承担任何责任，如果由男方提出解除同居关系，那么男方应当赔偿女方 6 个月的生活费用。

3. 具体的分割方式

在解除非婚同居关系，并进行财产分割之时，有约定的应当遵从事先约定的方法，具体到各自不同财产时又需加以更加细致的区别对待。对于已经确定归属于个人财产的依然归个人所有，没有必要再进行进一步的分割；对于已经被确定为属于同居期间的共同所有的财产，依据不同的、具体的情况还应分为共同共有或按份共有。按份共有的财产，依据双方对共有财产各自所占的份额进行分割，享受权利并承担相应义务；共同共有的财产，应参考我国民法典关于夫妻财产制的规定，按共同共有进行分割，双方对该共有财产的全部享有平等的所有权，在未经对方同意的情况下，不得对物件整体或是部分进行处分。同居一方即使死亡也不会对这种共有关系产生破坏，在发生同居关系一方死亡的情况时，另一方会自然取得死者的权益，直到同居关系解除时，通过转换为经济补偿的方式给予保护。尽管如此，同居的双方还是有充分的自由行使自己所拥有的自治权力，这与共同共有的理论并不存在冲突，而且同居的双方可以通过制定双方协议，发布联合声明等方式终止这种共同共有的关系。

对于婚姻关系解除时要考虑的一系列特殊的情况，在解除非婚同居关系之时也要做出相应的考虑，首先，如一方以非法手段对共有财产进行转移、损害，试图独占共有财产或同居中的一方对同居的伴侣犯有重大过错，如家庭暴力、又与第三人再次同居等，致使同居关系不复存在的，过错方应少分或不分共同财产，并且无过错方还享有请求给予赔偿损失的权利。其次，在非婚同居关系解除时应给予有困难的一方当事人经济帮助请求权，且这种请求权应该通过具体的实施条例确定下来，以便对弱势一方的当事人进行及时的帮助。最后，要对在同居关系中处于弱势地位的女性的相关利益进行保护，认可她们在家庭内部从事家务劳动的价值。在我国大多数家庭中，男性一般从事报酬性工作，而把无显性报酬的家务劳动分配给女性去做，比如抚养儿女、赡养双方父母、料理家中大小事务、为在外工作的男性提供安稳的家庭环境等。现在许多国家只在实践层面上给予了女性家务劳动的肯定，并未给予其在法律层面上的地位。在这方面，我国相关法律的基本内涵与其是相同的，不过这是远远不够的，要想更好地保护在同居关系中弱势一方的有关利益，让其在遭受精神创伤的同时不会再受到物质财产的损失，我们必须把女性家务劳动的价值提升到法律规制的具体层面，比如通过最高人民法院发布指导案例的方式对其进行规制。

非婚同居的双方当事人，在解除他们的关系时，不仅要分割他们同居时的财产，同时对其债务也要进行分割。关于这部分，原则上，要依据合伙的有关规定进行处理，同时也尊重双方当事人的意思自治。例如，二位当事人对有关债务的偿还，有过事先约定的，要遵循约定。没有约定的债务，以个人名义的举债，由负债方单独承担；若是以共同名义，二人应共同偿还，首先要用共同财产进行偿还，共同财产清偿后，不足部分，二人应承担连带责任。

（四）完善非婚同居财产关系的立法

对非婚同居财产权益最有效的保护，是建议完善我国相关的法律规定。笔者认为，非婚同居财产关系立法应包含下列内容。

1. 以约定财产制为主，约定财产制高于法定财产制

积极鼓励、倡导双方订立书面财产协议，对协议的内容，法律一般不作过多的限制，包括财产的归属、管理、使用、处分，只要不侵犯社会公共利益和他人权益，都应认定协议合法有效。同时也应借鉴比利时《建立法定同居关系法》中强制性条款的规定，对双方之间的扶养义务、共同生活费的负担、对外承担连带责任等内容不得违反法律强制性规定，以保护弱者和第三人的利益。协议应采用书面形式，将意思表示确定化、固定化，便于双方遵守，发生纠纷时作为处理的依据。在非婚同居关系存续期间，允许双方在达成一致意见的基础上对财产协议进行修改甚至废除，毕竟财产协议是在事前作出的，而且是一个长期约定，应允许变更。同时在法定情形下，如双方在分居期间，一方或双方依协议不能维持基本生活需要等，该协议自动终止，体现法律的公平、正义及对弱者的保护。财产协议对双方具有约束力，但不产生对抗第三人的效力，除非第三人知道该协议，因为财产协议不具有公开性，涉及对公民财产权的保护和对善意第三人的保护。

2. 法定财产制应适用剩余财产共同制

在双方没有约定或者约定无效的情况下实行法定财产制。剩余财产共同制是德国率先实行的法定夫妻财产制，许多大陆法系国家也纷纷效仿。我国对非婚同居的法定财产制也应借鉴这种制度，即在同居期间各自的婚前财产和婚后所得归各自所有，在同居关系解

除时，在同居期间各自财产增值的差额为剩余财产，剩余财产由双方分享，进行分割。剩余财产共同制既能满足非婚同居者追求个体权利、自我价值的实现，保护其个人财产权，同时也考虑到对家务劳动价值的认可和弱势群体的保护。对家庭共同生活费用，由双方共同承担。对于同居期间用于双方共同生活所欠下的债务，为共同债务，由非婚同居双方共同清偿，并且承担连带责任，非婚同居双方对共同债务各自承担的比例有约定的，按照约定的比例各自承担相应的责任。对于一方非用于共同生活所负债务由个人偿还，另一方不承担责任。

3. 同居关系解除时补偿制度

婚姻期间对于家务劳动申请补偿的案例已经有许多，民法典更是对家务劳动补偿请求权作出了详细规定，由于家务劳动一方尤其是某些“全职太太”和“全职爸爸”，他们与另一半的经济实力悬殊，但对家庭的付出不比另一半少，因此在解除婚姻关系时应当适当补偿。[①] 这一规定可以类推适用到解决非婚同居析产纠纷的案件上。在非婚同居关系中作出较多家务劳动的一方，同样应该享有家务劳动补偿请求权。[②] 现代家庭结构中仍多呈现女主内男主外的结构模式，尤其是在“搭伴养老”的结构模式中，通常表现为男方明显的经济优势，以及女方较多的家务劳动和付出。如果严格按照个人财产和共同财产来划分，那么对于付出家务劳动更多的一方，明显不公平。家庭是社会中最小的单元，家庭的稳定关系着国家的稳定，而在家庭关系中一方主内，一方主外，是较为稳定的生活模式，两者缺一不可。非婚同居的双方，虽未办理结婚登记，但对外公开采取了和婚姻类似的家庭生活模式。因此，家务劳动的价值应

① 详见《民法典》第 1088 条。

② 参见杨彪、林艳祺：《非婚同居中的家务劳动补偿请求权》，载《政治与法律》2020 年第 12 期。

该得到法律承认，这一点在非婚同居关系上同样适用。付出家务劳动较多的一方，通常经济实力较弱，在家庭中处于弱势地位，为了保护弱势一方，维护社会稳定，非婚同居关系调整法律中理应建立相应的家务补偿制度。

（五）鼓励、倡导当事人订立非婚同居财产协议

中国社会科学院学部委员、著名民法学家孙宪忠先生指出：现实生活中，非婚同居现象广泛存在。依据民法典婚姻家庭编的立法本意，应当对这一问题作出规定，对社会关切予以回应。鼓励同居关系当事人通过契约明确他们之间的财产关系，安排好相互扶养、子女抚养等事宜。[①] 法律的制定、完善需要一个过程，在当下对于青年非婚同居财产权益保护最有效的方法就是签订非婚同居财产协议，财产协议本质上属于合同，在符合民法典合同编的有关规定条件下，可满足青年非婚同居者在财产关系中的意思自治和个性化需求。笔者认为，基于非婚同居财产协议的特殊性，在签订协议时应注意以下几个问题：[②]

1. 协议签订的时间

同居前和同居后都可以签订。只要是双方真实意思表示就可以，但鼓励在同居前订立，这样有助于双方对于非婚同居进行审慎的思考，毕竟现有法律对非婚同居持否定的态度，对非婚同居财产纠纷的处理不利于对非婚同居者财产权益的保护。同时，在非婚同居期间经双方共同的意思表示，也可以对财产协议进行修改或者废除。

---

① 孙宪忠：《民法典婚姻家庭编草案应该解决的四个现实问题》，http://iolaw.cssn.cn/zxzp/201907/t20190725_4939239.shtml，2022 年 7 月 15 日访问。

② 于晶：《青年非婚同居的财产权益保护问题研究》，载《中国青年研究》2019 年第 12 期。

2. 协议的内容

同居双方应主要针对我国非婚同居财产关系立法完善的相关内容进行约定。一是约定财产归属。财产所有人的约定应尽可能详尽、细致，避免日后产生异议。可以约定双方各自的财产分别所有，也可以约定一方或双方的财产为共同所有，还可以约定将一方或双方的财产一部分分别所有、一部分共同所有。二是约定财产的对象。可以是对现有财产的约定，也可以是对财产期待权的约定，如工资、奖金、投资收入等，不仅对有形财产要约定，对无形财产和财产权利约定更为重要。三是财产约定不能对抗物权登记。我国对房屋、汽车、船舶等采用物权登记制，物权登记具有对世、排他和优先效力，如果财产协议的约定与物权登记不一致，应及时办理物权变更登记。

3. 协议的形式

应采用书面形式。虽然我国民法典合同编对合同形式没有强制性的规定，但鉴于财产协议具有一定的私密性，协议的内容一般只有同居双方知晓，一旦发生争议，没有书面形式很难证明双方协议的内容。至于公证，并非协议的形式要件，如果经过公证，或者签订协议时有他人作为证人，也可免去以后因协议的真伪而产生的纠纷。

4. 协议的效力

财产协议对双方具有约束力。非婚同居双方应依约定行使财产权利，履行财产义务。但该协议是非婚同居双方签订的，具有一定的私密性，不产生对抗第三人的效力，除非非婚同居者与第三人发生财产关系，特别是第三人为债权人，第三人知道该约定，该协议才对第三人有效。

（六）解决非婚同居关系所致财产纠纷的法律思路

非婚同居引发的纠纷主要体现在财产上。非婚同居财产关系主要有两种情形：一是同居双方之间的财产所有关系；二是同居双方的财产赠与关系，这里所说的赠与包括遗赠。下面针对三类非婚同居关系中的财产纠纷分别提出解决的思路。

1. 未婚型同居关系财产纠纷问题

处理同居双方之间财产分割类纠纷，可按双方分别所有来处理，即各自的财产归各自所有，无法认定归属的则由双方平分。

关于同居双方之间财产赠与导致的纠纷有两类情形。一是赠与行为发生后，一方又反悔而产生争议。该项争议可直接适用赠与合同的相关规定。二是一方赠与行为发生后，本人生活或对家人的扶养出现重大困难，如赠与方丧失劳动能力，本人或家人主张撤销赠与而与受赠方发生纠纷。对于这类纠纷有两种思路：一是按赠与合同之规定；二是按有利于赠与方来处理。

2. 单婚型同居关系与双婚型同居关系财产纠纷问题

同居双方之间的财产分割纠纷一般不涉及赠与财产的问题，其处理思路可参考前述未婚型同居关系财产分割纠纷。

同居一方与对方配偶或家人之间的财产纠纷一般与同居双方财产赠与有关。在单婚型同居关系中，因未婚方赠与已婚方财产而生纠纷可参考上述未婚型同居关系中的赠与处理模式。

已婚方赠与对方财产引发的争议主要出现在受赠方与已婚方配偶之间，当前法律实践倾向于保护已婚方配偶。立法者与司法者在对待这类财产纠纷时应综合考虑以下几点：一是已婚同居方配偶在婚姻关系中有无重大过错；二是已婚同居方与其配偶在婚前对双方财产归属是否有明确约定；三是与已婚同居方同居的相对方是否是未婚善意同居方；四是女性同居方的身体是否因同居而受到了损伤；五是已婚同居方是否得到过对方在财产上的帮助；六是同居双方是否生育小孩。只有经过全面的考量，使法律规则细化，并与道德标准相平衡，才可使法律判决说理充分，防止法律适用上的任意性。当然，代价是使法律更为复杂。在处理以上各种非婚同居财产纠纷时，应当考虑照顾弱势一方，尤其是对女方的正当照顾。

笔者认为，法律不应当回避非婚同居的发展，这不利于对弱势群体利益的保护，应积极完善相关制度和规定，对非婚同居关系的健康发展进行规制。尤其是对非婚同居关系财产纠纷问题的处理，这是非婚同居法律规制的核心所在，应当从法律上规定非婚同居关系双方主体的权利和义务，对其进行明确的界定。在非婚同居财产权益保护中应坚持以意思自治为核心，充分尊重当事人的意愿，法律贯彻予以最小干预政策，在立法中应“宜粗不宜细”，在立法不完善的情况下，通过签订非婚同居财产契约，保护其财产权益。

第三章

夫妻约定财产纠纷类案研究

夫妻约定财产制，是指夫妻通过协商就婚前所得财产和婚后所得财产的归属、处分和婚姻的对外责任以及婚姻终止时财产清算、分割达成协议，并排斥或部分排斥法定夫妻财产制适用的夫妻财产制度。该制度充分贯彻契约自由的民事活动基本原则，契合人格独立的价值理念，具有效力优先性和制度独立性。

一、问题的提出：夫妻财产约定的广泛适用使得现行制度弊端凸显

财产问题是婚姻关系的重要内容，我国现行法确立了法定财产制与约定财产制并行的制度设计模式。

夫妻财产约定制度则弥补了法定夫妻财产制度固有的抽象与僵硬。自由是私法的灵魂，约定夫妻财产制赋予婚姻当事人就夫妻财产进行约定的权利，具有更大的灵活性，可以满足不同婚姻家庭生活的需要。对夫妻财产进行约定，在婚姻内部实现利益的重新分配，更多地融入了行为人意思自治的因素，极大地尊重婚姻当事人个性化的财产安排，满足多种利益分配的需要，有利于调动当事人

在婚姻家庭生活中的积极性和创造性。

虽然夫妻财产约定制度具有优越性和不可替代性，但是夫妻财产约定的性质认定和法律适用问题却存在很大的争议。司法裁判中涉及夫妻约定财产协议的定性、物权移转方式等问题出现法律适用不一、裁判结果迥异的乱象。而且在司法实践中，该制度的实施与民法一般财产法规则（包括合同法规则与物权法规则等）极易产生冲突。在实践中，婚姻家庭纠纷往往牵扯到情感问题，而夫妻财产约定的对象又大多是不动产及价值较大的动产等重要生活资料。因此，一旦发生争议，矛盾往往比较激烈。此外，夫妻及婚姻生活本身具有多样性，每个案件的具体案情各异，很多夫妻财产约定行为还牵扯到附随义务，受到公序良俗的限制，这些约定的法律效力往往存在较大争议，甚至直接产生价值判断问题。

二、夫妻财产约定纠纷案件的整体情况

在司法实务中，离婚纠纷的案例多不胜数，其中相当大一部分涉及夫妻财产约定纠纷，[①] 主要涉及夫妻财产约定之性质、夫妻约定不动产下物权变动的法律适用冲突问题以及夫妻财产约定纠纷中的忠诚协议效力问题。

（一）关于夫妻财产约定行为的性质

对于夫妻财产约定行为性质的认识，决定着夫妻财产约定在订立条件、生效时间上的具体要求，以及其法律后果是否能够产生物

---

① 以威科先行法律信息数据库（https：//law. wkinfo. com. cn/）为检索平台进行数据检索，笔者将关键词限定为“财产约定”“婚内约定”，以全文为检索范围对关键词进行精确检索，共计检索婚姻家庭纠纷 31580 个。

权变动效力等。[①]

实践中，夫妻财产约定涉及的情况可归纳为三种：夫妻共有财产约定归属于一方所有、将一方所有财产约定为另一方所有、将一方所有财产约定为共同所有。这三种情况均涉及将财产份额赠与另一方，区别在于部分份额赠与还是全部赠与。在《民法典》生效前，2011年8月9日发布的《最高人民法院关于适用〈中华人民共和国婚姻法〉若干问题的解释（三）》（以下简称《婚姻法司法解释三》）第6条[②]独将一方所有财产约定为另一方所有的情形认定为赠与，但法院的判例却体现本条在司法实践适用中的口径不一现象，有的法院认为上述三种情况都可被认定为夫妻财产约定而非赠与，有的法院不仅将本条规定的情形认定为赠与，更将一方所有财产约定为共同所有的情形也认定为赠与。

（二）关于忠诚协议的效力

忠诚协议，是指男女双方在婚前或婚后，自愿制定的有关在婚姻存续期间夫妻双方恪守婚姻法所倡导的夫妻之间互相忠实的义务。如果违反，过错方将在经济上对无过错方支付违约金、赔偿金、放弃部分或全部财产的协议。婚姻忠诚协议常常伴随着财产利

---

① 例如，若认为夫妻财产约定行为在本质上属于一般财产合同订立行为，那么其订立主体便与一般财产合同订立主体无异，在立法上自然也无需对订约主体的行为能力加以特别限制。有学者认为，夫妻财产约定行为在性质上属于财产处分行为，财产性是其本质特征。但也有学者认为，夫妻财产约定行为只能发生在婚姻当事人之间，适用主体和调整对象的特殊性也使得其仍有别于一般财产处分行为。身份关系特殊性的介入导致学界对夫妻财产约定行为的性质一直存在争议。

② 《婚姻法司法解释三》第6条规定："婚前或者婚姻关系存续期间，当事人约定将一方所有的房产赠与另一方，赠与方在赠与房产变更登记之前撤销赠与，另一方请求判令继续履行的，人民法院可以按照合同法第一百八十六条的规定处理。"

益变更和身份关系变更的有利或不利后果，由此有关道德义务的效力、财产变动的法律效力、身份关系调整的约定效力等缠绕交错在婚姻忠诚协议的争议中，使婚姻忠诚协议的效力问题变得十分复杂，并且我国《民法典》对婚姻忠诚协议是否具有法律效力的问题并未作出明确规定，导致此类纠纷在我国司法实践中颇有争议，各地法院观念不同，出现同案不同判的现象。最高人民法院的法官们对此情况似乎也是举棋不定的态度。

虽然对"忠诚协议"问题缺乏相关规定，但法官不能拒绝裁判，故目前各地法院裁判不一。有认定"忠诚协议"有效的，也有认定无效的，还有主张"忠诚协议"属于道德、感情范畴的协议，法院不应赋予其强制执行力。

（三）关于约定财产制下物权变动法律适用冲突

夫妻约定财产制的特殊性，即既具有夫妻婚姻关系的身份法属性，又存在财产约定的契约关系属性，使得在解决夫妻约定财产制问题时常常存在既可以适用婚姻家庭编，又可以适用物权编的情况。

在司法实践中存在案例相同相似，裁判结果却不同，案件性质认定结果也不同等现象，存在这种现象的原因是不同法官在审理案件时，所适用的法律不同，具体表现在《婚姻法》第 19 条与《物权法》第 6 条、第 9 条的适用冲突，以及《婚姻法》第 19 条与《婚姻法司法解释三》的适用冲突。《民法典》生效后，由于夫妻财产约定既涉及夫妻之间的意思自治，又兼具不动产物权变动的特殊要件要求，使得适用冲突依然存在。如何处理？如何衡平当事人之间的利益？迫切需要裁量标准的统一，这也是本书探究的问题之一。

三、夫妻财产约定纠纷的典型类型

家事案件无大小。每起纠纷案件都关系到一个家庭的安定，每一份判决都牵涉多人利益，可能在一定区域甚至全国范围内都会有较大影响。

（一）夫妻财产约定行为性质的司法考量

关于夫妻财产约定行为的性质，不同地域、不同审级法院的判决差异较大。以下将分别举例说明。

1. 一方将共同共有的财产约定为另一方所有

左某与廉某遗赠纠纷案①。左某与廉某系夫妻，左某某为二人养子，后解除收养关系。2012 年，左某与廉某签订声明约定共同共有的房屋全部归廉某所有，左某仅保留居住权。2013 年，立有代书遗嘱，明确左某与廉某共有的房屋中属于左某的份额遗赠给左某某。左某某起诉主张房屋相关份额的权利。2014 年，左某因病去世。左某去世后廉某办理了变更登记。

一审法院判决要旨：夫妻可以约定婚姻关系存续期间所得的财产以及婚前财产归各自所有、共同所有或部分各自所有、部分共同所有。夫妻对婚姻关系存续期间所得的财产以及婚前财产的约定，对双方具有约束力。本案中，左某曾于 2012 年 5 月 22 日书写一份声明，放弃与廉某共有的 406 号房屋中属于其所有的产权，房屋归廉某个人所有。对于该份声明的性质，双方各执一词，左某某认为该份声明属于夫妻间的赠与，廉某认为这份声明属于夫妻间关于财产的约定。对此争议焦点，法院认为，左某所写的声明中没有关于出赠的明确意思表示，且 406 号房屋本属于左某与廉某的夫妻共同财产，故左某作出放弃其所有的部分产权的意思表示，并将

① 详见北京市第一中级人民法院（2015）一中民终字第 05325 号民事判决书。

该声明交与廉某持有，此行为应属于左某与廉某夫妻间对于夫妻关系存续期间所得财产进行的约定，此约定对双方均有拘束力。在左某已与廉某就夫妻共同财产作出约定后，左某不得再以遗嘱的形式将房屋份额再行赠与或遗赠他人。综上，法院认定，左某就406号房屋权属问题于2013年8月21日所立遗嘱无效，左某某据此遗嘱向廉某主张406号房屋二分之一的所有权于法无据，法院不予支持。

二审法院判决要旨：该声明不是左某对廉某的赠与。从内容上看，该声明的主要内容是左某放弃与廉某共有房屋中属于其所有的产权，房屋归廉某个人所有，其保留居住权。该证明中并无明确的左某将房产份额赠与廉某的意思表示，且赠与是一种双方法律行为，需赠与人作出赠与意思表示，受赠人作出接受赠与意思表示后才能成立。现廉某明确否定存在赠与，左某某并无证据证明左某与廉某达成赠与合意。此外，本案诉争房屋是廉某与左某夫妻共同财产，并不是左某的个人财产，在赠与意思表示不明确的情形下，将双方之间的协议认定为赠与亦无法律依据。因此，本院对上诉人左某某认为该证明为赠与的主张不予认可。该声明应为左某与廉某夫妻间的财产约定。我国婚姻法第19条规定，夫妻之间可以对婚姻关系存续期间所得的财产以及婚前财产进行约定，该约定对双方具有约束力。左某与廉某作为具有完全民事行为能力的夫妻双方，依法享有订立夫妻财产约定的权利，双方在婚姻关系存续期间就财产达成的协议，在无其他明确法律关系界定下，应当依据婚姻法规定认定为双方的财产约定。因该约定的内容没有违反法律法规的强制性规定或损害第三人利益，本院予以认可。

2. 一方将个人财产约定为共同共有

孙某与徐某所有权确认纠纷案。[①] 孙某与徐某系夫妻，结婚后签订婚内财产约定协议，将登记在孙某名下的房屋约定为共同共有。后离婚，孙某主张讼争房屋系其个人财产，现行使撤销权。

一审法院判决要旨：本案的焦点为双方签订的《婚内财产约定协议》的认定。孙某与徐某在婚姻关系存续期间签订《婚内财产约定协议》，约定将登记在孙某名下的财产变更为夫妻共有，此协议系双方当事人真实意思表示且不违反我国法律的禁止性规定，合法有效。已生效的（2015）东民初字第3789号民事判决书驳回了孙某关于撤销涉案婚内财产约定协议的诉讼请求，故1318号房屋应属于夫妻共同财产。孙某关于《婚内财产约定协议》实为赠与协议的主张没有事实和法律依据，对此法院不予支持。

二审法院判决要旨：首先，孙某与徐某在婚内所签的《婚内财产约定协议》中写明，此财产约定协议系“本着维护平等、和睦、文明的婚姻家庭关系以及自愿的原则达成一致”，从协议题目及订约动机、内容均清楚表明该协议的性质为夫妻财产约定，故应当适用《婚姻法》第19条之规定。上述法律规定：夫妻可以约定婚姻关系存续期间所得的财产以及婚前财产归各自所有、共同所有或部分各自所有、部分共同所有。夫妻对婚姻关系存续期间所得的财产以及婚前财产的约定，对双方具有约束力。孙某与徐某所签协议只是夫妻内部对财产进行的分配，并不涉及交易流通领域，无关第三人利益，该协议在孙某与徐某内部具有法律效力，即使不登记也不影响此种内部效力。相对于《物权法》对财产的一般规范，《婚姻法》对夫妻财产的规定是特别规定，在夫妻内部财产关系中，《婚姻法》具有优先适用的地位。本案为所有权确认之诉，并非赠与合

---

① 详见北京市第二中级人民法院（2017）京02民终2572号民事判决书。

同纠纷，并且从协议本身来看，也不能得出该《婚内财产约定协议》为赠与合同的结论。双方所签的书面《婚内财产约定协议》体现的是当时夫妻双方协议签署的真实意愿，应当受到法律保护，故维持原判。

3. 一方将个人财产约定为另一方所有

孙某与常某赠与合同纠纷案[①]。孙某1与常某系夫妻，2014年签署《分家协议》约定某地拆迁回迁楼全归孙某一人所有。2015年常某以被安置人身份将三套安置房登记人确认为孙某。后双方起诉离婚，孙某1主张分家协议无效，房屋应为夫妻共同财产。

判决要旨：《分家协议》（遗嘱）属于孙某1与常某的婚内财产协议，不是双方与孙某之间的赠与合同。该协议的签订主体是常某与孙某1，签订该协议时，双方处于婚姻关系存续期间，虽然协议中提及双方的子女，但并没有处分子女的财产，特别是第三条中所涉回迁房屋，当事人均确认协议签订之前属于常某与孙某1的夫妻共同财产，常某与孙某1当时作为具有完全民事行为能力的夫妻双方，依法享有订立财产约定的权利，双方在婚姻关系存续期间就财产分配达成的协议，在无其他明确法律关系界定下，应当参照《婚姻法》规定认定为双方的财产约定。依据我国《中华人民共和国合同法》（以下简称《合同法》）规定，赠与合同是赠与人将自己的财产无偿给予受赠人，受赠人表示接受赠与的合同。如前所述，该协议的签订主体是常某与孙某1，孙某并不是该协议的主体。该协议是常某与孙某1基于双方夫妻间这种特殊身份关系，综合考虑各种因素最终达成一致意见的结果，其中每一条都是协议整体中的一部分，相互关联进而构成协议完整的意思表示。虽然协议第三条中明确回迁房屋归孙某所有，但该条是不可与协议的其他条款分割而单独存在的。在整体协议框架下，不能简单认定常某与孙某1

---

① 详见北京市第一中级人民法院（2017）京01民终947号民事判决书。

单独就该条中所涉房屋与孙某之间达成了一个新的赠与合同。该协议作为常某与孙某1合意的结果，根据现有证据，并无违反法律规定导致无效或具有可变更、可撤销的情形，应当认定为是双方真实意思表示，对双方均具有约束力。因协议中已经明确了对三套回迁房屋的处理，现孙某1主张确认其对三套回迁房屋享有二分之一的份额，违反了协议约定，于法无据，不予支持。

唐某与段某夫妻婚约财产纠纷案①。唐某与段某系夫妻，婚内签订《夫妻财产约定》，将段某婚前个人房产赠与唐某，若该房产被征用，征用补偿款及分配的安置房归唐某所有，婚姻关系存续期间取得的财产归唐某所有，前述房屋由双方共同居住……本协议赠与为不可撤销赠与。6个月后段某领取房屋拆迁补偿款13万元，并给付唐某9万元。又过了6个月段某起诉离婚，要求唐某返还该9万元。

判决要旨：根据《婚姻法》第19条第1款“夫妻可以约定婚姻关系存续期间所得的财产以及婚前财产归各自所有、共同所有或部分各自所有、部分共同所有……”之规定，我国婚姻法规定了三种夫妻财产约定的模式，即分别所有、共同所有和部分共同共有，但并不包括将一方所有财产约定为另一方所有的情形。本案中段某与唐某达成的夫妻财产约定协议，其内容约定房产及婚姻关系存续期间取得的所有财产归唐某所有，该协议的实质应为段某对唐某的赠与协议。段某起诉要求撤销该协议，但并未举证证明签订协议时有任何重大误解或显失公平的情形。段某作为具有完全民事行为能力的成年人，其应当预见签署协议的法律后果，对其辩称自己年龄大、文化程度低而误签了该协议的理由法院不予采信。此外，本案中除段某的陈述外无另外的证据可以佐证唐某领取拆迁款后即不回家、未对段某尽到夫妻扶养义务的事实，该协

① 详见绵阳市中级人民法院（2016）川07民终460号民事判决书。

议也无其他法定应予撤销的情形。综上，法院认为 2014 年 9 月 3 日唐某与段某签订的夫妻财产约定协议系双方自愿达成，合法有效，不符合撤销条件。

（二）忠诚协议效力的司法考量

夫妻忠诚协议的效力认定问题是财产协议纠纷中的焦点问题之一，但是对于一种行为或者关系的效力判断必须综合分析该种行为或者关系的性质、请求权基础、法律适用等各个方面。目前，实务界对于夫妻忠诚协议效力的判决分为有效说、无效说、区分说、不予受理说四种情形。

1. 支持协议有效①

法院认为婚姻忠诚协议是在夫妻双方自愿且不存在欺诈、胁迫的情形下达成的合意，该协议体现的是双方当事人的真实意思，也不存在使协议无效的情形，因此应当认定该婚姻忠诚协议具有法律约束力。法院以婚姻法对夫妻双方有关财产的约定予以充分保护为立论基础，认为夫妻忠诚协议系双方自愿签订且不违反法律的禁止性规定，具有制约放纵方之行为、经济性补偿无过错方的功能，理应得到法律层面上的保护。夫妻忠诚协议使《婚姻法》中“夫妻应当互相忠实”的原则性规定得以具体化、具备了可诉性，夫妻忠

---

① （2016）粤 20 民再 15 号杨某与陈某离婚纠纷再审案。2006 年，杨某（女）与陈某（男）双方在婚姻存续期间签订《协议》一份，约定：“陈某和杨某双方共同协议如下：从今天起如果任何一方在外面有婚外情行为而引起双方离婚，那么家庭所有财产归另一方所有（包括房、车、现金、银行存款和流动资金），子女也由另一方抚养。此协议一式两份，双方各执一份。”2012 年，陈某在派出所做《询问笔录》，称杨某与陈某处于半离婚状态，而且杨某知道其在外还有一个女朋友。同年，杨某向中山市第二人民法院起诉，请求判令：（1）解除婚姻关系；（2）婚生子女由杨某抚养，陈某每月支付抚养费各 2000 元，直至各子女学业结束为止；（3）杨某取得全部夫妻共同财产；（4）陈某赔偿 5 万元精神损失费；（5）陈某承担本案全部诉讼费。

诚协议符合婚姻法的基本精神，给付的金钱具有违约赔偿性质，这种协议应当受到法律保护。

2. 否认协议有效①

江苏高院民一庭印发的《家事纠纷案件审理指南（婚姻家庭部分）》第四部分第25条、第26条规定对此类忠诚协议不予支持。无锡市中院在涉及婚姻忠诚协议的案件判决中认为双方当事人签订的婚姻忠诚协议是不当地剥夺了一方当事人的全部财产及财产性利益，因此该类协议不属于约定财产制下的财产分割协议，而仅仅是一种具有道德约束力的忠诚协议，不具有法律效力，亦不得以此作为分割婚姻财产的依据。夫妻忠诚协议更多可能是情绪化的产物，

① （2015）鼓民初字第7654号陈某甲与李某离婚纠纷一案。原、被告系大学同学，于2004年确立恋爱关系，2007年9月3日结婚，女儿出生后，因为原告来自安徽农村，被告不愿意让原告父母帮助照顾女儿，而由被告父母来照顾，但原告因为照顾女儿的观念与被告母亲发生分歧，被告一味听从其母亲，并且常常找借口与原告吵架，导致双方感情破裂。自2014年12月双方分居至今，已无和好可能。2010年原告第一次出轨，于2010年4月8日写下了保证书，保证今后再发生出轨行为就净身出户。2010年原告再次出轨，被告又予以原谅，2013年7月30日被告第三次出轨被原告在出租屋碰到，被告写下字条，承认三次出轨。法院判决要旨：法院认为，原告所书写的保证书实质为夫妻忠诚协议，该协议是基于双方的婚姻关系而订立的，而夫妻忠诚是道德义务，非法定义务，故该协议不属于《合同法》调整范围，且该协议中约定的补偿并不是婚内财产约定，婚内财产约定是指约定的财产在约定时即已定到具体的某个人，而该协议中所议定的补偿则是将违约者有所有权的财产补偿给了对方，实质是一种损害赔偿，故该协议无效。原告认可2010年出轨事实并写有保证书，其亦未有证据证明2013年7月30日承认曾三次出轨的字条系在被告胁迫下书写，故应认定原告违反了夫妻相互忠诚的义务，存在一定的过错。本着照顾无过错方及照顾子女权益的原则，本院酌定南京市东井村3号20幢×××室房屋归被告所有，被告给予原告补偿款36.5万元；轿车（车牌号：苏A×××××）归原告所有，原告给予被告补偿款5万元；43万元债务由被告承担，原告给予被告补偿款21.5万元。

不具有合同法上的效力，不属以违反忠实义务为条件的赠与合同，其订立时的自愿与一般合同订立时的自愿大不相同，其订立主体不必为被迫的允诺负责；夫妻忠诚协议的约束力与夫妻一方的经济能力成反比，无法很好地保护婚姻关系中的弱者，用金钱维系的忠诚具有虚伪性、脆弱性；夫妻忠诚协议若具有强制执行力，则可能会因为其在婚姻存续期间的单独可诉性而沦为情感游戏的裁判或私房钱的索取工具。这种观点强烈质疑夫妻忠诚协议在修复关系、维系情感方面的功能，通过对夫妻忠诚协议不具有合同法上之效力的集中论证，间接但明确地对夫妻忠诚协议的法律效力持否定态度。

也有学者认为，夫妻忠诚协议具有非道德性和不可执行性，其忽视了忠诚的自愿本质、违背婚姻自愿原则，其将金钱赔偿作为不忠诚的对价实质上将导致婚姻关系的异化并可能沦为守信方攫取钱财的工具，其以金钱责任约束夫妻彼此的自由人格将导致婚姻自由名存实亡，夫妻关系的私密性和家庭生活的非计算性、情感性决定了法院不得以公权力对夫妻忠诚协议的效力进行肯定性评价。这一观点从侵蚀婚姻法之最重要的基本原则（婚姻自由）的角度详细阐释承认夫妻忠诚协议之法律效力的具体危害，视夫妻忠诚协议中有关财产给付的约定为允许违反忠实义务的条件，并不遗余力地申明公权力面对家庭生活时整体上应恪守的谦抑原则与退却主义，旨在有效清除赋予夫妻忠诚协议以法律效力的必要性。

3. 认为法院对该类协议应不予受理

《上海高院民事法律适用问答》（2003 年第 1 期）问答 3 中释明，如果夫妻双方签订婚姻忠诚协议后，一方当事人仅以另一方违反该协议相关内容为理由起诉到人民法院，主张权利并要求赔偿，法院对此类案件不予受理。最高人民法院也给出了倾向性意见，即各法院对“忠诚协议”问题不予处理，此类协议依靠当事人自觉履行。此种观点实际上是认为“忠诚协议”属于道德义务而非法定义务，归为自然债务的类别。

4. 区分说

区分说认为，对于夫妻间“忠诚协议”中关于子女抚养等身份关系的内容，法院应认定无效；对于夫妻间“忠诚协议”关于财产关系的内容，一般应认定有效，无履行可能或显失公平的，法院可以适当调整。

夫妻忠诚协议彰显私法自治精神和契约观念，融合人身关系和财产关系，属广义契约范畴下纯粹的无名契约，其效力判断应分别适用有关人身关系和财产关系的法律规范；夫妻忠诚协议中有关特定身份权变动的约定（如丧失离婚同意权、监护权或探望权）将不具有法律效力，有关损害赔偿的约定应被视为附忠诚义务的夫妻财产约定、具有法律效力。这种观点提醒研究者注意夫妻忠诚协议之内容的二元性，遵循“从内容看效力”的基本思路，抛弃对夫妻忠诚协议之效力做整体判断的泛化路径，强调效力判断应针对夫妻忠诚协议所包含的事项逐一进行。

（三）夫妻约定财产制不动产物权变动法律适用冲突考量

虽然都是夫妻不动产约定类案件，但在实务中却又因类型的不同而影响案件定性；同时，对于同一类型的案件，在司法裁判中也存在不同的裁判结果。

1. 典型案例及裁判要旨

案例一：唐某诉李某某、唐某甲法定继承纠纷案①

唐某甲与李某某为夫妻，唐某甲与前妻有女唐某，由前妻抚养。在唐某甲与李某某婚姻关系存续期间，双方签订协议，约定在甲、乙两地房子归女方所有。后唐某甲突发疾病死亡，而甲地房屋

① 详见北京市第三中级人民法院（2014）三中民终字第09467号民事判决书。

仍登记在唐某甲名下。唐某甲之女唐某起诉主张根据房产登记，其对甲地房屋享有法定继承权；李某某则主张依据协议书，甲地房屋为其个人财产，唐某无权继承。

一审法院判决要旨：《物权法》第9条规定：“［不动产物权登记生效以及所有权可不登记的规定］不动产物权的设立、变更、转让和消灭，经依法登记，发生效力；未经登记，不发生效力……”因此夫妻财产契约中关于房屋所有权变更约定的实际履行应以房屋产权的变更为要件。因此根据物权登记主义原则，房屋所有权未经变更登记，房屋不能因夫妻财产约定而当然发生物权变动效力。

二审法院判决要旨：对夫妻关系存续期间的房产约定，是夫妻内部的财产约定，应当优先和主要适用婚姻法的相关规定。即使契约所涉不动产未经变更登记，也不影响夫妻内部对房屋处分的效力。“结婚作为客观事实，已经具备了公示特征，无须另外公示”，“物权法的不动产登记原则不应影响婚内财产分割协议关于房屋权属约定的效力”。总之，对夫妻财产约定中房屋所有权归属的判断不应仅根据不动产登记簿的记载来确定，而应综合考虑夫妻财产制契约的效力、夫妻双方是否基于真实意思表示以及是否损害善意第三人合法权益等多方面因素。

案例二：朱某某、潘某某合同纠纷执行审查案①

舒某某与妻子朱某某婚姻关系存续期间，潘某某向法院起诉其与舒某某产生的合同纠纷一案，法院判决由舒某某支付合同款项及利息，而后，本案历经二审与再审，最终仍维持原审判决。

朱某某在与舒某某夫妻关系存续期间以其个人财产购房一套，并于办理产权证书时约定房屋为其个人所有。后法院在执行过程中，查封了该房产，朱某某遂以查封房产系其个人所有，不属于夫

① 详见（2016）浙0784执异28号永康市人民法院朱某某、潘某某合同纠纷执行审查类执行裁定书。

妻共有财产为由向法院提出执行异议。

判决要旨：夫妻双方之间的财产约定不得对抗第三人，夫妻关系存续期间所得房产，即使在夫妻财产制契约中约定该房产归夫或妻一方单独所有，但根据《婚姻法》第 19 条第 3 款[①]的规定，在没有证据证明第三人知道该约定的情况下，关于房产的约定不能对抗第三人。且因合同纠纷产生的债务，发生在夫妻关系存续期间，也没有证据证明夫妻双方明确约定该债务为个人债务，则该债务应系夫妻双方共同债务，由夫妻共同财产予以偿还。

案例三：师某某诉陈某离婚纠纷案[②]

师某某与陈某在婚姻关系存续期间出资购得某处房产，房屋所有权为夫妻双方共同共有。后双方在婚姻关系存续期间签署《婚内协议书》：约定房屋归师某某个人所有，不再作为双方的夫妻共同财产，离婚时房屋归师某某所有。后双方因琐事产生矛盾，师某某诉至法院要求与陈某离婚，请求分割该房屋。师某某主张应按协议书约定，房屋归其个人所有；陈某则主张，该协议约定的性质应属于对师某某的房屋赠与，在房屋产权进行变更登记之前其都可以改变赠与意思而有权撤销该赠与。

判决要旨：夫妻双方共同出资购置不动产，登记为共同共有后，双方自愿签署《婚内协议书》，明确约定该不动产归一方个人所有，该协议的作出是夫妻双方当事人基于真实意愿所作出的财产处分行为。因此，协议当事人夫妻双方作为完全民事行为能力人，是足以认识到协议所能产生的法律效力的。因而，协议书应为夫妻双方在婚姻存续期间进行的财产约定而非赠与合同。

---

① 《婚姻法》第 19 条第 3 款规定："夫妻对婚姻关系存续期间所得的财产约定归各自所有的，夫或妻一方对外所负的债务，第三人知道该约定的，以夫或妻一方所有的财产清偿。"

② 详见北京市第三中级人民法院（2014）三中民终字 06092 号民事判决书。

案例四：侯某某与冯某某夫妻财产约定纠纷案①

侯某某、冯某某于2009年登记结婚。婚后冯某某书写便签条，载明自愿将婚前婚后的全部财产给妻子侯某某，将其婚前在乙地购买的房屋房产证户主改为妻子的名字。后侯某某于2011年4月向法院提起诉讼，请求判令冯某某将位于乙地的房产过户至侯某某名下。

判决要旨：对于夫妻间房产赠与的规定体现在我国《婚姻法司法解释三》第6条②，对夫妻一方赠与另一方房产的具体法律适用是参照《合同法》第186条之规定。而同时，我国《合同法》第186条则规定了赠与合同的任意撤销权，赠与人可在赠与实际履行前撤销对另一方的房产赠与。据此，在赠与财产未实际转移之前，即房产未经过户登记，夫妻房产赠与的赠与方可以撤销其对另一方的赠与，因此，赠与人不同意与变更房屋产权变更登记，就表明其不再继续履行赠与而视为对房产赠与行为的撤销。

2. 问题的提出

前述四则案例中，案例一与案例三的类型为约定双方房产归一方单独所有，案例二则为约定房产归各自所有，而案例四则为约定一方房产归另一方所有。

上述四个案例是在实务常出现的案件，虽然都是夫妻不动产约定类案件，但在实务中却又因类型的不同而影响案件定性。同时，对于同一类型的案件，在司法裁判中也会存在不同的裁判结果。这样，就须思考，为何同属于夫妻约定财产制不动产物权变

① 详见（2011）郑民二终字第1222号民事判决书。

② 《婚姻法司法解释三》第6条规定："婚前或者婚姻关系存续期间，当事人约定将一方所有的房产赠与另一方，赠与方在赠与房产变更登记之前撤销赠与，另一方请求判令继续履行的，人民法院可以按照合同法第一百八十六条的规定处理。"

动案件，却有不同的案件定性，影响法官在案件审理中对案件的定性的因素是什么，而对于同一类型案例实践中又为何会出现不同的判决结果与理由，对于不同类型案件审理结果背后的价值意义又如何。同时，在适用法律审理案件后的判决结果是否会损害一方当事人应有的利益以及如何来进行救济等问题，都应当是本书探讨的话题。

（1）夫妻约定财产是否有公示效力，又能否定归属于为非基于法律行为的物权变动？

首先，在案例一中，一审法院与二审法院对此案件的裁判依据以及判决结果有着较大的差别。根据二审法院的判决要旨，由于本案被告李某某与其丈夫在婚姻关系存续期间基于双方真实意思表示而以书面的形式签订了财产分割协议，约定将原属夫妻共有的房屋归李某某单独所有，符合意思自治原则，在形式上属于我国夫妻约定财产制。因此，将案件定性为夫妻约定财产制。同时，二审法院认为，由于该协议系在婚姻关系存续期间内作出，婚姻本身具有公示特征，因此即便双方没有对房产进行过户登记，也不影响契约的效力，“故就法理而言，亦应纳入非依法律行为即可发生物权变动效力的范畴”，这里二审法院审理案件所适用的法律为《婚姻法》第 19 条。然而与二审法院判决相反，一审法院的判决要旨中对以夫妻为双方当事人的夫妻不动产约定持“物权登记主义原则”，不论财产约定的双方当事人是否为夫妻，房产未实际变更登记，协议就未实际履行，可以说直接否认了夫妻财产制契约相较普通财产契约的特殊性，一审法院处理该案所适用的法律主要为《物权法》第 9 条[①]。那对于夫妻约定财产制究竟能否像夫妻法定财产制一样归

① 《物权法》第 9 条第 1 款规定：“……不动产物权的设立、变更、转让和消灭，经依法登记，发生效力；未经登记，不发生效力，但法律另有规定的除外。”

属于非基于法律行为的物权变动？物权变动中非基于法律行为的物权变动又有哪些具体要求？另外，李某某与丈夫签订的以财产分割为目的的协议书的性质是否严格属于我国夫妻财产约定制的范畴？这些问题，无不涉及对物权法与婚姻法相关内容的理解与研究，需要通过实践与理论的结合来对问题进行解决。

（2）夫妻关系外的“第三人”是否都能受“善意第三人”制度的保护？

以案例一与案例二为例，同样是夫妻双方在婚内就房屋的权属进行协定，不论是约定将原属于夫妻共有的房屋变更为一方所有，还是在购房时约定为个人所有，都是在法律允许的范围内，基于夫妻双方共同的意愿对房屋的处分，符合夫妻约定财产制的形式要件。然而，案例一与案例二的根本区别就在于夫妻双方面对的“第三人”不同。我国《婚姻法》第19条①规定了在不违背法律与公序良俗的前提下，夫妻可在基于双方真实自愿的情况下订立夫妻财产契约。因此，一般对于此类案件，在不涉及第三人利益，夫妻双方自愿合意达成协议以及不存在协议受益方存在重大过错的情况下，法院的判决往往尊重协议的要求。但是，如果涉及第三人的利益，结果就会随之改变。具体来说，案例一中，如果女儿唐某没有主张甲地的房屋继承，那一审、二审的判决也就不会存在判决结果上的区别；同样在案例二中，若没有夫妻关系外第三人潘某某的“申请执行”，朱某某的房屋也会当然地因为夫妻不动产约定而归其个人所有。但同为夫妻关系外的“第三人”，为何案例一中的第三人就不能突破夫妻协议之间的约定取得房屋的相应产权，而案例二

① 《婚姻法》第19条第1款规定：“夫妻可以约定婚姻关系存续期间所得的财产以及婚前财产归各自所有、共同所有或部分各自所有、部分共同所有。约定应当采用书面形式。没有约定或约定不明确的，适用本法第十七条、第十八条的规定。”

中的“申请执行人”即夫妻关系外的第三人就能突破夫妻财产约定要求法院查封登记在“异议人”朱某某名下的房屋，从而要求“被执行人”与“异议人”夫妻共同承担债务。其存在的区别在哪里？

（3）夫妻约定财产制与夫妻间赠与下《婚姻法》与《合同法》如何调试？

与案例一、案例二不同，案例三、案例四不存在夫妻关系外的第三人，二者的区别在于案例三中夫妻双方约定将双方共有的房产归于其中一方所有，案例四则约定将本归一方所有的房产全部归于另一方所有。具体分析：案例三中夫妻双方订立夫妻财产协议，将原属于夫妻共有房屋约定为归女方单独所有，后女方起诉离婚并以该协议请求法院判决房屋归其所有时，男方却主张该协议性质应为夫妻间的赠与，在未实际履行赠与，即未进行房屋变更登记前其有权撤销该赠与。法院的判决适用了《婚姻法》，将双方婚内签订的协议书认定为夫妻双方基于真实意愿作出的夫妻不动产约定，否认了其赠与行为的性质；而案例四中，男方将其婚前所有的房产婚后以书面形式约定为归女方单独所有，同样出于其真实意思表示，也属于婚姻双方当事人对财产的自由处分，且并无违反法律和公序良俗的情况，但最终法院却将该案定性为夫妻房产赠与，作为房产“赠与人”的男方也就可以在未转移登记前撤销该赠与，该案中法官所适用的法律为《婚姻法司法解释三》第6条①，该条参照《合同法》第186条，赋予赠与房产一方赠与行为的任意撤销权。这就让我们不得不思考夫妻约定财产制与夫妻间赠与存在怎样的区别与

---

① 《婚姻法司法解释三》第6条规定：“婚前或者婚姻关系存续期间，当事人约定将一方所有的房产赠与另一方，赠与方在赠与房产变更登记之前撤销赠与，另一方请求判令继续履行的，人民法院可以按照合同法第一百八十六条的规定处理。”

联系？实践中又是如何来界定夫妻约定财产制与夫妻间赠与的？《婚姻法司法解释三》第6条对夫妻间赠与可以适用《合同法》第186条的规定，即当事人约定将一方所有的房产赠与另一方，赠与方在赠与房产变更登记前可以撤销赠与的规定是否与夫妻约定财产制间存在矛盾？由于本书就赠与与约定财产已作专门讨论，此处不再展开，我们将更多地关注《合同法》与《婚姻法》就该类问题如何协调的问题。

（4）夫妻财产制契约中事实物权人如何获得救济？

回顾案例二，该案中朱某某在婚姻关系存续期间以其个人财产购得房产，并于登记时与其丈夫舒某某约定房屋产权归其个人所有，同时符合了双方真实自愿、房屋进行登记的要件。但即便该约定真实有效，但在善意第三人潘某某提出要求夫妻双方共同偿还舒某某所欠债务时，法院依然会以夫妻房产约定协议不能对抗善意第三人为由，将房产查封予以执行。诚然，《婚姻法》规定了夫妻一方所负债务，在没有约定，第三人也不知晓债务归一方单独清偿的情况下，应以夫妻共同债务予以清偿，而对于其夫妻二人对房产的约定，第三人并不知晓，因而约定并不具有对抗效力，因此即便在夫妻内部，约定房产为朱某某所单独享有，但在接触到婚姻之外第三人时，协议的效力就不再具有对抗性。然而，作为夫妻财产制契约所指向的房产的事实物权人朱某某又应当如何对其权益进行救济？本案中朱某某的丈夫没有恶意侵害妻子权益的目的，但实践中经常存在夫妻一方为获得利益侵害另一方合法权益的情况，如夫妻约定房产共同共有，但约定未经公证，房产也未经变更登记而仅登记在一方名下，此时该方在未告知另一方的情况下，私自将房屋卖给善意第三人，并办理过户登记，在交付房屋后另一方始发现其所共同共有的房屋已归他人，此时该当事人又将如何进行救济？

以上问题需要通过对婚姻法、物权法以及合同法的一系列理论的研究来予以解决。

四、夫妻财产约定纠纷的解决路径思考

人们的个性化需求及财产自由处分意愿的发展，对传统的夫妻财产制观念形成了极大的冲击，夫妻之间对财产关系的处理也出现了更为多元化的发展趋势。夫妻约定财产制无疑是一项既现实又先进的夫妻财产制度，其对婚姻当事人自由财产处分的价值诉求的保障，符合整个社会人格独立、契约自由的发展方向。因此，夫妻约定财产制应当具有效力优先性和制度独立性。

（一）夫妻财产约定行为的性质

在理论界，关于“夫妻财产约定的性质”有多种学说观点，其中较为典型的有如下三种：“财产行为说”“身份行为说”和“身份行为之从契约说”。

1. 财产行为说

财产行为说与身份行为说的划分源于日本学界对夫妻财产关系的研究，坚持这种观点的学者认为，夫妻财产约定行为的当事人的确具有身份上的特殊性，但财产行为调整的内容仍然是夫妻之间财产关系，该类行为实施和约定的对象均以夫妻财产为核心，财产属性是夫妻财产约定行为的本质属性。其中，日本末川教授认为，身份行为应当以特定身份的变更为目的，夫妻财产约定行为并非以身份变动为目的，故夫妻财产约定行为需要与亲属法意义上的身份行为进行区分，前者属于涉及财产属性的法律行为，身份关系是夫妻财产约定中财产关系的影响因素而非决定性因素，亲属法上有特别规定除外，其他行为应接受财产法规范的调整。

因财产行为说并不过多关注缔约主体的身份关系，故其认为夫妻财产约定并不存在身份法上的优先适用性，而应该适用一般财产法规则。夫妻财产约定本质上属于财产合同，故其订立条件和生效时间等内容与一般财产合同无异。

2. 身份行为说

持身份行为说的学者将身份行为分为三种，并根据法律行为产生的方式和目的不同将其划分为纯粹的身份行为和附随的身份行为：(1) 形成的身份行为，即直接创设、变动、废止身份的法律行为，包括结婚行为、收养行为等；(2) 支配的身份行为，即基于身份而对他人为身份上的支配行为，如婚姻之同意行为；(3) 附随的身份行为，即效力上附随于形成身份关系行为的行为，如夫妻财产约定行为。夫妻财产约定行为虽然并不直接以变动身份关系为内容，但它属于婚姻身份变动的从契约，因此属于附随的身份行为。这种理论采用了比财产行为说更广义的身份行为概念界定，在承认夫妻财产约定行为本质上以处分夫妻财产关系的基础上，强调其与夫妻身份的不可分割性，从而主张夫妻财产约定行为优先适用亲属法调整的优先性。这种观点将夫妻财产约定行为与一般财产处分行为进行了区分，故夫妻财产约定在订立条件和生效时间等方面存在一定特殊性。

3. 身份行为之从契约说

持此观点的学者认为在法律规定不够具体，当事人约定不明确的情况下，界定夫妻之间财产约定的性质，应充分探究当事人的本意。缔约主体的特殊性决定了夫妻财产约定行为更倾向于追求婚姻家庭价值的实现。与一般财产法调整的平等的民事主体之间的财产关系相区分，夫妻财产约定的订立主体为具有夫妻身份关系的双方当事人。夫妻身份的特殊性要求法律在调整该类行为时应更加注意尊重夫妻财产处分的合意，注意维护稳定的夫妻家庭关系和社会价值的实现。因为夫妻财产约定行为的本质并非出于对商品交易的需要和追求特定的经济价值，而是通过一定的财产处分和分配，保障夫妻双方作为一个家庭生活团体在情感意义上的处分行为。婚姻家庭关系的本质属性是身份属性，身份关系的性质决定着夫妻财产关系要体现与一般财产法不同的价值导向。因此，身份的特殊性和情感的特殊需求是夫妻财产约定行为身份属性的集中体现，也是其身份行为之从属行为的阐释。

笔者同样认为夫妻财产约定行为在性质上应当归属于身份行为之从契约。夫妻财产约定的主体资格条件、生效时间和法律效力等内容均要受到婚姻的限制，但在性质上将其直接归入身份行为明显不妥。因为身份行为始终强调以一定身份关系的发生和变更为主旨，夫妻财产约定行为的当事人在身份上有其特殊性，但约定的对象仍然是婚姻家庭财产关系，财产性属性也是约定的重要特征。故而夫妻财产约定具有身份与财产的双重属性，且身份属性是财产约定订立的价值根基。一般而言，民事法律行为依据调整的对象不同，分为身份法律行为和财产法律行为，其涵括了身份关系和财产关系产生、变更和消灭的一系列过程。但夫妻关系是两性关系的集中体现，结成夫妻关系的目的在于更好地求得“家庭”功能在社会生活中实现，其并不能等同于一般民事财产法律行为。婚姻具有一定的伦理性，涉及彼此之间的感情生活、互相奉献和人文关怀等因素。缔结婚姻关系后，夫妻之间以财产约定的形式对婚前或婚姻关系存续期间的财产进行处分，其目的在于维护夫妻关系健康、稳定和持续，以便更好地维护夫妻双方共同的根本利益。夫妻财产约定行为确实以调整夫妻财产分配为内容，但其不以对价交换为目的，且在性质上依附于夫妻人身关系。从逻辑上来看，没有夫妻共同缔结婚姻的法律事实便不可能存在夫妻财产约定订立的可能性，夫妻身份是产生夫妻财产关系的必要条件。夫妻财产约定订立的起因在于当事人双方在缔结婚姻后，为了追求夫妻生活和谐稳定而对财产进行处分。从这个意义上讲，夫妻财产约定行为兼具人身性和财产性，但人身性是其产生的前提。

关于我国夫妻约定财产制的立法模式，学界一直存在争议。一种观点认为，若严格根据法律条文的文义来判断，我国《民法典》中规定的约定财产制是一种封闭的立法模式，当事人仅可以在三种规定的财产制类型中进行选择。另一种观点认为，这种选择限制在三种财产制类型之中，限制了夫妻双方的财产处分自由，不利于尊重当事人的意思自治，在很大程度上违背了约定财产制的制度设计初衷。且出于多方面原因考虑，我国《民法典》在列举三种财产制类型之后未对其含义进行明确解释，并未明确约定财产制的立法模式。因此这也可以解释为法律没有对当事人可以选择的财产制进行限制，该条所规定的三种财产制类型更多的是示例性和代表性的，并未穷尽也无法列举所有可约定的财产制类型。正因为我国法律并未明确规定夫妻约定财产制的立法模式，学界对此争议不断。《民法典》在编纂过程中亦未对我国夫妻约定财产制的立法模式予以明确规定，这极可能造成实践中对夫妻财产约定内容的认定因理解偏差而不尽相同。即使夫妻双方明确选择适用约定财产制，但因法律规定的不明确，对于夫妻之间在婚前或婚姻关系存续期间以财产约定的方式将一方所有的不动产约定给另一方时，在性质上也可能被认定为夫妻之间赠与行为。

这类问题的起因为《婚姻法司法解释三》第6条关于夫妻之间赠与的规定。当时该司法解释的出台实属在学界引发了较为激烈的理论探讨，且争议颇大。从条文文义和立法背景解释来看，该条司法解释规定了夫妻之间将一方所有财产约定为另一方情况属于夫妻约定财产制度的例外。换言之，最高人民法院将夫妻之间关于房产的约定单独地定性为普通赠与，将其排除在约定财产制的适用范围之外。当时，《婚姻法司法解释三》第6条的出台并没有解决司法实践中夫妻财产约定行为的性质认定不同这一问题。反而因为该条文未将夫妻财产约定与夫妻赠与进行区分，导致夫妻房产约定在法律性质认定上更加混乱，呈现两极分化的趋势。然而，2021年1月1日起施行的《民法典婚姻家庭编解释一》第32条规定更是加剧了这种争议。将夫妻之间把一方财产约定为双方共有的情况增加到夫妻赠与的认定范畴，无疑是在压缩夫妻财产约定的适用空间。审视其法律用语，将夫妻之间约定把一方不动产赠与另一方或者共有的行为，不认为是“约定”而是“赠与”，本身就出现了“约定不是约定”的逻辑错误。为了增加夫妻财产约定认定的可操作性，将夫妻之间财产约定行为强行认定为赠与行为，违背了基本的法理。该条司法解释出台的目的在于抵制社会生活中以分割夫妻共同财产为目的的短婚、闪婚、骗婚现象。夫妻之间将一方财产约定给另一方或者约定为共有的目的在于维持长久的婚姻生活。但不动产经济价值较大，为了获得其所有权可能需要消耗当事人数年财产储蓄甚至还要接受父母的资助，涉及多方财产利益。婚前一方购买房产后，在婚后约定为夫妻共有或归于另一方所有，若婚后共同生活一段时间后夫妻之间生活并不和睦，此时提出离婚并进行夫妻财产分割会极大损害购买房产一方的利益，违反基本的公平原则。同时，该司法解释的意义在于配合“离婚冷静期”制度的出台，在离婚率攀升的社会背景下以制度设计方式降低冲动型离婚。毕竟受赠人是无偿取得赠与财产的，此时赋予赠与方任意撤销权和法定撤销权的目的在于给赠与人设置了一定情况下反悔的权利。但根据这一司法解释，夫妻双方约定将一方的房产转移给另一方，该约定本身并不产生物权转让的效果，为了实现物权变动仍需前往相关不动产登记管理部门办理变更登记。实际上，该司法解释规定此类夫妻财产约定要遵循民法典物权编中因法律行为产生的物权变动的一般规则。很明显，夫妻之间关于房产的约定是夫妻约定财产制中应用最为广泛的情形之一，正是因为夫妻约定财产制的立法模式的不明确，司法解释才会将夫妻双方关于房产的约定作为特殊情况并单独认定其性质，这无疑会在法律适用上缩小夫妻约定财产制的适用范围。该司法解释的规定与夫妻约定财产制的立法本意相悖，也违背了夫妻约定财产制作为一项基本财产制度独立发挥财产关系调整的价值，架空了夫妻约定财产制的适用空间。

（二）关于忠诚协议

综合来看，不同观点对忠诚协议的效力的争议来源，实质上可以归为以下三点。

1. 忠诚协议的性质：一种法律行为

对于忠诚协议行为性质的定性是探讨协议效力的前提。持“无效说”的学者认为忠诚义务本身是一种道德义务，《婚姻法》第4条（现《民法典》第1043条）中规定的“夫妻应当相互忠实”仅仅是一种倡导性条款并不属于一般性的权利义务规范。夫妻之间基于维系婚姻关系稳定的需要而签订的约定忠诚义务的协议当划归为身份情谊行为，属于道德领域所调整，法律不应过分介入公民的私生活领域。而持“有效说”的学者认为，“虽然亲属身份关系源于人伦秩序，但身份关系一旦被法律秩序化，婚姻家庭法就属于法律规范而非道德规范”。

虽然法律规定的“夫妻应当相互忠实”的条款不能直接作为忠诚协议的请求权依据，但是根据私法领域意思自治的基本原则，我国现行法律既然没有明文禁止忠诚协议的签订，那么夫妻之间签订的忠诚协议就应当适用一般民事法律行为的判断标准，如不存在法定无效事由则应当认定为有效。笔者认为，虽然夫妻之间的忠实义务从性质上看更适合归类于道德义务，但是并不能因此认为建立在忠实义务基础之上的忠诚协议当然不属于法律调整的范围。因为根据我国曾经的婚姻法以及现行民法典婚姻家庭编中关于离婚损害赔偿的相关规定，“离婚”“与他人同居”等严重违背夫妻忠诚义务的行为都属于无过错方主张离婚损害赔偿的法定理由，所以即使是夫妻双方婚姻关系内部的不忠行为也依然存在法律介入的可能。另外，如果承认忠诚协议不构成民事法律行为即意味着当事人在签订协议时并不希望该协议受到法律的调整或者介入，但是通常情况下我们无法从协议本身判断当事人是否具有该主观意思，而只能凭借当事人事后是否依据该协议请求相对方承担相应的责任判断。换言之，当一方凭借该协议向法院提起诉讼请求，依据该协议确定夫妻之间的权利义务时，即推定该协议构成一般的民事法律行为。

2. 忠诚协议并没有限制婚姻自由以及破坏夫妻关系

对于忠诚协议效力的认定，不仅涉及正面的法律依据的争论，而且还涉及反面的不利影响的探讨。部分学者认为，忠诚协议的签订是以契约的方式限制了男女双方的婚姻自由，其将金钱赔偿作为不忠诚的对价将导致婚姻关系的异化，并可能沦为守信方攫取钱财的工具，以金钱责任约束夫妻彼此的自由人格将严重损害夫妻之间的感情基础。但是也有学者认为在一个正常合理的夫妻关系中，双方签订忠诚协议的直接目的在于维系夫妻之间的婚姻关系与感情生活的稳定，而非通过忠诚协议进行取财。笔者认为虽然现实生活中无法排除存在一方借忠诚协议获取不具有公平性的巨额经济利益的情况，但是这种可能只是协议所引起的客观不良后果，并不能构成阻却协议有效性的理由。就如合同中的违约金制度，合同双方当事人签订合同是为了实现相应的利益需求，而违约金的存在，也仅仅是保证合同公平稳定地履行，并不能以存在一方企图获取违约金而恶意阻拦合同目的实现的情形就否认合同的效力。因此夫妻忠诚协议的主要价值与作用在于当感情消失、婚姻解体后，对无过错方的经济性安慰与保障。

3. 忠诚协议参照适用合同编的相关规定

在民法典颁布之前，1999 年 3 月 15 日，全国人民代表大会发布的《合同法》第 2 条第 2 款明确规定："婚姻、收养、监护等有关身份关系的协议，适用其他法律的规定。"据此，理论通说认为合同法仅仅调整财产法律关系，而对于人身法律关系则由其他法律予以规定，即涉及身份关系的问题只能由法律规定，排除了当事人之间的意思自治。部分学者主张忠诚协议的签订主体具有特殊的身份关系，内容以履行具有身份属性的忠实义务为主，因此属于身份关系的协议，不能适用合同法的规定，亦不可以由双方当事人进行约定，故而该协议的效力归于无效。但也有学者对于忠诚协议的性质有不同的看法，其认为忠诚协议实质上属于一种财产法律关系，可以参照适用合同法的相关规定。对于忠诚协议的法律性质问题，笔者赞同有关学者将设立、变更或终止的主要法律关系作为判断标准的认定方法，不能单纯通过法律后果来认定协议的法律性质。夫妻忠诚协议以维护男女双方婚姻关系的稳定为目的，对于约定的忠诚义务的遵守并在违反约定时承担责任是最为主要的权利义务关系，因此，将忠诚协议界定为一种身份法律关系更为合适。但是《民法典》合同编第464条第2款对合同法的调整范围予以了拓展，规定婚姻、收养、监护等有关身份关系的协议可以根据其性质参照适用合同编的规定。这便引发出一个新的问题，即“具有何种性质的身份关系协议符合参照适用合同编规定的条件”？对于该问题有学者认为“夫妻忠诚协议的效力取决于其所约定‘违约责任’的具体目的，及其量化与落实的时点”。如果该忠诚协议中违约责任的目的在于维护婚姻关系的稳定，则应当不符合参照适用的条件，反之如果该违约责任无意维持婚姻而指向的是离婚时的损害赔偿，则可以适用合同编的规定。这种观点从司法介入婚姻家庭等私人领域的尺度为出发点进行考量，具有一定的合理性。但笔者认为对于身份关系协议中不同类型的约定的性质把握不应当仅仅从行为的目的进行考量，而应当从客观上对该协议所引起的不同类型的法律后果予以分析。首先，身份法律关系产生的前提是身份法律行为，而身份法律行为以引发身份关系以及身份关系当事人之间财产关系的设立、变更或者终止等身份法律后果为目的。所以身份法律关系的内容既包括单纯的身份关系的变动也包括具有特殊身份的主体之间的财产关系的变动，而合同法规则致力于调整财产关系，因此身份法律关系中涉及财产内容的应当符合参照适用合同法的性质。具体而言，忠诚协议中的违约责任在类型上可以分为单纯的身份行为，如离婚、子女抚养的约定；复合的身份行为，如约定离婚时的财产分割，类似于离婚协议；单纯的财产行为，如“空床费”违约金。对于复合身份行为中的财产分配约定以及单纯的财产行为均可以参照适用合同法。

夫妻忠诚协议作为一种复杂的身份关系协议，本质上属于一种特殊的民事法律行为，原则上不违反法律法规的禁止性规定以及公序良俗的应当认定为有效。具体而言，协议中单纯的人身关系约定应当适用婚姻家庭编及其他专门的法律予以调整，而涉及财产责任的内容在婚姻家庭编没有规定时可以参照适用合同编的规定。在司法裁判中，法官对于忠诚协议中所约定的赔偿数额原则上应当予以认可，但是对于显失公平以及实际履行不能的协议条款可以依据合同编的相关规定对于赔偿数额予以适当调整，以达到平衡双方当事人之间的利益关系，化解矛盾冲突的社会效果。

因此综合来讲，忠诚协议不能简单认定有效、无效，应具体情形具体分析，根据案例及焦点分析。

4. 忠诚协议的有效要件

一份合法有效的忠诚协议必须满足以下条件：

（1）忠诚协议签订双方需平等自愿。根据《婚姻法》第 19 条第 1 款“夫妻可以约定婚姻关系存续期间所得的财产以及婚前财产归各自所有、共同所有或部分各自所有、部分共同所有……”之规定，夫妻双方有权通过协议的方式对夫妻共同财产及双方个人的财产进行任何处分。在夫妻双方均具备完全民事行为能力，平等协商作出真实意思表示，不存在胁迫、欺诈、重大误解，未损害他人和社会公共利益的情况下，忠诚协议内容有效，对协议双方均具有约束力。

（2）忠诚协议不得约定限制离婚、排除抚养权、人身伤害、侵犯隐私权等内容。忠诚协议不得约定“不许离婚、终身厮守”字样，禁止或限制离婚违反了离婚自由原则；不得约定“丧失子女抚养权、探望权”等内容，此种约定剥夺了父母享有的法定抚养权、探望权，亦侵害了子女的合法利益；不得约定“如出轨、不忠自断五指、将出轨视频发到网上、当众跪下乞求原谅”等内容，此种约定侵害了过错方生命健康权、人格尊严权，亦可能侵害第三者的隐私权。此等约定，均为无效。

（3）忠诚协议财产约定内容应合理适当、具可操作性。《深圳市中级人民法院关于审理婚姻家庭纠纷案件的裁判指引（2014 年修订）》规定：一方当事人以另一方当事人违反忠诚协议导致离婚为由请求另一方当事人在离婚时履行其在忠诚协议中所作损害赔偿承诺的，人民法院应予支持，但该忠诚协议约定的损害赔偿数额过高时，人民法院可以适当调整。因此，忠诚义务的赔偿责任应有限度，忠诚协议约定赔偿金额应适当，不能显失公平，不得超出过错方承受范围，影响过错方基本生活、履行子女抚养、老人赡养的法定义务。如约定过高，过错方亦可请求法院予以调整。例如，在案例二中，双方约定“甲方变卖所有财产给予乙方”，最后法院仅判决支付部分变卖款。

（三）夫妻约定财产制不动产物权变动法律适用

本书从理论出发，揭示并希望通过研究，解决夫妻约定财产制不动产物权变动存在的相关问题。

1.《民法典》婚姻家庭编与物权编适用的冲突

由于夫妻约定财产制的特殊性，即既具有夫妻婚姻关系的身份法属性，又存在财产约定的契约关系属性，使得在解决夫妻约定财产制问题时常常会存在既可以适用婚姻家庭编，又可以适用物权编的情况。例如，上述案例一，一审法院的判决与二审法院判决的结果与依据是完全不同的。一审判决的法律依据是《物权法》第 6 条、第 9 条对不动产物权变动的公示原则，即不动产物权变动未经登记不发生法律效力。而直到唐某甲死亡，李某某也未与其进行按照协议的要求进行房屋产权的变动，所以根据《物权法》对于不动产物权变动的基本要求，不动产物权变动没有发生效力，房屋所有权仍然归唐某甲所有；而二审法院的依据就是《婚姻法》第19条对夫妻约定财产的规定，认定唐某甲与李某某签订的协议书就是“双方通过订立契约对采取何种夫妻财产制所作的约定”，所以在夫妻约定财产制下的房屋产权问题产生争议的时候，不能仅根据不动产登记簿的登记作为唯一判定房屋产权的标准，而应该综合不动产变动的目的与原因以及是否涉及第三人的利益等因素进行考量，在不违反法律的强制规定，不违背夫妻双方订立财产契约的合意以及不涉及第三人合法利益的前提下，即使没有进行房屋产权变更，夫妻双方对于不动产物权变动的财产契约也应当被认定为有效的，并在实际司法审判活动中得到支持。在案例一中，二审法院认为夫妻约定财产下的不动产物权变动即使没有进行房屋产权登记，也能基于夫妻财产制契约产生物权变动的效力。但这一观点在实务中并没有得到普遍认可。由于此类案件既涉及夫妻之间的意思自治，又兼具不动产物权变动的特殊要件要求，使之既可以适用财产法来调整，又可以根据身份法来裁量，同时，有关此类案件的权威案例（指导案例、公报案例、典型案例）较少，且法官运用自由裁量权以及法官自身专业素质的差别，导致审理夫妻约定财产制不动产物权变动案件时不可避免地会产生此二编适用的冲突。

2. 《民法典》婚姻家庭编与合同编适用的冲突

根据当时《婚姻法司法解释三》第6条与《合同法》第186条的规定，夫妻双方“约定将一方房产赠与另一方”，在没有进行房屋产权变动的情况下，赠与房产一方可以撤销赠与，这种撤销赠与为任意撤销，而非达到法定事由时才允许撤销。同时，《婚姻法》第19条所规定的夫妻约定财产制的立法价值在于允许夫妻双方基于真实意思表示在法律法规允许的范围内进行财产约定，也在一定程度上体现了意思自治的原则。而《婚姻法司法解释三》第6条的规定则疑似与《婚姻法》第19条的立法价值相冲突，在司法实践中也避免不了会存在案件审理时的法律适用冲突问题。

例如，在案例三师某某与陈某离婚纠纷一案中，双方在婚内共同出资购房，又在房产登记中登记为双方共同共有，后由于男方对婚姻的不忠诚，导致双方书面签订婚内协议书，约定房屋归女方。而后来在离婚时，是按照协议约定主张房屋所有权时，陈某便主张“协议”的性质为房产赠与合同，不动产产权未发生变更，赠与行为就未实际履行，因而可以撤销其赠与。法院则认为，夫妻双方将共有的房屋约定为一方单独享有的性质不能认定为房产赠与，而应符合夫妻基于共同意思表示在婚姻关系存续期间所为的夫妻财产约定，性质上符合夫妻约定财产制不动产物权变动的具体要求，应为夫妻财产制契约。其实，如果严格根据我国《婚姻法》第19条的规定，夫妻双方财产约定的内容仅包括约定财产归各自分别所有、约定财产共同所有以及约定财产为部分共同共有部分分别所有，将夫妻共同共有的房屋约定为仅归其中一方所有的，并不在此列。这样一来，陈某可以将这种约定定义为夫妻赠与。但是显然，法官并不认可这种行为为赠与，而认定为夫妻约定财产制。由于夫妻约定财产制与夫妻间赠与的界限并不明显，因而在具体适用法律的过程中必然也会存在差别。具体表现为适用《婚姻法》第19条，依照夫妻约定财产制来解决夫妻财产约定还是认定为夫妻间赠与而适用《婚姻法司法解释三》对夫妻间赠与的任意撤销权的规定。通过对案情与裁判要旨的解读，对案例引发思考的分析，笔者得出结论：夫妻约定财产制不动产物权变动的相关案件在司法实践中存在相同、相似案例，却存在不同裁判结果，案件性质认定结果也不同等现象，而存在这种现象的原因应当归结于不同法官在具体审理案件时，所适用的法律不同，具体表现在《婚姻法》第19条与《物权法》第 6 条、第 9 条的适用冲突，以及《婚姻法》第 19 条与《婚姻法司法解释三》的适用冲突。具体为何会存在这样的法律适用冲突，则需要结合我国夫妻约定财产制立法体例、夫妻约定财产制的性质与效力、不动产物权变动的具体要求、夫妻间赠与性质的认定、夫妻财产制契约的公示等诸多因素综合进行分析。

第四章

夫妻共同债务认定纠纷类案研究

夫妻共同债务的认定，不仅涉及夫妻当事人的利益，而且涉及债权人权利的保障和社会秩序的稳定。夫妻共同债务的认定规则背后，事关交易安全以及责任自负价值原则的选择与引导，因此，如何取舍，成为立法和司法关注的问题。

一、问题的提出：认定规则的“摇摆不定”使得各方当事人“人心恐慌”

1980 年《婚姻法》第 32 条确立了夫妻共同债务的认定规则，此后，1993 年 11 月 3 日最高人民法院印发《关于人民法院审理离婚案件处理财产分割问题的若干具体意见》第 17 条，2001 年《婚姻法》第 41 条，2004 年的《婚姻法司法解释二》第 24 条，发展到 2018 年的《最高人民法院关于审理涉及夫妻债务纠纷案件适用法律有关问题的解释》（以下简称《夫妻共同债务解释》）第 1 条以及 2021 年正式实施的《民法典》第 1064 条、《民法典婚姻家庭编解释一》第 33 条、第 34 条都对该问题作出制度设计。

（一）夫妻共同债务认定规则的“前世今生”

1. “夫妻共同债务共担”的认定规则

夫妻共同债务认定的规则最早可以追溯至1980年修订的《婚姻法》第32条，当时就确立了“夫妻共同债务共担”的基本原则，但仍保留“男女一方单独所负债务，由本人偿还”的补充原则。

直至2001年《婚姻法》再一次修订，其中第41条关于夫妻共同债务的认定规则中删除了“个人债务个人承担”的补充原则，最终对于夫妻共同债务的承担仅保留了“夫妻共同债务共担”的原则。但该条款中并没有对夫妻一方举债的认定作出规定。于是在司法实践中出现了较多夫妻一方以自己对另一方负债不知情为由，规避向债权人履行偿还债务的义务，甚至通过离婚恶意转移财产给另一方，借此逃避债务的案例。

2. 向债权人“倾斜”的认定规则

为了保护债权人的合同利益，最高人民法院于2003年12月4日出台了《婚姻法司法解释二》，其中第24条第1款就明确了关于“夫妻共同债务推定”的认定规则，即“债权人就婚姻关系存续期间夫妻一方以个人名义所负债务主张权利的，应当按夫妻共同债务处理。但夫妻一方能够证明债权人与债务人明确约定为个人债务，或者能够证明属于婚姻法第十九条第三款规定情形的除外”。

根据上述规则，夫妻任何一方在婚姻存续期间所负的债务首先将被推定为夫妻共同债务，只有在提供足够的证据证明该债务为个人债务或债权人借款时知道夫妻之间存在“AA制”的夫妻财产约定时，才能免除非举债方的还款义务。

在这样的立法背景下，《婚姻法司法解释二》第24条确实遏制了那些企图通过“假离婚”达到“真逃债”这一非法目的的人群，交易安全和市场秩序也得到了一定程度的保障。但正如一枚硬币有正反两面，由于最高人民法院加大了对债权人的保护力度，无形中却损害了未举债配偶一方的个人利益。司法实践中又出现了夫妻另一方“被迫”共同承担虚假债务、非法债务的极端个例。

3. 虚假或非法债务不受法律保护的认定规则

最高人民法院修订《婚姻法司法解释二》第24条，主要是建立在“夫妻共同债务”均属于合法债务的前提下，但司法实践中由于各级法院审判能力、法律适用等综合能力的不同，确实会出现虚假债务被认定为夫妻共同债务或违法犯罪行为形成的所谓“债务”作为夫妻共同债务被承担的现象。一时之间“《婚姻法司法解释二》第24条”变成了侵犯未举债一方合法权益的“洪水猛兽”，不断受到社会的诟病，甚至产生了要求废止该条款的呼声。

于是最高人民法院又在2017年2月28日公布《最高人民法院关于适用〈中华人民共和国婚姻法〉若干问题的解释（二）的补充规定》(以下简称《婚姻法司法解释二》补充规定)，分别排除了一方与第三人串通、虚构的债务以及从事赌博、吸毒等违法犯罪活动中所负债务由未举债一方共同承担的认定规则。

4. “共债共签共同受益”的认定规则

2018年1月8日，最高人民法院再次发布了《夫妻共同债务解释》，这一司法解释又把审判的“天平”向未举债一方拉回了一步。除了明确夫妻共同债务的认定以“共债共签”为基本原则，同时对一方的负债可以被认定为夫妻共同债务的条件限制在通过“事后追认”“家事代理权”以及“共同受益”的范围内，进一步平衡了债权人与未举债一方的合法权益。

5. 夫妻共同债务认定规则整合“升级”

本次《民法典》在第1064条中所明确的“夫妻共同债务”的认定规则，并不是将过往的认定规则进行简单的“复制粘贴”。本条实际上是对《婚姻法》以及多部司法解释中关于认定“夫妻共同债务”的精华进行了提炼，将原本散乱或不明确的内容进行了整合，并最终“升级”成《民法典》这个“大家庭”中的一员，提升了该认定规则的法律地位，使得未来司法审判中的法律适用更为准确和直接。

（二）夫妻共同债务认定规则存在的问题

从立法规则与司法实务裁判规则变化可总结出，我国夫妻共同债务认定问题从关注夫妻间内部债务分担到关注夫妻对外债务承担；同时扭转了实务中婚姻存续期间债务一律认定为夫妻共同债务的司法局面，保护了非举债配偶方的合法权益，增加了债权人的举证责任。

2018 年《夫妻共同债务解释》实施后，其所确立的夫妻共同债务认定规则在缓解夫妻共同债务的尖锐社会矛盾的效果是不容置疑的，但从根本上并未解决夫妻共同债务认定的难点。正是因为增加了债权人的举证责任，导致基于债权人举证责任与举证能力的不匹配问题逐步凸显，债权人举证能力有限，法院过度依赖举证规则裁判案件，从而夫妻共同债务成因查明情况并不理想，适用法律混乱、裁判尺度不一，债权人利益保护不足等新问题出现。现我国《民法典》第 1064 条延续了《夫妻共同债务解释》的价值判断立场，全面吸收 2018 年《夫妻共同债务解释》第 1 条所确立的夫妻共同债务认定规则，并以法典形式确立，同时将夫妻共同债务划分为“基于共同意思表示的夫妻共同债务”“基于家庭日常生活需要的夫妻共同债务”“基于共同生活共同生产经营的夫妻共同债务”三类。

但在实务中，个案并非简单依法裁判便能做到司法公正，法官需要衡量债务人与非举债配偶双方合法利益，缓解紧张关系，平衡双方利益。我国《民法典》第 1064 条以及司法解释并未对“共同意思表示”“家庭日常生活”“共同生产”或“共同生产经营”概念作出界定，因而在实务中仍需解决夫妻共同债务认定中“合意”认定抽象、“家事范围”边界不清、“共同性”识别困难等问题。为准确适用法律，平衡当事人合法利益，确保司法公正，深入研究夫妻共同债务认定难点并进行分析，具有非常重要的理论价值和社会现实意义。

二、夫妻共同债务认定纠纷案件的整体情况①

2018年1月18日—2020年12月31日，共检索最高人民法院（以下简称最高院）发布的全部裁判文书93篇，高级人民法院（以下简称高院）发布的全部裁判文书2326篇；2021年1月1日—2021年12月16日，共检索最高院发布的全部裁判文书0篇，高院发布的全部裁判文书3篇，中级人民法院（以下简称中院）发布的全部裁判文书411篇。由于检索出的裁判文书过多以及因《夫妻共同债务解释》时间效力、民事诉讼程序等原因未对夫妻共同债务认定问题进行实体分析，本书以最高院的93篇文书为参考，同时对部分高院、中院裁判的较典型案例作分析，其余案例不作重要参考。

（一）裁判结果

通过检索发现，就裁判结果来看，最高院的93份裁判文书中，有4份裁定撤销原判，发回重审，占4.3%；40份文书认定为个人债务，占43%；剩余49份认定为夫妻共同债务，应当承担连带责任，占52.7%，见图4-1。

① 由于2021年1月1日我国《民法典》正式实施，2018年1月18日起实施的《夫妻共同债务解释》失效，因此分为两个时间段以不同关键词进行检索：（1）时间：2018年1月18日—2020年12月31日，关键词："最高人民法院关于审理涉及夫妻债务纠纷案件适用法律有关问题的解释"，案件类型：民事案件，文书类型：全部；（2）时间：2021年1月1日—2021年12月16日，关键词：《中华人民共和国民法典》第1064条，案件类型：民事案件，文书类型：全部。

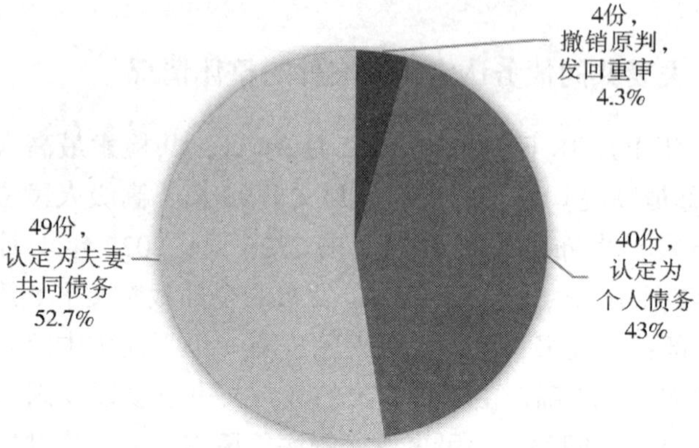

图 4-1 最高院 93 份裁判文书就债务认定的裁判结果分布

其中认定为个人债务的 40 份文书，裁判依据均为《夫妻共同债务解释》第 3 条（现《民法典》第 1064 条第 2 款）“夫妻一方在婚姻关系存续期间以个人名义超出家庭日常生活需要所负的债务，债权人以属于夫妻共同债务为由主张权利的，人民法院不予支持，但债权人能够证明该债务用于夫妻共同生活、共同生产经营或者基于夫妻双方共同意思表示的除外”，即债权人未能提供证据证明或所提供证据不能充分证明该债务用于夫妻共同生活、共同生产经营或者基于夫妻双方共同意思表示。

最高院认定为共同债务的 49 份裁判文书，其中 14 份认定为“基于共同意思表示的夫妻共同债务”、4 份认定为“基于家庭日常生活需要的夫妻共同债务”、29 份认定为“基于共同生活共同生产经营的夫妻共同债务”、2 份既涉及“基于共同意思表示的夫妻共同债务”也涉及“基于共同生活共同生产经营的夫妻共同债务”，如图 4-2 所示。

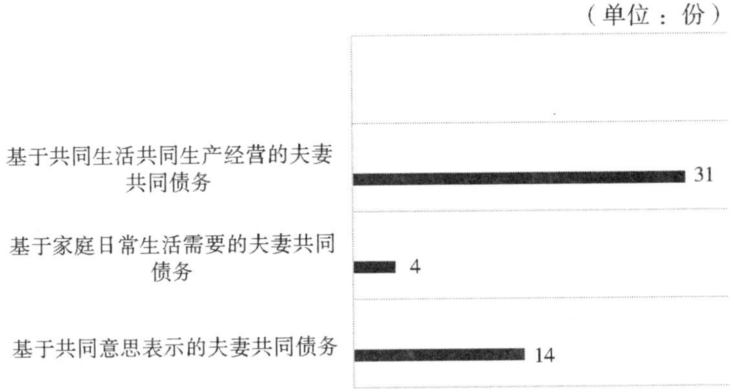

图 4-2　三类夫妻共同债务数量分布

（二）裁判理由

最高院 49 份认定为共同债务的裁判文书中，关于夫妻共同债务的认定，不同案件法院所提出的裁判意见不同。例如，在刘某、××建设集团有限公司合同、无因管理、不当得利纠纷一案中，法院指出夫妻共同债务的认定关乎夫妻双方的财产权利，也与维护债权人利益和交易安全息息相关，因此为科学、规范、有效地保障和平衡债权人及夫妻双方合法权益，体现民法中的平等保护原则，应当结合案件的具体情况、财产变动情况、经济能力等事实和因素综合认定夫妻共同债务。① 例如，金某、胡某民间借贷纠纷一案，法院指出夫妻共同债务的认定不能仅以借款进入谁的账户而直接说明仅是其个人债务，也不能仅以自身账户收到的款项直接当作借款数额，而否认其他债务。② 通过分析 49 份裁判文书中的裁判意见，总结出法院认定为夫妻共同债务的主要理由如下：

---

① 详见最高人民法院（2018）最高法民申 5768 号民事裁定书。

② 详见最高人民法院（2020）最高法民申 2579 号民事裁定书。

1. 婚姻关系的存续是认定夫妻共同债务的必要条件

49 份裁判文书中的涉案债务均发生于夫妻婚姻关系存续期间，结合《夫妻共同债务解释》规定以及《民法典》第 1064 条，债务产生于婚姻关系存续期间是认定夫妻共同债务的必要条件，但需注意婚姻关系存续期间的债务并不一定为夫妻共同债务。例如，赫某、王某等民间借贷纠纷一案①，案涉债务虽然发生在王某、李某婚姻关系存续期间，但李某并未在借据中签字，李某对该笔债务并不知情更不清楚借款用途，同时王某的该笔债务明显超出了家庭日常生活所需，债权人也无证据证明事后取得了李某的追认，债权人也未能就案涉债务用于夫妻共同生活、共同生产经营或基于夫妻共同意思表示的事实进行举证，因此法院不认为该笔债务为王某个人债务，非夫妻共同债务。

2. 不存在《民法典》所列的例外情形

不存在我国《民法典》第 1065 条第 3 款规定的“夫妻对婚姻关系存续期间所得的财产约定归各自所有，夫或者妻一方对外所负的债务，相对人知道该约定的，以夫或者妻一方的个人财产清偿”情形，即债权人知道该夫妻双方约定为夫妻分别财产制。例如，关某、申某民间借贷纠纷一案②，法院认为关某、申某主张其夫妻之间实行分别财产制，但是未能证明债权人周某向其出借款项时知晓该情况，故无论关某与申某之间是否确实实行夫妻分别财产制，均不能产生对抗周某的法律效果，因此法院认定为夫妻共同债务。例如，吕某、卜某合同纠纷一案③，卜某和吕某离婚时约定 2000 年 12 月 4 日之后双方各自名下的债权、债务由各自享有和承担，但吕

---

① 详见辽宁省彰武县基层人民法院（2021）辽 0922 民初 3402 号民事判决书。

② 详见最高人民法院（2018）最高法民申 6055 号民事裁定书。

③ 详见最高人民法院（2019）最高法民再 37 号民事判决书。

某并未举证证明债权人卜某知道该约定内容，本案不属于我国《婚姻法》第19条第3款（现《民法典》第1065条第3款）规定的情形。李某、张某民间借贷纠纷一案[①]，法院认为因涉案借款发生在吕某与李某婚姻关系存续期间，在李某未提交证据证实吕某就涉案借款与张某明确约定为其个人债务，或者李某与吕某约定夫妻分别财产制，且张某知道该约定的情况下，原判决认定涉案借款属于吕某与李某的夫妻共同财产并无不当。

3. 债权人的举证责任不能苛求

适用我国《民法典》第1064条第2款规定，对于夫妻一方在婚姻关系存续期间以个人名义超出家庭日常生活需要所负的债务，债权人能举证证明该债务用于夫妻共同生活、共同生产经营或者基于夫妻双方共同意思表示。例如，周某、张某民间借贷纠纷一案[②]，案件中虽然张某的银行交易明细与屠某向周某支付的每一笔借款的支付时间不能一一对应，但金钱属于种类物，对于债权人屠某的举证证明责任不能过于苛求，同时在张某不能作出合理解释的情形下，法院认为债权人屠某已尽到举证证明责任。因此认定为夫妻共同债务。

4. 夫妻举债合意的认定

适用我国《民法典》第1064条第1款规定，夫妻双方对于该债务产生有合意，即夫妻双方共同签订借款协议；或该债务先由一方所负，但另一方采取主动还款等行为予以事后追认。例如，徐某与范某等案外人执行异议之诉纠纷一案[③]，周某为其配偶债务提供连带担保，应认定为其对该债务具有共同意思表示，该担保债务应认定为夫妻共同债务。赵某、××银行股份有限公司大连分行金融借

---

① 详见最高人民法院（2019）最高法民申5120号民事裁定书。

② 详见最高人民法院（2019）最高法民终306号民事判决书。

③ 详见最高人民法院（2018）最高法民申2069号民事裁定书。

款合同纠纷案[①]，案涉《最高额保证合同》《授信额度表》的签订时间在赵某与乔某的婚姻关系存续期间，虽未记载赵某为担保人，但赵某作为乔某的配偶，在《最高额保证合同》的担保人处签字，因此法院认为赵某认可该签字行为是作为配偶对乔某提供担保行为的确认，即使赵某并非案涉相关借款合同的保证人，乔某因担保行为所负债务亦应认定为夫妻共同债务。陈某、吕某民间借贷纠纷一案[②]，吕某与时某的借款关系发生于吕某与陈某夫妻关系存续期间，再审申请人提交的案外人李某与时某的通话录音内容显示，时某与陈某在纠纷发生前相识多年，双方亦曾经就案涉借款问题进行沟通，陈某对案涉借款事实的发生是明知的，体现了夫妻双方的共同意思表示。余某等与林某等民间借贷纠纷一案[③]，根据林某一审举示的录音证据，孙某对于本案全程参与，对借款数额、约定利率是认可的，且表示先将其 110 平方米左右的房产用于抵债，孙某上述体现共同举债意思表示的有关证据，能够证明债务系夫妻共同债务。傅某、缪某企业借贷纠纷一案[④]，法院认为本案 3000 万元款项是傅某与缪某夫妻关系存续期间所借，而且借款也是转账至缪某账户，后经缪某账户转给他人，这证明缪某对于 3000 万元借款知情并具体参与借款事宜。因此，二审判决判令傅某与缪某共同偿还 3000 万元借款，并无不当。

5. 夫妻一方以个人名义所借款项用于夫妻双方共同生产经营的认定

夫妻一方以个人名义所借款项用于夫妻双方共同生产经营。例

---

① 详见最高人民法院（2019）最高法民申 2216 号民事裁定书。
② 详见最高人民法院（2019）最高法民申 3422 号民事裁定书。
③ 详见最高人民法院（2019）最高法民申 1432 号民事裁定书。
④ 详见最高人民法院（2019）最高法民申 4170 号民事裁定书。

如，冯某、周某民间借贷纠纷一案[①]，周某主张两笔借款是冯某、朱某为了共同经营小额贷款公司，并且提供证据证明朱某、冯某分别担任吉林省××农业科技集团有限公司、通榆××生态草业开发有限公司、通榆××牧业有限公司董事长、监事长、执行董事、监事等职务，可见，冯某、朱某夫妻为上述三公司的实际控制人，夫妻二人共同经营该三家公司，结合夫妻二人共同经营公司的事实，原审法院认定为夫妻共同债务并无不当。胡某、崔某民间借贷纠纷一案[②]，崔某与胡某系夫妻关系，二人均系西安××商贸有限公司股东，存在共同经营行为。常某等与吴某民间借贷纠纷一案[③]，常某向吴某借款 1500 万元购买奥××生物科技股份有限公司股票，该股票应为常某与刘某的夫妻共同财产，而常某系奥××生物科技股份有限公司的股东、董事、总经理，其购买股票亦是夫妻共同生产经营的需要。

6. 共同债务的认定不仅看名义，还要看实质

（1）夫妻一方以个人名义所借款项最终流向夫妻双方共同财产。例如，陕西××房地产开发有限公司、廖某民间借贷纠纷一案[④]，案涉债务形成时，廖某系××房地产公司的大股东、法定代表人，廖某与陈某系夫妻关系，以廖某的名义投资形成的财产权益依法应属于夫妻共同财产，廖某以个人名义所借款项直接由××房地产公司使用，陈某与廖某的夫妻共同财产权益间接受益，因此最高院认为原审法院判决廖某与陈某应共同承担债务并无不当。钱某、顾某民间借贷纠纷一案[⑤]，案涉借款发生时，华某与顾某仍处于夫妻

① 详见最高人民法院（2018）最高法民申 3235 号民事裁定书。

② 详见最高人民法院（2019）最高法民申 3748 号民事裁定书。

③ 详见最高人民法院（2020）最高法民申 2690 号民事裁定书。

④ 详见最高人民法院（2019）最高法民申 463 号民事裁定书。

⑤ 详见最高人民法院（2020）最高法民申 5388 号民事裁定书。

关系存续期间，虽然华某系以其个人名义借款，但案涉借款系华某用于其名下相关置业公司的生产经营，根据华某与顾某的离婚财产分割协议，顾某分得家庭大部分财产，顾某尽管未直接参与共同经营却实际取得了华某生产经营活动的利益分配，故原审法院认定案涉借款属于夫妻共同债务并无不当。赵某与河南××农村商业银行股份有限公司等金融借款合同纠纷一案①，本案法院认定青×公司的经营收益已形成夫妻共同财产，而债务又系青×公司的经营所负，最高院认为二审法院综合认定案涉债务属于夫妻共同债务，适用法律并无不当。

（2）夫妻一方以个人名义借款，但用于家庭日常生活或另一方为实际使用人等。例如，李某、邹某合同纠纷一案②，法院认定煤矿出售的部分款项用于购置房屋，房屋产权人为邹某，一审据此认定李某才支付的案涉股权转让款用于李某夫妇家庭共同生活，因而邹某应对案涉债务承担共同给付责任。程某、陈某民间借贷纠纷一案③，根据原审查明的事实，程某与林某的借贷关系存续时间较长，借贷款项笔数亦较多，且借款用途主要为程某承揽、建设工程，而程某系与家人长期共同经营相关行业，所得收益亦显然用于家庭共同生活。

基于上述分析，法院依据《夫妻共同债务解释》、《民法典》第 1064 条认定夫妻共同债务，债务产生于夫妻双方婚姻关系存续期间是必要非充分条件，产生于婚姻关系存续期间的债务并非一定为夫妻共同债务，还要依据夫妻双方是否具有合意、借款是否用于家庭共同生活需要、共同生活生产经营以及债权人举证是否充分等结合判定。但在司法实务中，夫妻共同债务认定难点主要在于：

---

① 详见最高人民法院（2019）最高法民申 2302 号民事裁定书。
② 详见最高人民法院（2018）最高法民申 5406 号民事裁定书。
③ 详见最高人民法院（2018）最高法民申 750 号民事裁定书。

（1）如何认定该债务为夫妻双方共同意思表示，即“合意”认定的抽象性。意思表示可区分为明示的意思表示和默示的意思表示，基于夫妻双方明示的意思表示，如签字产生的债务认定，在司法实践中没有太大争议，但当夫妻一方以“配偶”或“共有人”名义签字时，该签字行为是否当然代表其举债的共同意思？即签字行为的作用是证明签字一方对其配偶的借款等产生债务的行为知情，知情能否等同于有举债的共同意思表示。基于默示的意思表示产生的债务认定在司法实践中具有一定争议，默示的意思表示如非举债一方的事后追认，包括明示的事后追认和默示的事后追认，如此种情形下则需要法官结合案件具体情形作出价值判断。

（2）如何认定该债务用于家庭日常生活需要，即“家事范围”边界不清。基于家庭日常生活需要的夫妻共同债务在司法实践中主要以金额和用途作为认定标准，一般认为数额较大的借款不属于“家事范围”，但仅依据数额大小而忽略借款用途的认定方式仍然存在风险，因此如何结合金额与用途双重标准划清“家事范围”是一大难题。

（3）如何认定该债务用于共同生活、共同生产经营，即“共同性”识别困难。在司法实践中，主要凭借对非举债配偶的收入、消费情况等日常生活经验判断是否属于“共同生活”，通过经营活动的性质及夫妻双方地位、作用等判断是否属于“共同生产经营”，但对于“共同生活”“共同生产经营”理解仍然存在歧义。

三、夫妻共同债务认定的典型类型

本书将夫妻共同债务划分为三类，分别对共同债务的认定进行讨论分析。

（一）基于“共同意思表示”的夫妻共同债务认定

如何认定夫妻共同债务一直是实践中的焦点问题。《夫妻共同债务解释》摒弃了“共债推定”原则，以“共签共债”为主、“特别共债”为辅作为新的裁判思路，并被《民法典》第 1064 条沿袭。基于夫妻双方共同意思表示所形成的债务，首先规定的是夫妻共同债务类型，足见其重要性。

1. 法律之规定

《民法典》第 1064 条规定：“夫妻双方共同签名或者夫妻一方事后追认等共同意思表示所负的债务，以及夫妻一方在婚姻关系存续期间以个人名义为家庭日常生活需要所负的债务，属于夫妻共同债务。夫妻一方在婚姻关系存续期间以个人名义超出家庭日常生活需要所负的债务，不属于夫妻共同债务；但是，债权人能够证明该债务用于夫妻共同生活、共同生产经营或者基于夫妻双方共同意思表示的除外。”

《夫妻共同债务解释》第 1 条规定：“夫妻双方共同签字或者夫妻一方事后追认等共同意思表示所负的债务，应当认定为夫妻共同债务。”

《夫妻共同债务解释》第 3 条规定：“夫妻一方在婚姻关系存续期间以个人名义超出家庭日常生活需要所负的债务，债权人以属于夫妻共同债务为由主张权利的，人民法院不予支持，但债权人能够证明该债务用于夫妻共同生活、共同生产经营或者基于夫妻双方共同意思表示的除外。”

2. 司法实践

《民法典》第 1064 条第 1 款明确列举了夫妻双方共同签字以及一方签字，另一方事后追认两种夫妻共同意思表示的形式。如果夫妻双方均事前签字，则属于共债共签的夫妻共同债务；如果一方签字，另一方事后签字或者明确承认为夫妻共同债务，则构成追认。从法条中的“等”字来看，除上述两种明示夫妻共同意思表示的典型形式外，其他默示的意思表示也有可能被认定为夫妻共同意思表示，如债务人配偶还款、债务人配偶收受借款等。

通过对相关案例梳理发现，在涉及夫妻共同意思表示的夫妻共同债务案例中，对于有明示的夫妻双方共同举债合意的案例，即夫妻双方以债务人身份共同签名或者夫妻一方知晓债务后明确表示同意履行债务的，司法实践中几乎一致认定为夫妻共同债务；如果没有明示的夫妻举债合意，需要通过各种行为来推定夫妻是否存在举债合意的，司法实务中存在同行为不同认定。

（1）存在明示意思表示，即债务有夫妻双方共同签名或事后追认。夫妻双方在合同上共同签字是典型的共债共签，如夫妻共同签订欠条、借款合同或夫妻共同债务认定书等。夫妻双方均认可自己为借款合同等法律关系的债务人一方时，双方共同签名系明示的夫妻举债合意，在司法实务中认定为夫妻共同债务并无争议。但是，双方签字的内容不一样时，是否还能认定双方具有举债合意需要进行分析。

①夫妻双方均以债务人身份签字。[①] 当夫妻双方明示债务人身份时，可直接根据相关证据认定存在夫妻共同举债合意，即可直接适用《夫妻共同债务解释》第1条或《民法典》第1064条第1款规定，此种情况在司法实务中并无争议。

---

① （2020）最高法民再330号：保山市××典当行有限公司、刘某云民间借贷纠纷再审民事判决书：法院认为，王某、刘某云于2013年7月2日与××典当行签订《抵押合同》。合同首部载明，甲方为××典当行，乙方为刘某云、王某。其中，刘某云、王某标注为抵押人和债务人。合同还约定，乙方与甲方于2013年7月2日签订了《承包协议》，甲方出借给乙方1000万元。鉴于王某已作为债务人在《抵押合同》中签字，故应当认定刘某云、王某就案涉债务承担共同还款责任。从另一个角度来看，王某与刘某云在签订《抵押合同》时系夫妻关系，依照《夫妻共同债务解释》第1条“夫妻双方共同签字或者夫妻一方事后追认等共同意思表示所负的债务，应当认定为夫妻共同债务”的规定，王某亦应与刘某云承担共同还款责任。

②夫妻非举债方以配偶身份签字。[①] 实践中普遍存在夫妻一方为举债方、另一方在合同中的配偶处签字的情形。有法院认为该签字仅用于证明夫妻关系的存在，配偶方不应承担还款责任。但也有法院认为在借款人配偶处签名可以认定为其知晓并认可该借款，应认定为有共同举债的合意。签名本身并不包含任何表示内容，需要结合其他事实进行解释。例如，在民间借贷中，他人单纯在借据、收据、欠条等债权凭证或者借款合同上签名且通过其他事实不能推定其为保证人，保证合同不成立。同理，如果夫妻一方仅以债务人配偶身份签名，也需结合其他事实解释签名的真实意思表示，而不宜直接认定为具有共同举债的合意。

以配偶身份签字的行为会让债权人产生合理信赖，若配偶一方未有受债务约束的意愿，应及时表露真意。此外，依照一般交易习惯，如在特定行业中，存在配偶签字即为共同承担责任的商业习惯，此时以配偶身份签字视为具有举债合意，需共同承担债务。交

---

① （2019）京民终 1463 号：牟某等与珠海金宝汇××投资中心（有限合伙）股权转让纠纷二审民事判决书：法院认为，案涉《回购协议》于 2016 年 9 月 14 日签订，牟某作为冯某的配偶，也于当日在协议上签字确认。2018 年 6 月 27 日，牟某与冯某离婚。故在《回购协议》签订时，牟某与冯某仍系夫妻关系。《夫妻共同债务解释》第 1 条规定：夫妻双方共同签字或者夫妻一方事后追认等共同意思表示所负的债务，应当认定为夫妻共同债务。牟某与冯某二人共同在《回购协议》上签字，应属夫妻共同之债。

（2019）鄂 03 民终 2965 号：江某、兴业银行股份有限公司××分行金融借款合同纠纷二审民事判决书：本院认为：上诉人江某作为原审被告赵某的配偶，其仅在兴××（最高额保证）字 16××第 SY×××号《最高额保证合同》后附的保证人配偶特别承诺处签字，仅表明其知悉其配偶作为保证人为本案债务提供保证，并同意以夫妻共同财产为借款本息提供连带责任担保，但其个人并无为本案债务提供保证的意思表示，故被上诉人兴业银行股份有限公司××分行要求上诉人江某对本案债务承担连带保证责任，没有依据，应不予支持。

易习惯对于意思表示的理解可以产生重要作用。然而，对于配偶一方以证明人、见证人等身份签字时，可以推断出其明确拒绝共同负担债务的意愿，其对债务虽知情，但证明人、见证人等身份并不会引起交易对方的合理信赖。

③夫妻非举债方以担保人身份签字。[①] 在司法实务中，如果债务人配偶并未以合同主体身份在同一份合同上签名，而是以保证人身份在合同书上签名或者在事后单独进行保证，法院多将此种行为认定为夫妻共同意思表示。然而，在财产法上，虽然担保合同从属

---

① （2019）最高法民申2216号：赵某、阜新银行股份有限公司大连分行金融借款合同纠纷再审审查与审判监督民事裁定书：法院认为，案涉《最高额保证合同》《授信额度表》的签订时间在赵某与乔某的婚姻关系存续期间，虽未记载赵某为担保人，但赵某作为乔某的配偶，在《最高额保证合同》的担保人处签字。赵某亦认可该签字行为是作为配偶对乔某提供担保行为的确认。根据司法解释规定，乔某是案涉借款合同的保证人，赵某与乔某是夫妻关系。即使赵某并非案涉相关借款合同的保证人，乔某因担保行为所负债务亦应认定为夫妻共同债务，即由赵某与乔某共同对大连××经贸有限公司所欠债务承担连带保证责任。

（2019）辽02民终2625号：张某武、林某芬金融借款合同纠纷二审民事判决书：一审法院认为，民生银行大连分行与张某武签订的《综合授信合同》，与张某武、林某芬签订的《最高额担保合同》、与东北亚公司签订的《最高额担保合同》均系双方当事人的真实意思表示，依法具有法律约束力，各方均应依照约定履行合同义务。张某武向民生银行大连分行申请贷款，并同意接受双方所签订的合同中条款的约束，其在使用民生银行大连分行提供的款项后，理应依约还款，不履行或履行义务有瑕疵，应承担相应的法律责任。张某武与林某芬系夫妻关系，其应对夫妻关系存续期间的债务承担共同清偿责任。二审法院则认为，林某芬在《最高额担保合同》上以张某武配偶的名义签字，且在《小微授信申请表》上签字确认，表明其同意以夫妻共同财产对案涉债务承担连带偿还责任。虽案涉借款发生于林某芬与张某武婚姻关系存续期间，但林某芬并未以借款人的身份在《综合授信合同》上签字，其并非本案的共同借款人，一审判决认定林某芬对案涉债务承担共同还款责任错误，二审法院予以纠正。

于主合同，但二者属于不同的法律行为，即使担保条款附属于主合同文本，也并非同一法律行为，担保人与主合同的债务人并非共同意思表示人。一般情况下，保证期间经过，保证人即被免除责任。如果将债务人配偶的保证行为直接作为夫妻共同意思表示，则可能导致法律对保证人的保护被架空——即使保证期间经过保证人不承担保证责任，债权人仍可以夫妻共同债务规范为基础要求作为保证人的配偶承担连带清偿责任。

因此，作为保证人的夫妻非举债方欲享受法律对保证人的保护，需要在订立保证合同的同时明确排除共同债务规则的适用。如果夫妻一方在为另一方的债务提供保证时未表明其身份，亦未形成可信赖的夫妻身份外观，则此时不宜将其保证行为认定为夫妻共同意思表示，其仍可享受法律对保证人提供的特殊保护，以平衡双方的利益。

④夫妻非举债方事后追认。[①]《民法典》第 1064 条第 1 款所规定的夫妻合意除双方在举债时形成之外，亦包括一方举债，另一方事后追认的情形。明示意思表示下的追认需配偶另一方作出明确的意思表示，其意思表示内容需为认可该债务并具有责任承担的意愿。需要明确的是明示追认的意思表示需体现出承担债务的意愿，可以通过电话、短信、微信聊天记录等形式明示，否则并不能构成

---

① （2020）川 08 民终 700 号：何某芳、罗某元民间借贷纠纷二审民事判决书：一审法院认为，《夫妻共同债务解释》第 1 条规定："夫妻双方共同签字或者夫妻一方事后追认等共同意思表示所负的债务，应当认定为夫妻共同债务。"本案被告何某芳与胥某星系夫妻关系，案涉债务形成于婚姻关系存续期间，胥某星因交通事故死亡后，根据原、被告之间的通话记录，能够认定被告同意对案涉债务进行偿还这一事实，现被告对债务予以否认，有悖诚信。二审法院认为，根据被上诉人提供的电话录音，上诉人对其夫胥某星借钱一事是知道的，只是表示对金额不太清楚；上诉人在了解到借款金额后，明确表示愿意偿还，故一审法院按照夫妻共同债务处理并无不妥。

有效的明示追认。

（2）无明示意思表示，需要推定夫妻是否存在举债合意。根据《民法典》第 140 条的规定，意思表示有明示和默示两种形式。此外，沉默为单纯的不作为，不属于意思表示，只有在法律规定、当事人约定或者符合当事人之间的交易习惯时视为意思表示，拟制其发生意思表示的效果。当夫妻一方以自己名义举债时，配偶另一方亦可能以默示的方式与其成立共同意思表示，如代为签字行为、积极收款行为、还款行为（包括偿还本金和利息）以及与另一方互相转入转出案涉借款。

①借款发生时夫妻非举债方在场但没签字。[①] 借条上只有夫妻一方签名时，因缺乏明示的意思表示，即使借款发生时夫妻非举债方在场，也不一定能认定夫妻双方有共同举债的合意。

②债权人将涉案钱款转入夫妻非举债方账户或夫妻非举债方账

① （2019）吉 2404 民初 864 号：王某与周某玲民间借贷纠纷一审民事判决书：法院认为，赵某龙生前与王某因购买金属锡所产生的借款，欠据中没有周某玲签字，虽然周某玲在场，但没有共同借款的意思表示，事后未予追认。且借款也不是为家庭日常生活需要所负。而王某亦没有证据证明该借款用于赵某龙与周某玲夫妻共同生活、共同生产经营中，故无法认定 61500 元为夫妻共同债务。对王某以该借款属于夫妻共同债务为由要求周某玲还款的请求，法院不予支持。（2019）川 0521 民初 3733 号：胡某华与钟某树、张某莲民间借贷纠纷一审民事判决书：法院认为，虽然被告向原告出具的借条上只有钟某树的签名，但借款的过程中其妻子张某莲均在场，且该借款发生于其夫妻关系存续期间，根据《婚姻法司法解释二》第 24 条，《夫妻共同债务解释》第 3 条的规定，应视为夫妻共同债务，由二被告共同偿还。

户向债权人账户转钱还款。[①] 一种裁判思维是夫妻非举债方没有签

---

① （2020）最高法民申 2579 号：金某利、胡某德民间借贷纠纷再审审查与审判监督民事裁定书：法院认为，金某利主张蒋某、金某利和胡某德、陈某萍之间存在上千笔银行流水，金额大、时间跨度长。而从二审查明事实来看，金某利、蒋某和胡某德、陈某萍是老乡，第一笔借款发生在 2011 年。从日常经验判断，两个家庭相识已久，作为配偶，金某利对于蒋某与胡某德一方之间长达数年，多达上千笔，累计金额巨大的借款关系不可能不知情，而金某利还款给胡某德的银行流水恰恰说明其对双方的借款是知情的，且也有借款的意思表示，甚至是参与其中。故，案涉 3995 万元债务应认定为夫妻共同债务，金某利应对借款本息承担还款责任。

（2019）最高法民申 4170 号：傅某、缪某企业借贷纠纷再审审查与审判监督民事裁定书：法院认为，本案 3000 万元借款是傅某与缪某夫妻关系存续期间所借，而且借款也是转账至缪某账户，后经缪某账户转给他人，这证明缪某对于 3000 万元借款知情并具体参与借款事宜。因此，二审判决判令傅某与缪某共同偿还 3000 万元借款，并无不当。

（2019）最高法民申 4739 号：张某丽、郑某峰民间借贷纠纷再审审查与审判监督民事裁定书：法院认为，本案两份借款合同虽由郑某峰与××公司签署，但案涉借款均发生在郑某峰与张某丽夫妻关系存续期间，且张某丽在借款发生期间与郑某峰共同经营多家企业，郑某峰对××公司所负债务应当认定为夫妻共同债务，张某丽应当承担共同的还款责任。张某丽多次向××公司还款，也构成对借款合同的事后追认。

（2019）豫 1322 民初 1720 号：赵某旺与苑某宝、王某民间借贷纠纷一审民事判决书：法院认为，赵某旺与苑某宝该笔借款被告王某未在借条上签字，凭原告将借款存入被告王某的账户就推定被告王某追认缺乏法律依据，有违“共签共债”原则。

（2019）豫 0103 民初 11650 号：康某与冯某涛、李某平民间借贷纠纷一审民事判决书：法院认为：涉案借款虽然发生在冯某涛与李某平婚姻关系存续期间，但该款项系冯某涛经营××公司期间的公司投资项目，并非出借款项，是冯某涛与李某平的夫妻共同债务，冯某涛与李某平已于 2012 年 10 月 10 日离婚，虽然李某平于 2015 年 10 月至 2018 年 12 月期间每月向康某还款，但冯某涛与李某平均称李某平系受冯某涛委托还款，且康某也没有其他证据证明冯某涛承诺还款后李某平对该笔债务予以认可，故涉案债务不应认定为冯某涛与李某平的夫妻共同债务。

字，仅凭钱款转入夫妻非举债方账户就推定夫妻非举债方追认缺乏法律依据。同理，仅凭夫妻非举债方的还款行为不能达到证明夫妻共同债务的高度盖然性。另一种裁判思维则认为既然涉案钱款已经转入了夫妻非举债方，相当于夫妻一方收钱一方出具借条，存在举债合意。持此种裁判思维的法院认为，夫妻非举债方接受借款或向债权人还款的行为已经构成对债务的追认，此时债务应当认定为夫妻共同债务。

③夫妻非举债方对债务知情。[①] 对默示的夫妻共同意思表示的

---

① （2019）最高法民申3422号：陈某江、吕某云民间借贷纠纷再审审查与审判监督民事裁定书：法院认为，本案中，吕某云与时某明的借款关系发生于吕某云与陈某江夫妻关系存续期间。再审申请人提交的案外人李某与时某明的通话录音内容显示，时某明与陈某江在纠纷发生前相识多年，双方亦曾经就案涉借款问题进行沟通，陈某江对案涉借款事实的发生是明知的，体现了夫妻双方的共同意思表示。原判决认定案涉债务形成于陈某江、吕某云夫妻关系存续期间，时某明要求陈某江、吕某云对案涉债务共同承担偿还责任的主张成立，并无不当。

（2019）湘0105民初3796号：彭某奇与张某松、鲁某梅民间借贷纠纷一审民事判决书：法院认为，《夫妻共同债务解释》第1条规定，夫妻双方共同签字或者夫妻一方事后追认等共同意思表示所负的债务，应当认定为夫妻共同债务。第2条规定，夫妻一方在婚姻关系存续期间以个人名义为家庭日常生活需要所负的债务，债权人以属于夫妻共同债务为由主张权利的，人民法院应予支持。第3条规定，夫妻一方在婚姻关系存续期间以个人名义超出家庭日常生活需要所负的债务，债权人以属于夫妻共同债务为由主张权利的，人民法院不予支持，但债权人能够证明该债务用于夫妻共同生活、共同生产经营或者基于夫妻双方共同意思表示的除外。本案中，被告鲁某梅未在借条上签字，事后予以否认，且借款金额明显超出家庭日常生活开支，故根据上述规定的第1条、第2条不能认定为夫妻共同债务。原、被告系邻居，被告鲁某梅应当知情，但知情并不表示同意，原告亦未举证证明该债务用于夫妻共同生活、共同生产经营或基于夫妻共同意思表示，故根据上述解释的第3条，也不能认定为夫妻共同债务。

认定，关键在于把握意思表示的“共同性”。不仅要保障债务人配偶的知情权，更要保障其同意权。例如，在“一方签字另一方同意”的情形中，债务人配偶一方不仅需要知道债务的存在，更应有对债务认可、同意的表示。因此，在判断债务人配偶的意思表示时，应坚持“知情不等于同意”“知情不等于追认”，避免发生从债务人配偶的“同意”向债务人配偶的“简单知情”过渡这一不恰当的现象。

对于债务人配偶的沉默，应谨慎认定其意思表示。例如，债务人配偶代债务人书写借条。代书行为至多表明夫妻非举债方对债务知情，其既未签名亦未作出任何表示，不存在与签名相当的高度盖然性，实际上属于单纯的沉默，不宜解释为夫妻共同意思表示。

（二）基于“家庭日常生活需要”的夫妻共同债务认定

1. 法律之规定

《夫妻共同债务解释》第 3 条规定：“夫妻一方在婚姻关系存续期间以个人名义超出家庭日常生活需要所负的债务，债权人以属

（接上页注）（2019）川 1524 民初 925 号：徐某华与刘某、葛某民间借贷纠纷一审民事判决书：原告徐某华提交了微信聊天记录截屏拟证明被告刘某借钱时得到了被告葛某的支持，因此该债务属于二被告的夫妻共同债务。法院认为，通过微信聊天的记录显示，原告徐某华曾找过被告葛某，要求还钱，但被告葛某并没有明确与被告刘某共同还款的意思表示，原告未提交其他证据证明该借款是用于二被告夫妻共同生活、共同生产经营，或该借款所获利益是用于家庭共同开支，故对于原告主张该债务属于夫妻共同债务，法院不予支持，法院认定该借款属于被告刘某的个人债务。

于夫妻共同债务为由主张权利的，人民法院不予支持，但债权人能够证明该债务用于夫妻共同生活、共同生产经营或者基于夫妻双方共同意思表示的除外。"

《夫妻共同债务解释》第2条规定："夫妻一方在婚姻关系存续期间以个人名义为家庭日常生活需要所负的债务，债权人以属于夫妻共同债务为由主张权利的，人民法院应予支持。"

《浙江省高级人民法院关于妥善审理涉夫妻债务纠纷案件的通知》第2条第2款进一步确认："以下情形，可作为各级法院认定'为家庭日常生活需要所负债务'的考量因素：(1) 单笔举债或对同一债权人举债金额在20万元（含本数）以下的；(2) 举债金额与举债时家庭收入状况、消费形态基本合理匹配的；(3) 交易时债权人已尽谨慎注意义务，经审查举债人及其家庭支出需求、借款用途等，有充分理由相信债务确系为家庭日常生活需要所负的"。

该通知第2条第3款规定："以下情形，可作为各级法院认定'超出家庭日常生活需要所负债务'的考量因素：(1) 单笔举债或对同一债权人举债金额在20万元以上的；(2) 债务发生于夫妻分居、离婚诉讼等夫妻关系不安宁期间，债权人知道或应当知道的；(3) 出借人明知借款人负债累累、信用不佳，或在前债未还情况下仍继续出借款项的；(4) 借贷双方约定高额利息，与正常生活所需明显不符的。"

该通知第2条第4款规定："具体案件审理时，应注意引导各方当事人积极举证。举债发生于父母子女、兄弟姐妹等密切关系主体之间的，债权人理应对举债人的生活状况、夫妻关系较常人更为了解，这种情形下对债务是否为家庭日常生活需要所负的审查应严于一般主体，在举证责任分配上也可依职权适当加重债权人的举证责任。"

2. 司法实践

在“家庭日常生活需要”标准的确认上，大部分裁判者普遍采取了金额标准、用途标准或二者结合的客观标准。客观标准符合学说上认可的“日常家事代理的首要目标是强化配偶之间的生活共同体而非保护交易安全”的法理。但是，司法实践中部分裁判者采取的单纯的金额标准或用途标准均存在不足。就单纯的金额标准而言，已有判例表明，多笔小额债务有叠加为巨额债务的风险。

就单纯的用途标准而言，即使“衣食住行”属于“家庭日常生活需要”，但部分法院将购置房产、购买机动车也纳入日常家事代理的范畴的做法并不妥当。此类对夫妻共同生活有重大影响的交易，不属于家庭日常生活需要的范围。这是为了保障非举债方对重大交易事项的决策权，同时亦无必要在债权人的风险控制成本更低时通过让配偶双方承担连带责任对之进行保护。类似地，奢侈性消费或过度消费也不应包括在日常。

(1) 以金额标准作为“为家庭日常生活需要所负债务”的认定标准。

①金额标准无疑在判断“家庭日常生活需要”中有重要意义。依据日常家事代理的法理，法院一般都认可，数额较大的借款不属

于“家庭日常生活需要”的范围。①

---

① （2018）闽民终 1529 号：王某萍、王某园民间借贷纠纷二审民事判决书：本院认为，对于本案债务是否为林某胜与王某园夫妻共同债务，《夫妻共同债务解释》第 3 条规定：“夫妻一方在婚姻关系存续期间以个人名义超出家庭日常生活需要所负的债务，债权人以属于夫妻共同债务为由主张权利的，人民法院不予支持，但债权人能够证明该债务用于夫妻共同生活、共同生产经营或者基于夫妻双方共同意思表示的除外。”本案王某园在与林某胜婚姻关系存续期间以其个人名义向王某萍借款 500 万元，明显超出家庭日常生活需要，王某萍未能提供证据证明该债务用于夫妻共同生活、共同生产经营或者基于夫妻双方共同意思表示，故不能认定该债务为夫妻共同债务，一审法院判决林某胜不承担共同还款责任并无不当。王某萍主张本案债务应认定为夫妻共同债务，缺乏证据支持，本院不予采纳。

（2019）琼民申 107 号：闪某与张某莹、唐某策等民间借贷纠纷再审审查与审判监督民事裁定书：法院认为，（1）关于张某莹是否应对涉案借款承担共同偿还责任的问题。根据《夫妻共同债务解释》第 3 条规定，夫妻一方在婚姻关系存续期间以个人名义超出家庭日常生活所负的债务，债权人以属于夫妻共同债务为由主张权利的，人民法院不予支持，但债权人能够证明该债务用于夫妻共同生活、共同生产经营或者基于夫妻双方共同意思表示的除外。涉案债务虽发生在唐某和张某莹夫妻关系存续期间，但该笔债务显然超出家庭日常生活所需，且闪某提交的证据不能证明该笔债务用于夫妻共同生活、共同生产或者基于夫妻双方共同意思表示，因此，二审判决认定该笔债务不属于唐某和张某莹夫妻关系存续期间的共同债务，未支持闪某关于张某莹对该笔债务承担共同偿还责任的主张并无不当。（2）关于闪某主张撤销唐某策名下的两套房产登记，并判决唐某策对唐某的借款承担连带偿还责任的问题。因撤销唐某策名下的两套房产登记已超出闪某一审和二审的诉讼请求，该请求不属于再审审查范围。二审判决已支持闪某关于唐某策对涉案债务承担连带清偿责任的主张，闪某对此缺乏再审利益，故对其该请求不再审查。（3）关于闪某申请法院调查取证未获准许的问题。因当事人申请调查收集证据，必须提供相关线索，且对待证事实无意义或其他无调查收集必要的，法院应依法不予准许。因从唐某的银行账户转账情况已能看出其资金流向，二审法院未准许闪某调查取证的申请并未违反法律规定。综上，闪某的再审申请不符合《中华人民共和国民事诉讼法》第 200 条第 1 项、第 2 项、第 3 项、第 4 项、第 5 项、第 6 项、第 11 项规定。

②一部分法院仅依据债务金额径行对债务是否属于“家庭日常生活需要”作出判断，不再进一步分析借款的用途。然而，将金额较小的债务直接认定为基于“家庭日常生活需要”的债务存在风险。因为单笔金额较小的债务亦有可能叠加为巨额债务。事实上，多笔以“家庭日常生活需要”认定的夫妻共同债务，总额逾百万元的案例并不鲜见。①

③有法院在无法查知举债目的时，转而通过考量债务金额判断债务性质。例如，有法院认为，由于现有证据“无法从借款目的或用途判断案涉款项是否为家庭日常生活所需”，因此“仅能从借款

① （2019）渝民申37号：邹某静与周某、杜某志民间借贷纠纷申请再审民事裁定书：法院认为，关于本案所涉债务是否属于夫妻共同债务的问题。经审查，周某与邹某静于2011年10月18日登记结婚，于2015年4月3日登记离婚，周某的债务发生在双方婚姻关系存续期间。《夫妻共同债务解释》第2条规定：“夫妻一方在婚姻关系存续期间以个人名义为家庭日常生活需要所负的债务，债权人以属于夫妻共同债务为由主张权利的，人民法院应予支持”。本案中，周某在与邹某静的婚姻关系存续期间，以个人名义对杜某志负债10万元，并未超出家庭日常生活需要的范围，一、二审法院判决邹某静对该债务承担共同偿还责任并无不当。邹某静申请再审称该债务不是夫妻共同债务的理由不能成立。

（2018）渝民申2403号：况某与李某中委托合同纠纷申请再审民事裁定书：法院认为，本案争议的焦点是案涉债务是否属于况某与李某华的夫妻共同债务。首先，原审已查明本案所涉债务发生于况某与李某华夫妻关系存续期间。从原审李某中提交的况某与李某华的结婚证、况某在房管所的工作证等证据看，李某中等人是基于况某在房管所工作的便利才将委托事务交与李某华处理，虽然该协议是以李某华个人名义签订，但原审认定况某应当知晓该委托事务，符合《最高人民法院关于适用〈中华人民共和国民事诉讼法〉的解释》第108条第1款规定的高度盖然性的证明标准。对于况某提出其并不知晓该委托事务的申请理由，因没有充分证据予以证明，法院不予支持。其次，本案所涉债务金额为2万元，按照本地的生活水平和一般生活经验，该债务金额并未超出家庭日常生活需要，并不属于《夫妻共同债务解释》第3条规定的情形。原审将案涉债务认定为李某华、况某的夫妻共同债务并无不当。

款项金额进行推定”。[①]

---

① （2019）鄂民申387号：覃某与周某等民间借贷纠纷再审案：法院认为，关于夫妻债务的认定，《夫妻共同债务解释》第1条规定，“夫妻双方共同签字或者夫妻一方事后追认等共同意思表示所负的债务，应当认定为夫妻共同债务”。第2条规定，“夫妻一方在婚姻关系存续期间以个人名义为家庭日常生活需要所负的债务，债权人以属于夫妻共同债务为由主张权利的，人民法院应予支持”。第3条规定，“夫妻一方在婚姻关系存续期间以个人名义超出家庭日常生活需要所负的债务，债权人以属于夫妻共同债务为由主张权利的，人民法院不予支持，但债权人能够证明该债务用于夫妻共同生活、共同生产经营或者基于夫妻双方共同意思表示的除外”。结合上述三条司法解释的规定，如案涉债务符合以下三种情形，则可认定为史某、覃某婚姻关系存续期间的共同债务：（1）该债务由夫妻双方共同签字或者虽为夫妻一方签字，但存在另一方事后追认等共同意思表示；（2）若该债务系夫妻一方在婚姻关系存续期间以个人名义所负债务，则该债务应属于家庭日常生活所需；（3）若该债务系夫妻一方在婚姻关系存续期间以个人名义所负债务，且不属于家庭日常生活所需，但债权人能够证明该债务用于夫妻共同生活、共同生产经营或者基于夫妻双方共同意思表示。

关于共同借款意思表示的问题。本案中，案涉《借款合同》及《共同还款承诺书》均有覃某、史某的签名、捺印。覃某认为案涉借款不属于其与史某共同意思表示，对上述《借款合同》《共同还款承诺书》上其本人的签名、捺印的真实性提出异议。《最高人民法院关于适用〈中华人民共和国民事诉讼法〉的解释》第90条规定：“当事人对自己提出的诉讼请求所依据的事实或者反驳对方诉讼请求所依据的事实，应当提供证据加以证明，但法律另有规定的除外。在作出判决前，当事人未能提供证据或者证据不足以证明其事实主张的，由负有举证证明责任的当事人承担不利的后果。”覃某应举证证明上述签名、捺印系伪造。一审中，因一审法院送达瑕疵，覃某未参加案件审理，未对上述签名、捺印真实性提出异议并加以证明，该举证不能的过错不应归因于覃某。二审中，覃某于2018年5月30日（二审询问后）向二审法院提交《笔迹鉴定申请书》，请求人民法院对上述签名、捺印的真实性进行鉴定。2002年4月1日起施行的《最高人民法院关于民事诉讼证据的若干规定》第25条第1款规定：“当事人申请鉴定，应当在举证期限内提出。……”覃某申请笔迹鉴定已属逾期。但上述笔迹鉴定涉及覃某是否具有与史某共同借款的意思表示，案涉债务能否认定为覃某、史某夫妻共同债务，覃某是否应该承担共同还款责任，因此，该鉴定结果属于与案件基本事实有关的证据。《最高人民法院关于适用〈中华人民共和国民事诉讼法〉的解释》第102条第1款规定：

（2）以用途标准认定“家庭日常生活需要”。

①关于“家庭日常生活”的范围，大部分法院的理解较为近

(接上页注)“当事人因故意或者重大过失逾期提供的证据，人民法院不予采纳。但该证据与案件基本事实有关的，人民法院应当采纳……”二审法院对覃某的鉴定申请应予准许。因二审法院对覃某的上述鉴定申请不予准许，致使覃某无法就上述签名、捺印系伪造的事实提供证据加以证明，该举证不力的责任不应由覃某承担。结合周某、韩某陈述不清楚覃某的签字是否作假，当时是史某将借款凭证带回去给覃某签字的，且虽主张覃某曾经还款，但并未举证证明的情况，即无证据证明覃某事后追认案涉借款，故根据现有证据不能认定覃某就案涉债务作出了与史某共同借款的意思表示。

根据上述分析，在不能认定覃某就案涉债务作出了与史某共同借款的意思表示的情况下，应根据《夫妻共同债务解释》第2条、第3条有关夫妻一方在婚姻关系存续期间以个人名义所负债务能否认定为夫妻共同债务的规定判断该债务能否认定为覃某、史某夫妻关系存续期间的共同债务。第一，上述司法解释第2条规定，夫妻一方在婚姻关系存续期间以个人名义所负债务，且该债务属于家庭日常生活所需，应认定该债务系夫妻共同债务。此种情形下的债务与日常家事代理行为相关，即日常家事代理行为所产生的债务系夫妻共同债务。这里的“家庭日常生活所需”应界定为正常的衣食消费、日用品购买、子女抚养教育、老人赡养等通常情况下，必要的家庭日常生活所需。由于现有证据不能证实史某借款的目的和用途，无法从借款目的或用途判断案涉款项是否为史某、覃某夫妻关系存续期间家庭日常生活所需，仅能从所借款项金额进行推定。既然是“日常家事代理”“日常生活所需”，其数额必然不大，否则，便超出了日常家事代理的范围。本案所涉债务本金为285000元。从款项金额看，该款项超出了“日常家事代理”“日常生活所需”等范畴，不符合上述司法解释第2条的条件，不能据此认定案涉借款系史某、覃某夫妻共同债务。第二，在债务超出“家庭日常生活所需”的范畴时，应适用司法解释第3条的规定，即由债权人举证证明该债务用于夫妻共同生活、共同生产经营或者基于夫妻双方共同意思表示，而不应由人民法院根据覃某曾在史某经营的公司长期工作的事实推定史某经营公司所得的收益是用于其与覃某的共同家庭生活。原审中，因周某、韩某未提交证据证明案涉借款用于史某、覃某夫妻共同生活、共同生产经营，也没有提交证据证明案涉借款基于夫妻双方共同意思表示，周某、韩某应承担举证不能的不利后果。且即使史某借款后用于公司经营，亦不能仅因覃某曾在史某持股的公司长期工作的事实就必然推定该公司所得收益用于史某与覃某的共同家庭生活。

似，即包括夫妻双方及其共同生活的未成年子女在日常生活中的必要开支事项，如正常的衣食住行消费、日用品购买、医疗保健、子女教育、老人赡养、文化消费等。[①]

②即使债务数额较高，在目的上属于“家庭日常生活需要”的债务也被一些法院认定为夫妻共同债务。例如，有法院认定举债方借款 20 万元购买家具属于“家庭日常生活需要”。[②]

---

① （2018）吉民再 251 号：长春××会务有限公司与再审申请人邵某绪、马某民间借贷纠纷再审判决书：法院认为，夫妻共同债务的认定标准为，夫妻有共同举债合意或者借款用于婚后家庭生活。本案邵某绪的借款系在其实际控制公司经营和婚姻关系存续期间发生的，借款时间跨度较长，单笔借款金额较小且未超过家庭日常生活需要，借款频率较高，部分借款用途直接标明为偿还房贷、采暖费、物业费、二人女儿邵某宜学费及出国费用等；部分款项直接注明给付马某，借款的性质与家庭生活有关，借款的受益人直接归属于邵某绪和马某二人。故二审判决马某就婚姻关系存续期间的借款与邵某绪共同偿还借款，并无不当。

② （2019）晋民申 42 号：赵某青与中国建设银行股份有限公司山西省分行、朱某宏金融借款合同纠纷再审审查与审判监督民事裁定书：法院认为，被申请人朱某宏与被申请人中国建设银行股份有限公司山西省分行签订的《个人消费额度借款合同》合法有效，被申请人中国建设银行股份有限公司山西省分行依约向被申请人朱某宏发放借款 20 万元，借款到期后被申请人朱某宏未能偿还借款本息，已构成违约，应按照合同约定承担偿还本息义务。关于再审申请人赵某青对该笔借款是否应承担共同还款责任的问题。本案借款发生在被申请人朱某宏与再审申请人赵某青婚姻关系存续期间，中国建设银行股份有限公司山西省分行提交的证据显示借款用于购买家具，而购买家具属于家庭日常生活用品的范围。根据《夫妻共同债务解释》第 2 条的规定，一、二审判决认定该笔借款为夫妻共同债务，再审申请人赵某青应承担共同还款责任并无不当，故再审申请人赵某青主张原判决认定基本事实缺乏证据证明及适用法律错误的申请理由不能成立。关于二审法院是否未经传票传唤被申请人朱某宏就缺席判决的问题。经查，二审法院已向被申请人朱某宏以法院专递方式邮寄送达传票，故再审申请人赵某青主张二审法院未经传票传唤，缺席判决，严重违反法定程序的申请理由不能成立。

（三）基于“共同生活”“共同生产经营”的夫妻共同债务认定

《夫妻共同债务解释》第3条规定，“夫妻一方在婚姻关系存续期间以个人名义超出家庭日常生活需要所负的债务，债权人以属于夫妻共同债务为由主张权利的，人民法院不予支持，但债权人能够证明该债务用于夫妻共同生活、共同生产经营或者基于夫妻双方共同意思表示的除外”。夫妻一方以个人名义所负债务超过家庭日常生活所需，不属于共同债务，但是同时表示，用于夫妻共同生活、共同生产经营、基于双方共同意思表示的属于夫妻共同债务。由于《夫妻共同债务解释》第1条已经规定了基于夫妻双方共同意思表示的夫妻共同债务，因此第3条实质上确立了虽超出家庭日常生活需要但基于“共同生活”或“共同生产经营”产生的夫妻共同债务。这与《婚姻法》第41条夫妻共同债务的认定标准“夫妻共同生活、共同生产经营”相一致。《民法典》在第1064条第2款中延续了这一规定。

判断夫妻一方以个人名义所负债务是否属于夫妻共同债务关键要看是否超出日常家事代理权，即是否用于共同生活与共同生产经营。同时该条明确地把能够证明该债务是否用于“夫妻共同生活、共同生产经营”的举证责任分配给了债权人，如果债权人不能证明的，则不能认定为夫妻共同债务。这一规定较为合理地分配了举证证明责任，可以有效平衡债权人和债务人配偶一方的利益保护，为地方各级人民法院审理此类案件提供了明确的统一标准，将大大改善以往此类案件同案不同判的现象，有利于维护法律的权威。因此，讨论分析“共同生活”和“共同生产经营”类型的夫妻共同债务，对正确适用该规定有重要意义。

1. 法律之规定

2001年《婚姻法》第41条规定：“离婚时，原为夫妻共同生活所负的债务，应当共同偿还。共同财产不足清偿的，或财产归各自所有的，由双方协议清偿；协议不成时，由人民法院判决。”该条规定以“夫妻共同生活”作为夫妻共同债务的依据。但是对于何谓“夫妻共同生活”并无相关规定。

《最高人民法院关于人民法院审理离婚案件处理财产分割问题的若干具体意见》第 17 条第 1 款规定：“夫妻为共同生活或为履行抚养、赡养义务等所负债务，应认定为夫妻共同债务，离婚时应当以夫妻共同财产清偿。”该司法解释将“为夫妻共同生活所负债务”进一步解释为“夫妻为共同生活或为履行抚养、赡养义务等所负债务”。

《夫妻共同债务解释》第 3 条规定：“夫妻一方在婚姻关系存续期间以个人名义超出家庭日常生活需要所负的债务，债权人以属于夫妻共同债务为由主张权利的，人民法院不予支持，但债权人能够证明该债务用于夫妻共同生活、共同生产经营或者基于夫妻双方共同意思表示的除外。”

《民法典》第 1064 条第 2 款规定：“夫妻一方在婚姻关系存续期间以个人名义超出家庭日常生活需要所负的债务，不属于夫妻共同债务；但是，债权人能够证明该债务用于夫妻共同生活、共同生产经营或者基于夫妻双方共同意思表示的除外。”

《民法典婚姻家庭编解释一》第 33 条规定：“债权人就一方婚前所负个人债务向债务人的配偶主张权利的，人民法院不予支持。但债权人能够证明所负债务用于婚后家庭共同生活的除外。”

2. 司法实践

（1）共同生活标准。当前我国立法上并未将夫妻共同生活债务与夫妻共同经营性债务区分，学说通常认为夫妻共同生活包括夫妻在婚姻关系存续期间的生活、生产或经营等，夫妻经营性债务属于夫妻共同债务的一种。相关法律规定也并未对“夫妻共同生活”进行明确。在《夫妻共同债务解释》出台以前，山东省高级人民法院在其发布的《关于印发全省民事审判工作会议纪要的通知》中表明，从《婚姻法》第 41 条规定的立法本意理解，“为夫妻共同生活”所负债务，是构成夫妻共同债务的本质特征。夫妻一方以个人名义举债所负的债务是否构成夫妻共同债务，除根据《婚姻法司法解释二》第 24 条的规定认定外，还要从夫妻双方是否具有共同举债的合意和所负的债务是否用于夫妻共同生活等加以判断认定，不能简单地将婚姻关系存续期间，夫妻个人一方的举债推定为夫妻共同债务。《夫妻共同债务解释》出台后，《浙江省高级人民法院关于妥善审理涉夫妻债务纠纷案件的通知》对其中的“夫妻共同生活”进行了进一步的解释，指其在概念外延上大于“家庭日常生活”，只要是夫妻双方共同消费支配或者用于形成夫妻共同财产的支出，都属于“夫妻共同生活”的范围。①

---

① （2018）黑民申 2950 号：吴某华、由某香民间借贷纠纷再审审查与审判监督民事裁定书：法院认为，宋某奎在给由某香的借条复印件上签字并捺印，写明涉案借款用于购买土地、种子、化肥及农药，还银行贷款、孩子上学及春节开销等家庭开支，并出具两份还款计划，欲用卖粮款偿还借款。因此该笔借款系宋某奎在婚姻关系存续期间，虽以个人名义借贷，但款项用于与吴某华的家庭日常支出，应属于二人的共同债务。

（2018）吉民再 274 号：刘某会与孙某栓及宫某中民间借贷纠纷再审民事判决书：一审法院认为，依《婚姻法》第 19 条第 3 款规定以及《婚姻法司法解释二》第 24 条规定，宫某中、刘某会并未提供充足、有效的证据证明涉案债务约定为宫某中个人债务，也未提供充分证据证明该债务属于上述法律和司法解释规定的非法债务或存在应以宫某中个人财产清偿债权的情形，宫某中、刘某会应承担举证不能的后果。由此，应认定涉案债务属于宫某中、刘某会婚姻关系存续期间的共同债务，应按夫妻共同债务处理，刘某会对该债务亦应承担偿还责任。二审法院认为，本案中宫某中在向孙某栓出具的借据中明确写明所借款项用于家庭资金周转，孙某栓作为债权人有理由相信该借款系宫某中、刘某会因家庭共同生活而举债；刘某会主张该借款并非用于家庭共同生活，属于宫某中个人的赌债，但未提供证据加以证实，故不予采信。再审法院认为，孙某栓主张 24 万元借款属于夫妻共同债务，宫某中向孙某栓出具的借据中虽写明所借款项用于家庭资金周转，但该借据没有刘某会签字认可。依《夫妻共同债务解释》第 1 条和第 3 条的规定，孙某栓不能提供相关证据证明宫某中将借款用于夫妻家庭日常共同生活或共同生产经营，其应承担举证不能的法律后果，故不应认定 24 万元债务为夫妻共同债务，该债务应属宫某中个人债务。

从不同判决结果可以看出，《夫妻共同债务解释》第3条中所称债权人需要举证证明“用于夫妻共同生活”的债务，主要是指由夫妻一方所举超出家庭日常生活范围所负的债务。法院对于在借款合同中明确写明借款用于共同生活，并且属于家庭日常生活范畴内的债务，在没有相反证据证明的情况下，法院认可其作为夫妻共同债务，债权人一般无须举证，配偶一方如果主张不属于夫妻共同债务，则需要举证证明举债人所负债务并非用于家庭日常生活。但是对于超出家庭日常生活范畴的夫妻一方个人债务，尽管在借据中写明所借款项用于共同生活，但在没有非举债方签字认可的情况下，仍不能仅以借据上所写的用途认定借款用于夫妻共同生活，即原则上不将其作为共同债务，债权人主张债务系债务人夫妻共同债务的，需要承担举证责任。

（2）夫妻共同生产经营标准。夫妻共同生产经营是夫妻共同生活的一种表现形式，既包括夫妻共同投资、生产经营的情形，也包括夫妻一方从事生产经营活动但利益归家庭共享的情形。经营性活动因具有营利性、反复性、不间断性、计划性等特点，与狭义的生活有所区分，同时由于经营性债务相对于传统家庭生活债务更多、涉及面更广、占比更大，逐渐成为夫妻共同债务的主角，因此有必要对其进行单独的讨论。《浙江省高级人民法院关于妥善审理涉夫妻债务纠纷案件的通知》中指出，“夫妻共同生产经营”的情况相较于“夫妻共同生活”标准更为复杂，较常见的有夫妻双方共同决定生产经营事项、一方授权另一方决定生产经营事项等情形。审判实践中，判断经营活动是否属于夫妻共同生产经营，要根据经营活动的性质以及夫妻双方在其中的地位作用等综合认定。

典型案例判决表明，[①] 法院通常首先确定夫妻双方的经营者身份，对于夫妻双方分别担任涉案公司管理者职务或实际控制人的情况，法院倾向于认定存在“夫妻共同生产经营”。或者在认定非举债方“实际参与了合作的过程”，也当然可以认定存在“共同生产

① （2021）最高法民申 2558 号：李某晶、杨某军等民间借贷纠纷其他民事民事裁定书：法院认为，案涉借款关系发生于宗某与李某晶婚姻关系存续期间，双方离婚协议虽载明，夫妻共同财产及婚前、婚后财产归李某晶所有，婚姻存续期间所有债权、债务由宗某享有和偿还，但是该约定不具有对抗债权人的效力。李某晶向本院提交了案涉借款关系发生后，宗某将款项转给案外人而未转给李某晶的相关证据，但是判断案涉债务是否为夫妻共同债务并非仅依据该一笔款项的流转情况来认定。李某晶在申请再审程序中自认其是通过炒股、股权投资等获得收益，与宗某从事的工作有相同之处。宗某在申请再审程序中自认于 2017 年 5 月 23 日在××集团股份有限公司的投资分红于 2017 年 5 月 25 日部分转至李某晶账户，夫妻共同财产由李某晶保管。结合双方婚姻关系存续期间有多笔大额款项相互转账的事实，基本可以判断宗某与李某晶有共同经营的意思表示，且双方婚姻关系存续期间财产并非独立，在此情况下原审综合认定案涉债务为夫妻共同债务并无不当。

（2020）最高法民申 5388 号：钱某明、顾某雯民间借贷纠纷再审审查与审判监督民事裁定书：法院认为，案涉借款发生时，华某忠与顾某雯仍处于夫妻关系存续期间，虽然华某忠系以其个人名义借款，但从款项流向及各方陈述来看，案涉借款系华某忠用于其名下相关置业公司的生产经营。根据华某忠与顾某雯的离婚财产分割协议，顾某雯分得家庭大部分财产，实际取得了华某忠生产经营活动的利益分配，由华某忠承担全部债务，显然不合常理。顾某雯另主张其向案外人奚某华转账 300 万元并非代华某忠向钱某明还款，奚某华系钱某明之妻，奚某华主张该款项系华某忠还款，因此，顾某雯应当提交证据证明该款项与案涉借款无关，但其并未提交相关证据，故原审法院认定顾某雯参与偿还案涉借款正确。根据顾某雯与华某忠家庭财产分割及债务未予梳理的事实，结合顾某雯参与还款的行为，顾某雯尽管未直接参与共同经营，但其对案涉债务明显知晓，具有共同偿还的意思表示，且实际取得华某忠生产经营活动的利益，故原审法院认定案涉借款属于夫妻共同债务，并无不当，顾某雯应当承担相应的还款责任。

经营”。对于夫妻双方进行具有投资性质的交易，也属于“共同生产经营”。甚至尽管夫妻非举债方没有参与经营，但是其享有经营利益，则推定为“共同生产经营”。这是由于非举债方是否“实际参与”生产经营，属于家庭共同体内部事项，难以查知。此时法院可能转而以“共同利益”标准取代“共同生产经营”标准。

（3）夫妻共同利益标准。由于夫妻共同生活具有一定的封闭性与私密性，因此有观点认为当夫妻一方以个人名义从事超出家庭日常生活需要的行为时，应以为家庭利益作为认定夫妻共同债务的抽象标准[①]。从比较法上看，不少国家及地区采用夫妻共同利益标准作为判断夫妻婚后所得共同制的价值标准，如《意大利民法典》明确判断夫妻共同财产的基础是家庭利益，《瑞士民法典》以婚姻共同生活的利益作为判断夫妻婚后所得共同制的基础，我国《澳门民法典》明确以夫妻共同利益作为超出家庭日常生活需要所负夫妻共同债务的判断标准。因此，部分学者认为以“夫妻共同利益标准”相较于我国此前《婚姻法》规定的“夫妻共同生活标准”而言，更能表明夫妻共同承担债务的原因和目的。即使是超出家庭日常生活需要但基于“共同生活”或“共同生产经营”产生的夫妻共同债务，也可以适用于共同利益标准。例如，有学者认为夫妻共同生产经营所负债务必须是为了家庭利益才能被认定为夫妻共同债务[②]，且该债务应使得家庭确定受益而不是可能受益。[③] 其区别主要在于，“夫妻共同生活标准”及“共同生产经营标准”侧重于客观行为，

---

① 冉克平：《夫妻团体债务的认定及清偿》，载《中国法学》2017 年第 5 期。

② 冉克平：《论夫妻共同债务的类型与清偿——兼析法释〔2018〕2 号》，载《法学》2018 年第 6 期。

③ 叶名怡：《“共债共签”原则应写入〈民法典〉》，载《东方法学》2019 年第 1 期。

而“夫妻共同利益标准”侧重于价值评价。在我国司法实践中，[①]“夫妻共同利益标准”对部分法院的裁判产生了重要影响。

四、夫妻共同债务认定规则的完善

夫妻共同债务的认定，表面看是个体利益的保护问题，实质是安全价值的维系和彰显问题，事关每个人。

（一）夫妻共同债务认定需秉持之理念

从夫妻关系内部和外部角度出发，平衡对夫妻合法财产以及第三人合法财产权益之间的保护，是我国婚姻家庭法兼顾个人利益与社会利益的立法宗旨必然要求。[②]

从内部关系的角度来说，婚姻的目的在于以情感为基础，以共同生活为追求，以法律规范为主体的自然欲望之约束，来追求人伦

---

① （2017）鄂0112民初4686号：袁某梅与梁某珍、夏某明民间借贷纠纷一审民事判决书：法院认为，关于原告袁某梅要求被告夏某明承担共同还款责任的问题，理论上通常用两个标准来判断是否为婚姻关系存续期间的共同债务，一是夫妻有无共同举债的意思表示，二是夫妻是否分享了债务所带来的利益。被告梁某珍向原告袁某梅出具借条的时间为2015年11月30日，确实发生在被告梁某珍与被告夏某明夫妻关系存续期间，虽被告梁某珍在2008年7月28日向被告夏某明出具的承诺书不仅明确了其自1999年染上赌博，同时约定家庭开支由双方共同协商，其每月的日常生活开支由被告夏某明从家庭正常支出中支付。在被告夏某明有正常工作和稳定收入的情况下，维持两被告的日常生活开支无须对外举债，但原告袁某梅称被告梁某珍在借款时说明此借款为家中女儿结婚使用，原告袁某梅于2016年1月参加两被告女儿的婚礼，两被告同时在场接待来往宾客。被告梁某珍的该笔借款应使用在其女儿婚礼的特殊费用中，该借款为子女婚姻筹备而借款，原告袁某梅向被告梁某珍出借款项也是一种善意之举。因此，原告袁某梅要求两被告共同承担该借款，法院予以支持。

② 陈苇：《当代中国内地与港、澳、台婚姻家庭法比较研究》，群众出版社2012年版，第227页。

意识的完整性，完善人的伦理和道德生活。[①] 以此为旨趣，“在制定调整婚姻财产关系的（可能以一般财产法规则为‘蓝本’的）法规则时，必须考量它是否有利于婚姻关系之整体，是否符合婚姻关系之本质，而不是仅有利于夫妻一方的个人要求或仅仅是符合一般财产关系的本质和原则，必须在其法律构成和适用过程中体现这一点。”[②]

具体到我国夫妻共同债务法律规范上来讲，对于非经夫妻双方合意或一方追认的夫妻一方举债，若该债务系违背夫妻共同利益的，如债务用于一方个人赌博、用于一方个人挥霍、用于一方与其他人发生不正当关系等的，那么该债务不属于夫妻共同债务。

从外部关系的角度来说，夫妻或夫妻一方不可避免地会与第三人发生经济上的往来，由于婚姻的私密性、信息不对称等因素，加之夫妻双方属于联系更加紧密的一方，可能会置第三人于不利地位。对所有的交易场合都统一要求需经夫妻双方或一方追认显然违反市场经济效率优先兼顾公平之原则，另外为了防止夫妻双方合谋损害债权人利益，夫妻共同债务法律规范应注重保护夫妻合法财产权益与维护第三人利益相兼顾之原则。除了考虑债务是否是经夫妻双方合意之外，也需要尊重市场对效率的追求，建立并完善日常家事代理制度，在某些未经一方追认或同意的债务认定上，注重兼顾夫妻利益与债权人利益的保护，体现安全与效率价值。

（二）夫妻共同债务认定规则的完善

1. 明确婚前个人债务转化的法定情形

（1）生活消费，即婚前个人债务用于婚后家庭共同生活中的生

① 唐君毅：《文化与道德理性》，广西师范大学出版社 2005 年版，第 37 页。

② 毋国平：《婚姻财产关系中一般财产法规则之适用——兼以物权法归属规则为例》，载《晋中学院学报》2015 年第 3 期。

活消费。婚前个人借款购置的财物转化为夫妻共同财产，由夫妻共同管理、使用等，就是用于夫妻共同生活，借款所生债务应转化为夫妻共同债务。

（2）生产经营，即婚前个人债务用于婚后夫妻一方或是双方的生产经营。用于夫妻双方生产经营属于夫妻共同生活的范畴，应认定为法定转化情形。用于夫妻一方的生产经营时，如生产经营的收入归夫妻双方所有，或生产经营的目的在于维持家庭共同生活，则亦应认定为法定转化情形。

（3）履行法定义务，即婚前个人债务用于履行婚后产生的法定义务。婚姻家庭中的法定义务主要是法定抚养义务和因继承财产而负担的义务。用于履行婚前产生的法定义务不属于夫妻共同的生活范围，不应认定为法定转化情形。反之，用于履行婚后产生的法定义务则属于夫妻共同生活范围，应认定为法定转化情形。

至于法定转化情形的证明责任，由于婚后家庭共同生活属隐私，一般不易为外人所知，债权人完成证明责任的困难客观存在，但这与证明责任的分配无关，而是与证明要求和证明责任的转换有关，鉴于待证事实的特殊性，审判实践不宜对此证明责任设定较为苛刻的要求，否则实际上无法真正保护债权人的合法权利。此外，审判实践还应当把握好证明程度，适时在债权人与债务人及其配偶之间转换行为意义上的举证责任，以便准确及时地查明案件事实，进而正确认定法定转换情形。

2. 根据日常家事代理权、表见代理的法理，审慎推定夫妻共同债务

债务是否因日常家事而产生，或用于日常家事，是日常家事代理权能否适用的前提。不属于日常家事范围的，应根据表见代理的构成要件，判断其是否构成表见代理。按照上述思路处理，能平等保护债务人配偶的合法财产权和债权人的合法权利。

3. 根据公平正义原则，科学合理地分配例外情形的证明责任

在与他人建立一项合同性质的债权债务关系时，债权人有义务注意到该项民事关系的关系人主体资格、合同相对人处分权范围等，婚姻法没有规定夫或妻可以代表对方为超出正常生活需要以外的财产处分行为，这是任何公民都应当知道的，此类债权人也必须遵守法律规定，尽自己应尽的注意义务，在建立债权债务关系的时候取得债务人配偶的确认，否则，应视为与行为人建立债权债务关系。

笔者认为，如果将《民法典》第 1064 条第 2 款修改为："债权人就婚姻关系存续期间夫或妻一方以个人名义所负债务主张债权的，一般应当按夫或妻个人债务处理。但债权人能够证明该债务发生时，夫妻另一方明知或者已经确认的，可按共同债务处理"，可能更为符合现实，更为公平，更能促进民事关系建立的规范化，减少人为的不公平因素，最大限度实现司法公正和法制进步。

4. 建立分居期间财产认定规则

整体来讲，我国没有针对夫妻分居期间的财产关系相关规定，在建立起家事代理制度的基础之上，夫妻关系存续期间所发生的分居行为中，对于夫妻之中一方以个人名义与第三方签订的债务，依照我国目前的法律，尚未进行有效的界定，也没有明确规定。故为了进一步解决该问题，分居期间财产认定规则的制度建立与健全亟待实施。夫妻由于主观原因而产生的分居，从客观角度分析这一时期内夫妻双方对于另一方财产所产生的利益都未能进行分享，该情景下，除非举债一方能够证明夫妻双方从该债务中获得了利益，否则该期间夫妻一方对外所负债务不应作为共同债务来进行认定。在明知夫妻双方已经开始分居的情况之下，债权人与夫妻一方之间的债务，应该归属于个人债务的范畴。除此之外，在夫妻分居期间，双方所享有的日常家事代理权利也应当受到一定限制，以此来对双方的合法利益加以维护，非举债一方配偶不承担相应的债务责任，

但是夫妻双方分居期间二人达成的协议未经公示的不得对抗善意第三人。另外，分居期间也是婚姻关系存续期间，夫妻之间仍有相互的扶养义务以及对未成年子女的抚养义务，也正是如此，由于上述两类型的原因所产生的债务应属于夫妻共同债务之范畴，不能仅认定为夫妻一方个人之债。

第五章

收养关系解除纠纷类案研究

收养是自然人领养他人子女的一种法律行为，能够起到依法变更亲子关系、转移亲子间权利义务关系的法律效力。作为家庭制度的必要补充，收养制度是重组社会家庭关系，构建法律拟制血亲关系的一项重要社会制度，其存在具有重要价值和意义。我国最早在1950年的《婚姻法》中规定了被收养人与养父母之间在收养关系依法成立以后，适用自然血缘形成的父母子女之间的权利和义务关系。我国于1992年制定和实施了《中华人民共和国收养法》（以下简称《收养法》）；1998年进行过一次修正，修正后的《收养法》于1999年4月1日施行。《收养法》对收养关系的成立、解除、效力、法律责任等作了详细规定，《收养法》的出台标志着我国收养制度的正式确立。《民法典》在沿用《收养法》基本规定的基础上，对收养制度进行了补充和完善。《民法典》将“收养”作为婚姻家庭编的独立一章，从“收养关系的成立”“收养的效力”以及“收养关系的解除”这三个方面对收养行为进行了系统规制，是我国现行调整收养关系的主要法律文件。综观我国的收养制度，总体来说比较系统和完善。

一、问题的提出：立法的抽象使得收养关系解除标准不统一

随着社会的不断发展，由于国民的家庭观念、生育观念的转变，国民不孕不育发生率的提高等原因，我国人口老龄化问题日趋严重，现行法律规定与收养实践相比存在严重的滞后性，无法解决现实中的诸多问题，加之近年来三胎政策的实施，势必对收养制度体系产生影响，其中比较突出的是收养关系的成立问题和收养关系的解除问题。在收养关系的成立上，存在收养门槛高、收养程序烦琐等问题；在收养关系的解除上，《收养法》第 27 条和《民法典》第 1115 条规定了养父母与成年养子女关系恶化时可以解除收养关系，法院在依据该条进行判决时存在解除标准不统一等问题。对收养关系是否成立的认定是对收养关系是否应当解除的逻辑前提，鉴于此，本书通过对我国收养制度成立的认定进行辨析以及对司法裁判进行类型化分析，归纳出司法实践中对收养关系解除标准的认定及其中存在的问题，并通过对域外法律规定的考察与比较，结合我国收养制度的社会背景和实际情况，适当借鉴国外立法和实践操作经验，针对其中存在的问题提出相关的建议，以期裨益于司法实践。

二、收养关系成立的认定

收养关系的成立是收养关系解除的前提，因此，在分析收养关系的解除之前，有必要先对收养关系是否成立这一问题予以厘清。依《民法典》“收养”一章，收养关系应当具备一定的条件并履行一定的程序，否则收养关系不能成立，收养不具有法律效力。收养行为包括一般收养和特殊收养，相应地，收养关系成立的条件也包括一般条件和特殊条件。具备相应资格条件的收养当事人还必须按照法定程序办理相关登记手续后，才能领取收养证，正式建立收养关系。

（一）收养关系成立的条件

收养关系成立的条件也称收养关系成立的实质要件。收养关系成立的首要因素是建立收养关系的相关当事人必须合格，收养关系的当事人包括被收养人、送养人和收养人，《民法典》第 1093 条至第 1103 条对收养关系成立的这三方当事人应当具备的条件作了详细规定，其中有硬性要求，也有变通规定。

1. 被收养人应具备的条件

依据《民法典》第 1093 条规定，被收养人应具备两大要件：被收养人应当是未成年人；可以被收养的未成年人，应当满足父母过世、无法找到生父母以及生父母能力有特殊困难而无力抚养这三个条件之一。与《收养法》第 4 条规定的被收养人应当是不满 14 周岁的未成年人相比，《民法典》放宽将被收养人的年龄限制由 14 周岁放宽到 18 周岁，只要符合相关条件的未成年人都可以被收养，这一变化使已满 14 周岁未满 18 周岁这部分未成年人能够被收养，从而有利于保护这部分未成年人的利益。同时，严峻的人口老龄化形势带来的养老问题也可以得到缓解，失去子女的老人可以通过收养 14 周岁至 18 周岁的未成年人来实现其养老需求。[①]

《民法典》将《收养法》规定的“弃婴和儿童”统一规定为“未成年人”，明确拐卖被解救后无法找到生父母的未成年人也属于被收养人范围，他们可以通过收养方式得到更好的安置。此外，依据《民法典》第 1104 条，收养 8 周岁以上未成年人时，一定要经过被收养人同意，原因在于，他们已经具备了对事物进行初步判断以及辨明的能力，他们的意愿应当得到尊重，只有他们同意了，养父母与子女的关系才能够建立起来。

---

① 吴国平：《收养立法完善的思考》，载《福建政法管理干部学院学报》2007 年第 4 期。

2. 送养人应具备的条件

《民法典》第1094条沿用《收养法》第5条的规定，集中规定送养人的条件，即可以作为送养人的主体包括孤儿的监护人、儿童福利机构以及有特殊困难无力抚养子女的生父母。对于无法由亲生父母送养的孤儿，必须是孤儿的监护人亲自送养。对于无法由亲生父母送养的弃婴和儿童，必须是儿童福利机构负责送养；对于由亲生父母送养的孩子，必须是因为非常特殊的情况无法养活孩子才能送养。孤儿的监护人的确定，依据民政部于1992年发布的《民政部关于在办理收养登记中严格区分孤儿与查找不到生父母的弃婴的通知》第1条，孤儿是指其父母死亡或被宣告死亡的不满14周岁的未成年人，由于被收养人的年龄放宽至18周岁，与此相应，此处的孤儿应指其父母死亡或被宣告死亡的未成年人。关于未成年人的监护人，应当依据《民法典》总则编第27条的规定确定，同时，在孤儿的监护人送养时，应当受到《民法典》第1096条的约束。对于生父母送养，依据《民法典》第1097条，原则上应由生父母双方共同送养，在生父母一方不明或查找不到时才可单方送养。依据《民法典》第1108条，在未成年父母一方死亡的情形下，其父母另一方送养时，死亡一方的父母有优先抚养的权利。

3. 收养人应具备的条件

《民法典》第1098条规定了收养人应当同时具备的5项条件：

（1）收养人的年龄必须在30周岁以上。这个年龄是对收养人的最低要求。如果收养人是一对夫妻，则双方的年龄都要在30周岁以上。在年龄限制上，《民法典》第1102条还规定，无配偶者收养异性子女的，收养人与被收养人的年龄应当相差40周岁以上。

（2）收养人无子女或只有一名子女。与《收养法》相比，本项规定将收养法中的“无子女”修改为“无子女或者只有一名子女”，这也是与我国计划生育法和计划生育政策的调整相适应的，相应地，《民法典》第 1100 条对收养人数也作了修改，依据该条第 1 款，无子女的收养人可以收养两名子女，有一名子女的收养人只能收养一名子女；依据该条第 2 款和第 1099 条第 2 款，在特定情形下，收养人数不受此条件的限制。

（3）必须有进行教育、抚养和保护被收养人的能力。这种能力主要包括三方面要求：第一，收养人必须具有完全民事行为能力；第二，收养人在教育能力、经济条件以及身体条件这三个方面都能够保证被抚养人的健康成长；第三，收养人在道德品质方面必须过关。

（4）未患有在医学上认为不应当收养子女的疾病。本条沿用《收养法》的规定，将这个条件作为收养人的限制条件之一。但是对于哪些疾病属于“医学上认为不应当收养子女的疾病”，法律上并无明确规定。实践中，一般不允许有严重传染性疾病或精神病者收养子女。

（5）无不利于被收养人健康成长的违法犯罪记录。该条件是民法典新增的，之所以增加该条件，是因为近年来针对未成年人的违法犯罪案件数量攀升，其中就有不乏利用收养关系侵害被收养人利益的情况，这些情况的出现，本质上是对收养制度设立目的的违背，因此，为给予被收养人利益更好的保护，则有提高对收养人品行的要求，该条件便应运而生。

（二）收养关系成立的程序

收养关系成立的程序也称收养关系成立的形式要件。《民法典》第 1105 条沿用《收养法》第 15 条，并新增收养评估的内容，对收养关系的成立程序作出了规定。具体而言，依据该条第 1 款、第 2 款，依法成立的收养关系在收养各方当事人满足收养法律规定的基本资格以后，一般情况下收养当事人必须主动向县级以上人民政府的民政部门进行申请，民政部门审查通过以后颁发收养证，收养关系自收养依法完成登记之日起成立。如果收养已经找不到亲生父母的未成年人的，民政部门还应在颁发收养证之前向社会发布公告。针对不同类型的被收养人，应当根据《中国公民收养子女登记办法》《华侨以及居住在香港、澳门、台湾地区的中国公民办理收养登记的管辖以及所需出具的证件和证明材料的规定》《收养登记工作规范》等规章确定登记机关和需要提供的证明材料和程序等。①

该条第 3 款和第 4 款规定了收养协议的签订和收养公证的办理，从这两款规定中可以看出收养协议和公证仅需当事人自愿，即使没有也不影响收养关系的成立，收养登记是收养关系成立和协议解除的唯一标准。

该条第 5 款是对收养评估的规定，即县级以上政府民政部门应当依法进行收养评估。通过收养评估，能够更加准确、客观地确定收养人是否具备抚养教育被收养人的能力以及具备的程度，从程序和实体两方面保障被收养人的利益，体现最有利于被收养人的原则。

（三）事实收养关系的效力分歧

在 1992 年《收养法》实施以前，我国司法实践中对收养纠纷的处理主要依据民事政策和公序良俗等原则，在这一时期收养关系是否成立的认定标准主要看是否符合事实收养的构成要件。通过对案例的分析，我们总结出，在司法实践中的事实收养主要表现为以下几种情况：一是收养关系的当事人符合《收养法》或《民法典》所规定的实质要件，但由于主观或客观的原因未办理收养登记而不符合法律规定的形式要件，比如收养人不愿意让被收养人知晓双方实际为收养关系而拒绝办理收养登记，或者由于法律意识淡薄，不

---

① 吴国平：《收养立法完善的思考》，载《福建政法管理干部学院学报》2007 年第 4 期。

知收养关系的成立需要进行登记而未办理收养登记。二是事实收养关系中的双方当事人虽以父母子女名义共同生活，但均不符合成立收养关系的实质要件。第二种情况又可以分为两种情形：一种是该事实收养关系双方当事人自始至终均不符合法律规定的实质要件；另一种是双方当事人事实收养关系成立时不符合实质要件，而后该要件得到修正从而达到法律规定的要求。①

对于事实收养，我国司法实践对其有效性存在争议，判决依据也有所不同。司法实践中主要存在有效与无效的分歧，认为有效的主要存在三种情形：一是依据 1992 年之前的相关法律规定认定有效，这主要是针对 1992 年《收养法》颁布以前形成的收养关系，这段时期内法院审理的依据为 1984 年最高人民法院《关于贯彻执行民事政策法律若干问题的意见》，该意见第 28 条规定，事实收养是指亲友、群众公认，或者有关组织明确承认其以养父母与养子女关系长期共同生活的，未办理收养的合法手续，在法律上认定其具有收养法律效力的收养行为。在这段时间内，司法实践对事实收养关系效力的认定较为统一，典型案例如霍某甲与霍某乙确认收养关系无效纠纷案，张某桃诉陈某俊确认收养关系纠纷案，华某峰与徐某娜确认收养关系纠纷案，王某 1 与刘某确认收养关系纠纷案等。②二是依据养子女最佳利益原则认定有效，1992 年《收养法》第 2 条确立了该原则，在司法实践中得到一定的应用，典型案例如王某、荆某与王某 1、王某 2 收养关系纠纷案，邵某、陈某与崔某、

---

① 张如曦、崔建华、靳羽：《事实收养关系的司法认定与处理机制》，载《人民司法》2010 年第 6 期。

② 详见霍某甲与霍某乙确认收养关系无效纠纷二审民事判决书，案号：（2014）长民终字第 00503 号；张某桃诉陈某俊确认收养关系纠纷二审民事判决书，案号：（2014）黔东民终字第 560 号；华某峰与徐某娜确认收养关系纠纷二审民事判决书，案号：（2017）苏 02 民终 2732 号；王某 1 与刘某确认收养关系纠纷二审民事判决书，案号：（2017）京 01 民终 2768 号。

徐某收养关系纠纷案，高某霞、黄某芳确认收养关系纠纷案等。[①] 三是依据保护当事人利益原则认定有效，典型案例如李某某与马某某、李某某确认抚养关系案，林某明与林某云确认收养关系纠纷案等。[②] 法院经审理认为无效的依据主要是有三：一是因欠缺实质、形式要件无效，典型案例如刘某、王某与苏某 1、周某 1 确认收养关系纠纷案，孙某某与苑某某确认收养关系纠纷案，温某某等与廖某某等确认收养关系纠纷案；[③] 二是因欠缺形式要件无效，典型案例如高某甲与冉某某确认收养关系纠纷案，蒲某某因确认收养关系纠纷案；[④] 三是因双方合意而无效，典型案例如阳某某、廖某某诉阳某甲确认收养关系纠纷案，刘某与刘某 1 确认收养关系纠纷。[⑤]

---

① 详见王某、荆某与王某 1、王某 2 收养关系纠纷二审民事判决书，案号：(2016) 陕 03 民终 1777 号；邵某、陈某与崔某、徐某收养关系纠纷二审民事判决书，案号：(2017) 苏 06 民终 1496 号；高某霞、黄某芳确认收养关系纠纷再审民事判决书，案号：(2017) 黔 03 民再 52 号。

② 详见李某某与马某某、李某某确认抚养关系一审民事判决书，案号：(2016) 粤 0103 民初 547 号；林某明与林某云确认收养关系纠纷一审民事判决书，案号：(2017) 粤 1323 民初 3161 号。

③ 详见刘某、王某与苏某 1、周某 1 确认收养关系纠纷二审民事判决书，案号：(2017) 苏 12 民终 1090 号；孙某某与苑某某确认收养关系纠纷二审民事判决书，案号：(2015) 沈中少民终字第 00603 号；温某某等与廖某某等确认收养关系纠纷二审民事判决书，案号：(2014) 汕尾中法民一终字第 68 号。

④ 详见高某甲与冉某某确认收养关系纠纷一审民事判决书，案号：(2015) 万法民初字第 00274 号；蒲某某因确认收养关系纠纷二审民事判决书，案号：(2014) 遵市法少民终字第 42 号。

⑤ 详见阳某某、廖某某诉阳某甲确认收养关系纠纷一审民事判决书，案号：(2015) 隆民一初字第 1168 号；刘某与刘某 1 确认收养关系纠纷一审民事判决书，案号：(2017) 渝 0120 民初 5469 号。

根据对上述案例的分析，我们总结出司法实践中认定是否构成事实收养关系的判定标准主要有：(1) 是否长期共同生活；(2) 没有长期共同生活事实的，是否以父母子女关系相称；(3) 户籍登记等其他有关机关证明文件；(4) 是否为周围公众知晓并认可其父母子女关系；(5) 收养人与被收养人的共同意愿。基于此，在法律对事实收养关系的效力没有明确规定的情况下，司法实践对于该类收养效力的人认定应当从上述方面着手进行，统一标准，减少同案不同判现象的发生，维护法律的统一和权威。

三、养父母与成年养子女收养关系解除标准认定

在我国，收养关系作为一种法律拟制的亲属关系，既可以通过法律行为依法设立，也可以经由一定的法律程序予以解除。我国《民法典》第 1115 条延续了《收养法》第 27 条的规定：养父母与成年养子女关系恶化、无法共同生活的，可以协议解除收养关系。不能达成协议的，可以向人民法院提起诉讼。这意味着，目前我国《民法典》规定的解除收养关系的程序有两种，一种是协议解除，另一种是诉讼解除。因此，如果当事人无法就解除收养关系达成一致意见时，有权诉至法院请求予以裁判。根据法条规定，判决解除收养关系需要达到两个条件：一是存在现行有效的收养关系；二是养父母与成年养子女关系恶化，无法共同生活。然而，现行法律对于关系恶化的标准并没有作出进一步明确的规定，需要由法院来界定双方关系是否恶化到需要解除收养关系的程度。由于婚姻家庭案件本身具备错综复杂的特点，且关系恶化从一定层面上来说亦是难以量化、抽象模糊的情感问题，同案不同判的情况层出不穷。为了进一步保护收养人与被收养人的合法权益，我们统计了从 2010 年至 2021 年共计 282 个由中院审理的关于收养关系解除纠纷的案件，通过分类归纳，尝试总结出法院在认定关系恶化时所适用的标准和考量因素，以期完善当事

人的行为预期，并为司法实践提供相应参考。通过对 282 个司法案例裁判观点的归纳分析，我们总结出了以下五个实践中认定“关系恶化，无法共同生活”的具体影响因素。

（一）主张解除收养关系的主体

通过对案件整理发现，对于不同主张解除收养关系的主体，法院在裁判时会有不同的标准。具体而言，法院通常会区分主张解除的主体是成年养子女还是养父母，进而适用有差异的审查标准。对于成年养子女主张解除的，审查予以解除的标准通常非常严格，因为此时一般是成年养子女应当尽赡养义务的时候，如果随意解除收养关系，可能导致老年人利益受到损害，易导致成年养子女借此逃避赡养义务等有悖道德与法律规定的事情发生。如果是养父母主张解除与成年养子女的收养关系的，审查解除的标准则相对宽松，如果确认是养父母真实意愿，养父母与成年养子女确实存在矛盾且不可调和，养父母并非一时冲动作出解除决定，之后的生活亦有相应保障，继续维持收养关系会直接影响到养父母的合法权益，实无益处，则可以予以解除。

例如，同样是曾经因为财产问题产生纠纷，并再次提起解除收养关系诉讼的案件，两个法院因提出主张的主体不同，给出了截然相反的裁判结果。广东省梅州市中级人民法院在“朱某珍、杨某昌解除收养关系纠纷案”① 中提出“虽然双方曾因财产分割、赡养费纠纷诉至法院，但该矛盾仅是双方在家庭财产分割中存在不同意见，且已经通过合法的途径予以解决，双方的矛盾并非不可调和。原告杨某昌应怀感恩之心，遵从尊老爱幼的传统美德，摒弃前嫌，孝敬父母”。而云南省昆明市中级人民法院在“司某

① 详见杨某昌、朱某珍解除收养关系纠纷二审民事判决书，案号：（2017）粤 14 民终 289 号。

某、李某某解除收养关系纠纷案”① 中却认为“一审认定养母李某某与养女司某某赡养和财产处置问题发生矛盾并到社区进行调解亦无缓和，双方已予以确认，最终双方在司某某1去世后矛盾仍未解决，现双方已无法共同生活，一审法院判决解除收养关系有事实和法律依据”。可见，针对不同主张解除收养关系的主体，法院会根据保护老年人合法权益这一考量，适用差异化的判决标准。

（二）矛盾的性质

“以事实为依据，以法律为准绳”是所有审判的金科玉律，对于养父母与成年养子女收养关系解除的案件亦需要查明案件基础事实。双方“关系恶化，无法共同生活”必然是因为存在不可调和的矛盾，因此，对于养父母与成年养子女之间矛盾的审查是必不可少的。审查的内容包括但不限于产生矛盾的原因、矛盾持续的时间、矛盾能否消除化解等。其中，矛盾产生的原因应当是重中之重，因为其通常决定了矛盾的性质，进而决定了案件的走向。在审判实践中，导致养父母与成年养子女关系恶化的原因可能有多种，如养父母与成年养子女生活习惯差异较大，成年养子女不能接受养父母再婚，儿媳与公婆无法和睦相处，成年养子女不赡养养父母，对养父母有遗弃、虐待的情形，等等。对于双方矛盾性质的细致审查有助于辨别主张解除收养关系一方是一时冲动还是经过深思熟虑，进而有助于判断双方关系能否修复，为调和工作打下基础。同时，当调和工作无法推进时，亦能成为判定是否应该解除收养关系的参考依据。

---

① 详见司某某、李某某解除收养关系纠纷二审民事判决书，案号：（2020）云01民终6962号。

通过案件整理，我们发现矛盾的性质是每个法院都会具体考察的内容，但并不会完全决定收养关系的解除与否，除非认定存在遗弃或虐待的情形。以不履行赡养义务为例，广东省深圳市中级人民法院在“谢某1、谢某2解除收养关系纠纷案”① 中提出，“谢某1本应对谢某2的晚年生活予以妥善照顾，但谢某1却未能履行该赡养义务，甚至否认谢某2对其的养育事实，本院对此实难认同。现谢某2要求解除与谢某1的收养关系，既符合道德标准要求，亦符合法律规定”；北京市第一中级人民法院却在“张某1、张某2解除收养关系纠纷案”② 中提出，“张某1认为张某2成年后未尽赡养义务，但就双方关系恶化、无法共同生活未提交相应证据。张某2在庭审中表示始终愿意承担对张某1的赡养义务，且明确表示赡养不计回报，可由张某1自由处分个人财产，故从有利于张某1的晚年生活和保障权益的角度出发应当维持该收养关系”。同样是被收养人不履行赡养义务，深圳市中级人民法院认为该矛盾足以认定双方关系恶化，但北京市第一中级人民法院却要求原告就“双方关系恶化、无法共同生活”另行提交相应证据，认为不履行赡养义务并不意味着双方关系已然恶化，不可调和。

如果成年养子女对养父母有遗弃、虐待的情形，则通常会判决解除收养关系。我国《民法典》第1118条第1款规定：“收养关系解除后，经养父母抚养的成年养子女，对缺乏劳动能力又缺乏生活来源的养父母，应当给付生活费。因养子女成年后虐待、遗弃养父母而解除收养关系的，养父母可以要求养子女补偿收养期间支出的抚养费。”《民法典》第1118条实际上规定了解除收养关系后的财

① 详见谢某1、谢某2解除收养关系纠纷二审民事判决书，案号：(2020) 粤03民终13262号。

② 详见张某1与张某2解除收养关系纠纷二审民事判决书，案号：(2020) 京01民终6745号。

产效力，该条文单独将虐待、遗弃养父母而解除收养关系的情形列出来，为解除收养关系的标准提供了参考。根据体系解释，如果发生了虐待、遗弃的情形，理应认定为关系恶化、无法共同生活。正如湖南省岳阳市中级人民法院在“戴某华、戴某解除收养关系纠纷案”① 中所述，“妻子去世后，戴某华孤身一人生活。戴某没有证据证明其此间给予了戴某华物质上、生活上的帮助和精神上的安慰。故一审判决认定戴某对戴某华存在遗弃情形并无不当。上述事实，势必恶化双方当事人父女感情，现戴某华已不愿意与戴某共同生活及维持收养关系，对戴某华要求解除收养关系的请求，本院应当准许”。实践中，法院一旦认定存在遗弃、虐待的情形，为保护老年人权益，通常会支持原告的诉讼请求，即判决解除收养关系。

（三）成年养子女的态度

从我们统计的 282 个司法裁判来看，高达 96.8%的案例都是由养父母提出解除收养关系的主张，被收养人提起诉讼的只有寥寥几例。在审判过程中，法官大多会审查成年养子女对于解除收养关系这一主张的态度，原因主要有以下几个：其一，养父母此时已步入老年，甚至有的当事人已经是八九十岁的高龄，其民事行为能力可能有不同程度的下降，对于民事法律关系的解除难以作出理智的判断。其二，许多养父母提起诉讼只是因为一些小矛盾，进而意气用事，通过审查成年养子女的态度，可以帮助法官辨析原告是否为一时冲动。其三，解除收养关系并不是某些养父母的真实诉求，他们只是想通过此举震慑警惕其子女，以获得更多的关注和陪伴。其四，养父母此时正值需要赡养的年纪，若养子女能够改过自新，积极履行赡养义务，维持收养关系更有利于

① 详见戴某华、戴某解除收养关系纠纷二审民事判决书，案号：（2019）湘 06 民终 1416 号。

老年人权益保护。

例如，北京市第一中级人民法院在“王某1与王某2解除收养关系纠纷案”[①] 中提出，“因王某1表示愿意承担对王某2的赡养义务，尊重王某2的生活意愿，故从有利于王某2的晚年生活和权益保障的角度出发，现应维持该收养关系”。陕西省西安市中级人民法院在“闫某某与刘某某解除收养关系纠纷案”[②] 中亦表示“刘某某表示以后会一如既往地孝顺老人，做到每月多抽时间回家看望和陪伴老人，关心老人的生活，让老人有一个祥和的晚年。现闫某某年事已高，需要子女照料，刘某某亦保证在今后的生活中给予闫某某更多的物质和精神上的关心、照顾，故闫某某的上诉请求，本院不予支持”。

但是，审查成年养子女态度这一做法在司法实践中并未得到一致认同，有不少法院提出了反对的观点。江西省抚州市中级人民法院在“孟某与孟某光解除收养关系纠纷案”[③] 中就指出：“矛盾是否激化到无法共同生活，是由当事人自身的感知和承受程度所决定。孟某光作为年近八十岁的老人，认为双方关系恶化超出了其能够承受的范围，已无法共同生活，要求解除收养关系是对其自身权利的选择，应当予以尊重。孟某认为矛盾是正常家庭中常见的，是立足于其自身的感知。如果双方今后关系缓和，其也愿意通过适当方式来表达对孟某光的养育之恩，并无障碍。”

---

① 详见王某1与王某2解除收养关系纠纷二审民事判决书，案号：(2021) 京01民终5282号。

② 详见闫某某与刘某某解除收养关系纠纷二审民事判决书，案号：(2020) 陕01民终5119号。

③ 详见孟某、孟某光解除收养关系纠纷二审民事判决书，案号：(2020) 赣10民终412号。

重庆市高级人民法院在“缪某某与张某某解除收养关系纠纷案”①中也特意说明，“双方关系恶化，无法共同生活的这一法定解除收养关系的条件，并不需要双方一致认可，只要收养人单方认定即可”。

（四）养父母的生活能力

在养父母与成年养子女收养关系解除纠纷案中，养父母一般都已步入老年。我国《民法典》第1041条第3款明确提出“保护妇女、未成年人、老年人、残疾人的合法权益”。成年养子女在解除收养关系后还应当对没有劳动能力和收入来源的养父母进行补偿、支付生活费等条款都是对保护老年人合法权益这一基本原则的具体落实。因此，在此类案件审查标准及案件处理结果确定的过程中，应当将老年人权益保护原则贯穿始终。法院在保护双方当事人的合法权益基础上，通常会更加注重老年人的权益保护，确保作出的裁决更加符合立法本意。基于此，许多法院在判定是否解除收养关系时，并非着重于考察双方关系是否恶化，考虑更多的是究竟解除收养关系还是维持收养关系对养父母的老年生活更有裨益。若解除收养关系后，养父母自身没有足够的生活能力，即使存在难以调和的矛盾，法院也会倾向于判决维持收养关系。具体而言，法院会综合考虑收养人的年龄和是否还有其他赡养人这两个要件，以判断养父母在解除收养关系后是否具备相应的条件以维持正常的老年生活。

1. 收养人的年龄

山东省济南市中级人民法院在“孙某智与孙某华解除收养关系

① 详见缪某某与张某某委托合同纠纷再审民事判决书，案号：（2019）渝民再365号。

纠纷案”[1] 中提出，“上诉人孙某智目前已92岁高龄，正值需要子女给予关心和照顾之时，不宜轻易解除双方之间的父女关系，且被上诉人孙某华也表示为了报答上诉人孙某智的养育之恩不愿解除双方之间的养父女关系，为了给双方一个缓和矛盾、重续父女之情的机会，对上诉人孙某智要求解除与被上诉人孙某华之间养父女关系的诉求，本院不予准许”。北京市第一中级人民法院在“白某与融某解除收养关系纠纷案”里也提到，“现白某年事已高，生活起居均需要人照顾，更需要子女的关心与陪伴，在双方无根本且不可调和的矛盾时，本院对白某要求解除收养关系的诉请亦不予支持”。山西省晋城市中级人民法院所判决的“赵某梅与王某富解除收养关系纠纷案”[2] 尤为典型。尽管法官在判决文书中严厉谴责“王某富成家后非但不对养母尽其应尽的赡养义务，反而在得知耄耋之年的养母领取到抚恤金的消息后，抱垂涎嫉恨之心，欲夺之而后快，甚至在庄重的法庭之上，公然非议其养父母七十多年前的婚姻关系，流露出不认娘亲，只认金钱的丑态”。但还是提出“考虑到上诉人赵某梅年事已高，接受子女的赡养是其法定权利，收养关系一旦解除，该权利将随之永久丧失；虽赵某梅老人当庭表示不需要王某富赡养，但一审从双方抚养关系形成时间太久，也不存在虐待、遗弃等情形的实际情况出发，决定给赵某梅老人一段重新考虑的时间，也给王某富一个改过的机会，判决暂不解除双方的收养关系”。在整理的282个类案当中，有25个法院都提及收养人年事已高，不宜解除收养关系。

---

① 详见孙某智与孙某华解除收养关系纠纷二审（2020）8247号孙某智解除收养关系纠纷判决书，案号：（2020）鲁01民终8247号。

② 详见赵某梅与王某富解除收养关系纠纷二审民事判决书，案号：（2019）晋05民终1498号。

2. 收养人是否还有其他赡养人

河南省安阳市中级人民法院在“李某1与李某2解除收养关系纠纷案”[①] 中指出“本院考虑李某1年迈体弱，正是需要子女照顾、尽赡养义务的时候，且李某1身边无其他可以履行赡养义务的近亲属，应给予李某2恪尽孝道之机。双方应加强沟通，互相信任，母女关系仍能和好如初。原审判决不准予双方解除收养关系并无不当”。河北省邯郸市中级人民法院在“曹某1与曹某2解除收养关系纠纷案”[②] 中也考量了收养人是否还有其他赡养人这一因素，提出“一审法院综合考虑上诉人曹某1现已成家就业，被上诉人曹某2也有其亲属负责扶养，认定解除曹某2与曹某1之间的收养关系，并无不当”。

（五）养父母的态度

根据《民法典》第5条的规定，民事主体从事民事活动，应当遵循自愿原则，按照自己的意思设立、变更、终止民事法律关系。婚姻家庭纠纷应当坚持尊重当事人的意思自治。虽然要贯彻“保护妇女、未成年人、老年人、残疾人的合法权益”这一基本原则，但也要注意把握好边界，摆正审判者的位置。[③] 对于关系是否恶化到无法共同生活的程度，审判者对事实的把握很重要，但当事人对于事实的感受更为关键。如果收养人对于解除收养关系的主张态度坚决，该行为本身也说明了双方关系已经恶化到难以共同生活的程度，若勉强维持双方的收养关系不利于养父母安度晚年，对于当事

---

① 详见李某1、李某2解除收养关系纠纷二审民事判决书，案号：(2018) 豫05民终4107号。

② 详见曹某1、曹某2解除收养关系纠纷二审民事判决书，案号：(2018) 冀04民终5349号。

③ 吴国平：《收养立法完善的思考》，载《福建政法管理干部学院学报》2007年第4期。

人双方的生活亦无益处。在这种情形下，法官应当尊重当事人的意愿，及时判处解除收养关系，而不是打着“老年人权益保护”的名义强行干涉他人的家庭生活。在司法实践中，许多法院都会考量养父母对于解除收养关系的态度，如果确认其态度坚决，则会支持其主张。

例如，北京市第三中级人民法院在“孙某与何某解除收养关系纠纷案”中①提出，“考虑到何某之前起诉后双方关系未见改善，且何某本人坚持要求解除收养关系，可以认定维系养父母子女关系之感情基础已不复存在，双方已无共同生活之可能，一审法院认定解除何某与孙某的收养关系并无不当”。江苏省盐城市中级人民法院在“仲某与仲某富、何某英解除收养关系纠纷案”② 中亦提出，“现双方因性格和生活琐事等发生矛盾，导致关系恶化、无法维系，仲某富、何某英曾起诉要求解除收养关系，虽经法院调解维持收养关系不变，但仅时隔一个多月时间，仲某富、何某英再次起诉，请求解除与仲某的收养关系，且态度坚决，一审判决解除双方之间的收养关系于法有据”。北京市第一中级人民法院在“潘某 1 与金某等解除收养关系纠纷案”③ 中同样采纳了尊重当事人意思自治的观点，提出“现潘某 2、金某均年事已高，其二人与养子潘某 1 因上述矛盾逐渐导致关系恶化，其二人现居住于养老院，并明确表示坚决要求解除收养关系，亦不愿今后再接受潘某 1 的赡养，故在此情形下，若继续维持收养关系，亦会对老人的身心造成影响。因此，一审法院判决解除潘某 2、金某与潘某 1 的收养关系并无不当，本

① 详见孙某与何某解除收养关系纠纷二审民事判决书，案号：(2021) 京 03 民终 10581 号。

② 详见仲某与仲某富、何某英解除收养关系纠纷二审民事判决书，案号：(2021) 苏 09 民终 1527 号。

③ 详见潘某 1 与金某等解除收养关系纠纷二审民事判决书，案号：(2018) 京 01 民终 6589 号。

院对此予以确认”。在整理的 282 个司法案例中，有 76 个案例都是因为收养人坚决解除收养关系，进而认定双方关系恶化，无法共同生活。实际上，从某种层面上而言，对于养父母自由意志的尊重，同样也是对老年人合法权益的一种保护。

四、解除收养关系中存在的问题

（一）收养人作为原告举证困难

我国民事诉讼关于举证责任规定的变迁过程，完善了传统的“谁主张、谁举证”证明责任分配原则。2020 年修订的《最高人民法院关于适用〈中华人民共和国民事诉讼法〉的解释》第 91 条规定：“人民法院应当依照下列原则确定举证证明责任的承担，但法律另有规定的除外：（一）主张法律关系存在的当事人，应当对产生该法律关系的基本事实承担举证证明责任；（二）主张法律关系变更、消灭或者权利受到妨害的当事人，应当对该法律关系变更、消灭或者权利受到妨害的基本事实承担举证证明责任。”根据该法条可知：如果当事人主张的是权利发生规范，即该权利发生规范对当事人有利，当事人应当就自己主张的该权利发生规范的要件承担证明责任；同样地，如果当事人主张的是权利对立规范，即该权利对立规范对其有利，当事人应当就自己主张的权利妨碍、权利消灭或权利受制规范的要件承担证明责任。

证明责任分配规则为确定本证和反证提供依据，进而为双方当事人提供的证据确定了证明标准。主张权利成立、不成立、消灭或存在阻却事由的当事人，为证明其主张成立而向法官提供的证据为本证，本证要求达到高度盖然性的证明标准才会被法官采纳；而不承担举证证明责任的当事人提供的证据称为反证，反证的证明标准不需要达到本证的高度盖然性要求，只要求其能够降低本证的证明力，使案件事实不清，真伪不明即可。对待证事实负有证明责任的当事人要承担事实真伪不明的不利后果，即法官会得出待证事实不存在的结论。

根据我国《民事诉讼法》及相关规定，解除收养案件仍然遵照一般举证证明原则，由原告承担双方关系恶化、无法共同生活的举证证明责任。根据本书统计的282个类案分析数据可以推知，我国司法实践中大部分解除收养关系的诉讼都是由收养人提起的，即提起解除收养关系诉讼的收养人必须根据《民事诉讼法》及相关法律的规定向法院提供一系列证据，目的是能够证明作为被收养人的被告在成年之后存在未履行赡养义务、虐待、遗弃行为或双方产生无法调和的激烈矛盾，使收养关系和双方关系恶化，无法共同生活，且被收养人对此存在主观过错。但实践中收养人作为原告承担举证责任通常有以下几个问题：

第一，我国实践中提起诉讼的收养人诉讼能力低下，多数为年龄较大且缺乏劳动能力或生活来源的社会弱势群体，法律专业知识欠缺，行动、思维和表达能力都会不同程度地受到年龄的局限，在诉讼主张、陈述和证据收集等方面都难以做到全面、适当和条理清晰，聘请专业律师更会加重其经济负担。在此情况下，要求收养人自行收集证据来证明收养关系恶化、无法维持，在诉讼难度上对其来说无疑是雪上加霜，其诉讼权利也将无法充分行使。

第二，收养人提供的证据种类通常除了物证、书证之外，证人证言也是重要的证据之一。但受“事不关己”等传统思想的影响，多数人都认为养父母与子女之间发生的矛盾属于带有浓郁感情因素的身份关系案件，是家庭内部隐私事务的范围，与此无关的第三人插手或者干涉的余地较小；由人情纽带维系的中国乡土社会属于典型的熟人社会，利用司法手段解决家庭内部纠纷与传统的文化观念相悖，更会破坏乡土社会内部结构的稳定性与和谐，在此背景下，证人出庭作证会背负更大的舆论压力和阻力。因此，收养人说服证人出庭提供证言的难度较一般案件更大。①

第三，从客观方面来说，收养关系案件有其特殊性和复杂性。实践中若收养人为原告则通常需要证明被告有无虐待、遗弃、不履行赡养义务等行为或双方存在屡次产生矛盾、关系恶化无法调和的情形。虐待、遗弃行为的严重程度和造成的伤害结果是比较显著的，但是要提供确实的证据予以证明难度很大。比如 2015 年山西省长治市李某甲与张某甲解除收养关系纠纷案②中，收养人作为原告主张被告有虐待行为，并提供了物证、证人证言等证据，但法院判决认为“上诉人提供的证人李某丙的出庭证言和其他证据只能证明上诉人与被上诉人生过气，母女关系时好时坏，并不能证明被上诉人虐待上诉人，也无法证明双方关系恶化到无法共同生活的程度”，因此驳回原告要求解除收养关系的诉讼请求。

相比之下，司法实践中大量的解除收养关系案件只是双方因为财产、性格或生活琐事等问题无法磨合而产生矛盾，之后未采取积极正确的态度和方式进行化解而愈演愈烈，最终关系破裂对簿公堂。这类案件难以形成具有民法上证明效力的证据，因而原告可能面临证据收集时间跨度长、证据碎片化严重，单个证据证明力弱，难以达到高度盖然性的标准甚至无有效证据可以提供的境况。这类案件通常因为原告无法举证证明双方当事人关系恶化到无法共同生活的程度而以败诉告终。比如 2014 年河北省邯郸市顾某甲、李某与顾某乙解除收养关系纠纷一案③中，原、被告双方因为财产问题屡次产生纠纷，但作为收养人的原告难以证明双方矛盾已经达到无

① 张熠星：《浅议我国收养制度中的几点瑕疵》，载《公民与法（法学版）》2012 年第 7 期。

② 详见李某甲与张某甲解除收养关系纠纷二审民事决书，案号：（2015）长民终字第 01285 号。

③ 详见顾某甲、李某与顾某乙解除收养关系纠纷二审民事判决书，案号：（2014）邯市民一终字第 413 号。

法共同生活的程度，因此最终法院认为“虽然顾某乙在尽赡养义务上还存在不足之处，对顾某甲、李某生活未能较好地照顾，致使顾某甲、李某向本院起诉解除收养关系，实属不妥，但双方的关系并没有达到《中华人民共和国收养法》第 27 条‘养父母与成年养子女关系恶化、无法共同生活’的程度。双方虽然发生了争执，但这些矛盾是可以调和的。现顾某甲、李某年事已高，正在用人之际，需要顾某乙的照顾。如解除收养关系，对顾某甲、李某的日常生活和健康不利，故应当维持双方之间的收养关系，顾某乙应对顾某甲和李某知恩、感恩、报恩，积极履行法定的赡养义务，妥善处理养父母和自己之间的矛盾，在生活中给予二老物质上及精神上的帮助和照料”。

第四，收养人难以举证证明被收养人不履行精神赡养义务。随着我国物质生活水平的提高，老年人除了基本的物质需求外，还有安全需求、情感需求和自我实现需求等精神需求。根据《民法典》第 26 条和《老年人权益保障法》第 14 条之规定，成年子女对父母负有赡养、扶助和保护的义务，赡养人应当履行对老年人经济上供养、生活上照料和精神上慰藉的义务，照顾老年人的特殊需要，即可以将赡养义务分为物质赡养义务和精神赡养义务。

当代多元化的养老模式、养老环境以及逐渐改变的养老观念使得居家养老不再成为唯一选择，实践中被收养人由于工作、距离等因素只能为老人提供机构养老或者聘请护工看护等养老条件的比比皆是。在此情况下被收养人对其看护、陪伴和照顾不足是否可以视为精神赡养义务的不完全履行，收养人若以此为由请求法院解除收养关系的如何提供证据等都成为难题。因为陪伴照顾老人虽然投入了时间成本和精力成本，却难以像金钱一样被量化，法律基于其局限性不能也不应当对家庭中子女的精神赡养义务作出强制性和具体性规定，精神赡养权规范的不明确性和概括性给予了法官较大的自由裁量空间，收养人不仅难以举证证明被收养人不履行精神赡养的义务，其提供的证据能否达到《民事诉讼法》高度盖然性的证明标准，使法官形成自由心证，更依赖于法官的经验法则、价值理念或理性良心，从而使案件的结果具有较大的不确定性。

例如，2015年上海市朱某秋诉孙某解除收养关系纠纷一案[①]中，上诉人朱某秋以被告孙某未履行赡养义务为由主张解除双方收养关系，但两审法院均认为："由于朱某秋年老多病，生活上需要有人给予照顾，然孙某考虑自己家庭成员过多，对朱某秋在生活上照顾少了些。但孙某为朱某秋支付了住院费和医疗费等，说明孙某已对朱某秋尽了一定的赡养义务。根据朱某秋提供的证据，尚难以认定朱某秋、孙某之间关系恶化至无法共同生活的程度，亦无法证明孙某存在遗弃、虐待朱某秋的行为。孙某对朱某秋关心不够，抑或导致朱某秋不满，孙某在为朱某秋提供经济上供养的同时，还应多从精神上对朱某秋主动关心，让朱某秋得以安享晚年，共享天伦。"因此司法实践中，在被收养人已提供一定程度的物质需求后，收养人很难再以精神赡养的缺失为由主张抚养关系的解除，这不单是长期漠视精神赡养义务履行的社会习惯造成的，其中也存在原告举证困难的原因。

针对上述原告举证困难的问题我们得知，举证责任的合理分配在收养关系解除的案件中具有重要作用，如果仍然适用一般的过错原则来分配证明责任反而会引发事实上的不公平和证明责任的倾斜问题。是否应当根据实际情况适当对一般的证明责任分配规则进行变通、突破或矫正，将其中某一项或几项本该由主张收养关系解除的原告当事人承担证明责任的要件，通过法律特殊规定倒置给被告一方当事人承担，否则承担不能证明的不利后果，

---

① 详见朱某秋诉孙某解除收养关系纠纷二审民事判决书，案号：(2015)沪一中民一（民）终字第1042号。

以保障对年老收养人这一弱势群体的倾斜性保护，是我们应当进一步思考的问题。[①]

（二）收养关系恶化的认定标准不明确

根据《民法典》第1115条的规定，养父母与成年养子女解除收养关系的唯一条件是双方关系恶化、无法共同生活。但关于双方当事人关系恶化的认定标准如何确定这一关键性问题，现行法没有具体明确的规定。

根据本书进行类案分析所得出的结论，司法实践中主要存在主观和客观两类关系恶化的判断标准。主观认定标准即以收养关系当事人双方的主观感受为主，若当事人认为双方关系已经恶化、无法共同生活，坚决要求解除收养关系，则其诉讼请求容易得到法院支持。采用该标准的理由在于收养关系类案件属于家事诉讼，涉及亲人和家庭等特殊因素。家庭是依靠亲情纽带相连、依靠家庭成员间互信互助关系维持的整体，彼此之间考虑最多的是保持内部和谐而非相互间的义务权利关系。因此法律在处理家庭纠纷时，应当在尊重家庭成员感情主张的前提下发挥其调整功能，帮助家庭关系恢复和谐稳定。如果法律采用绝对客观中立的裁判思想和严格的权利义务原则来处理具有感情因素的家庭纠纷，非但不能化解矛盾和恢复感情，甚至还会导致家庭关系愈加紧张。在此类纠纷中，法官只需作为中立第三方，为处于对抗地位双方搭建平等对抗与防御的平台，根据事实和证据形成自由心证，作出具有正当性和权威性的判决即可。

例如，2016年北京市李某与高某解除收养关系纠纷案件[②]中，

---

① 张熠星：《浅议我国收养制度中的几点瑕疵》，载《公民与法（法学版）》，2012年第7期。

② 详见李某与高某解除收养关系纠纷二审民事判决书，案号：（2016）京03民终697号。

二审法院认为“因收养系拟制血亲关系，其维系与否应考虑双方是否有共同生活的基础以及双方的主观意愿”。虽然被告李某提出其与原告关系一直很好，近年关系渐远系房屋拆迁后案外人挑唆及制造虚假诉讼等行为所致，并希望能与原告和好，履行赡养义务。但二审法院认为“高某本人已经清楚、明确表达了和李某解除收养关系的强烈意愿，亦明确表示不同意和好”。二审法院支持了原审法院判决解除高某和李某之间收养关系的意见。该案中法院认为原告高某作为收养人，不接受法院调解，请求解除收养关系的意愿十分坚决且强烈，主观上认为与被告李某的亲情关系已经破裂且无修复之可能，日后难以共同生活，法律应当尊重当事人的意愿，不能强制干涉当事人的家庭生活使其勉强维系收养关系。

客观评价标准是法官作为裁判者，以事实证据为基础客观评价双方关系是否已经恶化到普遍认为的无法共同生活的程度。该观点认为需要充分发挥法律在调解家庭矛盾纠纷案件中的作用，以维系家庭内部的稳定性和延续性为主要目标的同时，要注重老年人权益保护，使老年人的养老得到基本保障，以免老年人处于无人赡养的境况。因此，若法院认为双方当事人的矛盾主要来源于经济纠纷、生活琐事和意见分歧等因素，仍应考虑到养父母子女关系具有修补的可能性，双方关系紧张只是出于暂时的情绪性冲突，后续仍可通过沟通、调解等方式进行化解。反之，若法院认定被收养人有虐待、遗弃、长时间不履行赡养义务的行为或双方矛盾日积月累，关系已经处于无法挽救的地步，即使被告愿意承担赡养责任，不同意解除收养关系也无济于事。

例如，2015 年四川省德阳市孙某苍与孙某能解除收养关系纠纷[①]一案中，法院认为：“根据收养法的相关规定，法院审查上诉

① 详见上诉人孙某苍与被上诉人孙某能解除收养关系纠纷二审民事判决书，案号：(2015) 德民一终字第 743 号。

人与成年被上诉人之间收养关系是否应予判决解除的标准是双方之间的关系是否已经恶化，是否无法共同生活。本案中，上诉人孙某苍已满77岁，晚年生活需人照顾，而被上诉人孙某能坚持不同意解除收养关系，亦表示愿意继续尽赡养义务，且审理中上诉人并未提供充分证据证明其与被上诉人之间关系恶化。由此可见，上诉人与被上诉人之间并无不可调和的矛盾。矛盾与摩擦在家庭生活中在所难免，只要双方互谅互让、相互关心，就能维系长期共同生活形成的深厚感情，家庭生活也可改善。故对上诉人的上诉请求，本院不予支持。希望今后被上诉人能在生活上多关心上诉人，精神上多给予慰藉，并且尊重孝顺，相信双方的关系是可以得到改善的。”本案中，法院认为原告年事已高，若解除收养关系老年人的合法权益无法得到充分保障，希望双方可以互相谅解，互相包容，珍惜多年的父母子女情分。

关系恶化认定的标准不一给予了法官很大程度的自由裁量权，不仅导致实践中解除收养关系案件司法裁判不统一，影响司法公信力，对于当事人来说也有失公平公正，难以达到定分止争，维护家庭关系和谐稳定的效果。

（三）收养关系解除后的补偿和赔偿问题

《民法典》对于涉及补偿费的规定如下：收养关系解除后，经养父母抚养的成年养子女，对缺乏劳动能力又缺乏生活来源的养父母，应当给付生活费。因养子女成年后虐待、遗弃养父母而解除收养关系的，养父母可以要求养子女补偿收养期间支出的抚养费。若生父母要求解除收养关系的，养父母可以要求生父母适当补偿收养期间支出的抚养费；但是，因养父母虐待、遗弃养子女而解除收养关系的除外。笔者认为以下几点还值得进一步探讨和完善。

首先，对于送养人申请解除收养关系的，收养人有权向送养人索要其在收养期间为被收养人支出的费用，但对于收养人主动提出解除与送养人的收养关系的，其能否要求送养人补偿其在收养期间为被收养人支出的费用，法律对此未作出任何规定。司法实践中多有被告虽然已经达到法定年龄，理应能够独立生活，但实际上并无偿还抚养费的能力，而《收养法》只规定成年被收养人需要给付补偿金，并未规定送养人也要共同履行此义务，这就使得原告所要求的补偿金无法实现，使得原告利益受到损害。因此，仅规定了送养人可以申请补偿，未赋予收养人在出现特殊情况时的申请补偿权，法律对此是否应当作出回应，是否应将被收养人的生父母纳入补偿范围内与被收养人承担连带关系也是一个值得探讨的问题。

其次，虽然《民法典》规定了给付生活费和补偿抚养费的不同条件，但难以明确界定不履行赡养义务和遗弃之间的区别，不同的法官对两者的具体认定标准不同，导致了司法实践中出现了裁判结果混乱的现象，更有不少法官认为即使被收养人虽然不存在遗弃、虐待行为但可以根据被收养人的实际情况，判令其向收养人酌情支付一定金额的抚养费。例如，2014 年河南省新乡市张某香与郝某刚解除收养关系纠纷一案[①]中，法院认为“根据《中华人民共和国收养法》第 30 条规定，收养关系解除后，经养父母抚养的成年养子女，对缺乏劳动能力又缺乏生活来源的养父母，应当给付生活费。因养子女成年后虐待、遗弃养父母而解除收养关系的，养父母可以要求养子女补偿收养期间支出的生活费和教育费。原告张某香现年 60 岁，身患疾病，收养关系解除后，郝某刚应当给付生活费。同时，综合本案实际情况，法院酌定郝某刚补偿张某香收养期间支出的生活费和教育费 20000 元”。该案中法院经过调查了解未认定被告存在虐待、遗弃原告的行为，但仍然判决被告支付原告抚养期

① 详见张某香与郝某刚解除收养关系纠纷二审民事判决书，案号：(2014) 新中民四终字第 473 号。

间支出的生活费用和教育费用等抚养费。由此可见，被告对原告长期不闻不问，不照料看顾是不履行赡养义务还是遗弃行为在司法实践中也存在一定争议。

最后，解除收养关系后被收养人给付生活费或补偿抚养费的具体金额虽然属于法官自由裁量权的范围，但我国现行法律对此部分的细化规则近乎空白，不同的法官会根据不同的地区、案情和当事人情况判令被收养人给付生活费和抚养费，但因为给付标准过于笼统模糊，难免引起实践中案件出现不合理差别，难以统一。

例如，2014 年黑龙江省哈尔滨市王某贵与刘某娥解除收养关系纠纷案件①与 2014 年河南省郑州市上诉人梁某兴与被上诉人梁某祥、王某英收养关系纠纷案件②的案情相似，都是由于生活矛盾激化最终导致双方当事人关系恶化，无法共同生活，但前者法院判决一次性给付生活费 20000 元人民币，而后者法院判决被收养人给付 75000 元人民币的生活费，两者金额差距不可谓不大。

收养人在抚养被收养人的过程中付出了巨大的精力和物力等，在收养人已经年老的情况下如果不严格执行老年人权益保障原则，保证收养关系解除后能得到合理的生活费、抚养费等用以解决赡养问题。反之司法判决不仅不能维护老年人的身心健康和晚年安宁，还会加重对其权益的损害，有违公平公正基本原则。

五、完善成年人收养关系解除制度的立法建议

（一）建立收养关系解除过程中的实质审查机制

对于举证困难的问题，可以建立收养关系解除过程中的实质审

---

① 详见王某贵与刘某娥解除收养关系纠纷二审民事判决书，案号：（2014）哈民二民终字第 581 号。

② 详见上诉人梁某兴与被上诉人梁某祥、王某英收养关系纠纷二审民事判决书，案号：（2014）郑民二终字第 636 号。

查机制，发挥民政部门的监督作用，避免将举证的重任完全落到收养人身上。

根据我国《民法典》和《中国公民收养子女登记办法》的规定，目前对收养关系的审查局限于书面审查，且审查期限较短。我国正面提及事后监督的只有一部中国收养中心发布的办法，且法律层级低仅适用于涉外收养。法律没有规定对解除收养关系进行实质审查，工作人员即使想进行实质审查也无法可依。在收养关系建立后，民政监督主体在后期的调查或实际上门访问查看过程中考察收养人和被收养人之间的关系如何，是否有收养人或者被收养人权利受到侵害的事实发生，如果发现，民政监督部门可以被赋予法定解除收养关系的权利。收养人作为解除权的主体，由于在实务过程中缺少证据意识，未及时收集被收养人实施的不尽赡养义务行为或者遗弃行为的证据，或者在实践中对被收养人的这些行为难以证明，导致收养人的权益无法保障。所以，由民政监督部门进行实质审查，具体可通过实地采访、查看、向街坊邻居询问、听取收养人的意见等途径审查双方当事人是否关系恶化，申请理由是否真实合理，确有证据证明存在收养人和被收养人之间关系恶化或者收养人权利被侵害的事实时，民政监督部门有权直接解除收养协议，也可以在解除收养关系诉讼中提供证据，减轻收养人的举证负担，贯彻落实对老年人利益保护原则。

（二）采取主客观相结合的关系恶化认定标准

在提起解除收养关系诉讼中，法院需要界定双方关系是否恶化到需要解除的程度。对此，因现行法律规定没有明确的标准，法院需要根据个案情况予以具体审查。而在司法实践过程中，法院在认定收养人与被收养人之间的关系是否达到恶化程度常常有两种认定标准：一是法官根据当事人所提供的证据事实以社会普通群众的视角来判断是否达到关系恶化的客观标准；二是以当事人即收养人和被收养人自己的视角来判断双方关系是否达到关系恶化的主观标准。在不同的标准下往往会产生不同的裁判结果，导致司法混乱，公信力减弱，最重要的是采取单一标准来判断是否解除收养关系对于当事人来讲有失公平，比如严格按照客观标准来认定，这对当事人的举证责任提出了较高的要求并且完全不考量当事人自身感受，最后作出的判决也不能达到定分止争的效果，当事人可能再次提起上诉；同样地，如果严格按照客观标准来衡量关系恶化，司法会被牵着鼻子走，不利于维持和谐稳定的家庭关系。因此，采取主客观相结合的认定标准，在对收养人和被收养人之间的关系是否恶化进行认定时，既要考虑社会整体对其实施的行为的接受度和容忍度，也要考虑收养人和被收养人的态度，在综合考量之后作出最终判决。具体而言，法官要查明案件基础事实，主要包括双方收养关系的形成过程、共同生活情况、产生矛盾的原因、矛盾持续的时间、矛盾能否消除化解等，并以此为基础采用客观标准进行衡量。其中最重要的是产生矛盾、关系恶化原因的审查。审判实践中，导致养父母与成年养子女关系恶化的原因可能有多种，如养父母与成年养子女生活习惯差异较大、儿媳与公婆无法和睦相处、成年养子女不赡养养父母等。对于双方矛盾的细致审查有助于辨别主张解除收养关系一方是一时冲动还是已经过深思熟虑，明确当事人真实的主观态度，将主观标准与客观标准相结合，为最终裁判结果奠定基础。

（三）注重老年人权益保护，兼顾收养人与被收养人的利益

在域外法以及我国现行法的收养制度规定中都更倾向于保护被收养人利益，对收养人利益实质保护确实有限。但是在注重被收养人利益保护的同时，亦应充分保证收养人利益。特别是在收养人与成年被收养人之间解除收养关系纠纷中，收养人往往已经对被收养人付出巨大的心力物力等，并且经过漫长的时间，收养人年龄偏高，在判断是否解除双方之间的收养关系，解除后如何支付抚养费、赡养费等都应充分遵循老年人权益保障原则，保证在收养关系

解除后收养人老有所依。因此，法院在此类案件审理过程中，在保护双方当事人的合法权利基础上应更加注重老年人的权益保护，使法院作出的裁决更加符合立法本意，亦为社会公众提供正确的行为指引。尽管我国现行收养法中没有明确将老年人权益保护作为一项基本原则进行规定，但从成年养子女在解除收养关系后还应当对没有劳动能力和收入来源的养父母进行补偿、支付生活费等具体条款规定来看，这一原则是应有之义，也符合老年人权益保障法的精神。①

(四) 细化经济补偿的计算标准，赋予收养人补偿请求权

现行法律对成年养子女在解除收养关系时应当支付的教育费、抚育费以及生活费的标准或数额未作明确规定。在实践中，大量的收养关系被解除后，收养人都得不到任何补偿。通常来说，养父母抚养教育养子女的时间越长，收养人的经济状况越好，养父母为养子女所支出的金钱与精力通常也会越多，因此我们认为，收养关系被解除时，应当根据收养人抚养教育养子女的时间、收养人的经济状况，得出收养人所支出的抚养教育费的概数，同时可以考虑当地群众的一般生活水平等因素，确定应补偿的具体数额。当然此补偿数额也可以由双方当事人协商。笔者认为，为了平衡双方权益，对于生活费的支付数额，既要考虑养父母的实际需求，保证其生活水平不低于当地最低生活水平，也应考虑养子女的经济能力，不给养子女造成生活困难。

在司法实践中，不乏送养人存在欺诈或恶意隐瞒被收养人存在严重身体疾病等会对收养人的收养意愿产生重要影响的情形，导致收养人基于错误认识而实施收养行为，这在一定程度上有违诚信原则和意思自治原则，因此，我们认为，在这种情况下，收养人有权

---

① 王歌雅：《关于我国收养立法的反思与重构》，载《北方论丛》2000年第6期。

要求送养人赔偿其为成立收养关系以及收养关系成立后所支付的必要合理的支出，给收养人造成精神疾病的，可要求送养人赔偿其精神损失费。如此，能够更好地平衡收养当事人之间的权益，体现人文关怀的理念[①]。

① 傅郁林：《家事诉讼特别程序研究》，载《法律适用》2011 年第 8 期。

第六章

抚养费纠纷类案研究

一、问题的提出：抚养费与儿童权益保障息息相关

近年来，我国涉及抚养费纠纷的案件数量居高不下，2017 年至 2021 年连续 4 年呈上升趋势，2021 年达到 15918 件。大量的案件背后是数万个家庭的解体，抚养费的给付问题关系到未成年子女日后的成长环境，受教育程度以及生活幸福感，探索科学的主体问题、非婚生子女利益问题、支付方式以及抚养费金额考量因素等对于保障儿童权益具有重要意义。

二、抚养费纠纷争议的表现形式

实务中，关于抚养费纠纷的争议主要表现在以下几个方面。

（一）主体问题

我国基层法院在受理的抚养费纠纷案件中，通常都是以被抚养人为诉讼原告，直接抚养人作为法定代理人进行民事诉讼，换言之，抚养费纠纷案件中被告一定是应当支付抚养费而没有支付的一

方，目前主要是对起诉主体存在一定争议。[①]

1. 父母双方在离婚协议中已经达成了具体约定[②]

司法实务中，已经达成具体约定的情况下，引发诉讼的原因无外乎以下三种：

（1）离婚协议已经约定抚养费，负有支付抚养费义务一方不支付而引发的诉讼。此类案件共占29篇裁判文书中的18篇。其中有13篇裁判文书是以被抚养人为原告，直接抚养人作为法定代理人；有4篇是直接抚养人作为原告；还有1篇是被抚养人与直接抚养人作为共同原告，法院最后判决，由被告柏某林每月给付原告唐某（直接抚养人）抚养原告柏某好（被抚养人）抚养费1500元。

（2）离婚协议没有约定抚养费或者约定由直接抚养一方承担后

---

① 对于这个问题，观点分为以下三大类：第一类观点是：主张子女抚养费应由子女作为原告提起诉讼，因为子女抚养费是给未成年子女的，不同自己一起生活的父母一方不履行法定义务时，该未成年子女作为利益受损方，理所当然享有作为原告起诉的权利。第二类观点是：主张子女抚养费应由同子女一起生活的一方作为原告诉讼不同子女一起生活的父母一方，如果另一方不支付抚养费或者支付抚养费数额过低的话，势必会导致与子女一起生活的一方义务增加，不光需要投入精力照顾子女，还不得不投入更多的费用以保证子女的正常生活，其作为利益受到损害的一方，当然有权利作为原告提起诉讼。第三类观点是：分情况讨论，（1）如果父母双方已经协议离婚，对方未按离婚协议支付抚养费的则构成违约，应当由父母一方为原告当事人向法院起诉，要求对方按协议支付抚养费。（2）如果在离婚协议中未约定负担抚养费或者约定非直接抚养方不负担抚养费后又起诉的，以子女为原告当事人，未成年子女的父母为子女的法定代理人向法院起诉。（3）如果是父母双方已经对抚养费问题达成了协议，或已经由法院判决确定抚养费支付标准，但现在要求对确定的抚养费标准进行变更或增加的，则应当以子女为原告当事人，未成年子女的父母为子女的法定代理人向法院起诉。

② 以“抚养费纠纷”“离婚协议”为关键词在威科先行网站上搜索，限定在湖南省，2021年的案件，去除不相关案件，共收集到29篇有效裁判文书。

又提起的诉讼。此类案件共占 29 篇裁判文书中的 3 篇。其中有 2 篇裁判文书是以被抚养人为原告，直接抚养人作为法定代理人；有 1 篇是直接抚养人作为原告。

（3）离婚协议约定了抚养费但是原告要求增加抚养费的诉讼。此类案件共占 29 篇裁判文书中的 8 篇。全是由被抚养人担任诉讼主体。

以“抚养费纠纷”“不是适格主体”为关键词在威科先行网站上搜索，时间从 2016 年至 2021 年，共收集到有效裁判文书 5 篇。裁定书和判决书共 1 篇认定直接抚养人不能成为抚养费纠纷的原告，理由是原告要求被告给付其支付的邓某菲、邓某凝的医疗费、教育费均属抚养费范围，应由被扶养人作为主体提起诉讼，本案原告张某不是适格主体①；有 3 篇判决书认定直接抚养人可以成为原告，其理由为根据 2021 年修正的《民事诉讼法》第 122 条规定：“起诉必须符合下列条件：（一）原告是与本案有直接利害关系的公民、法人和其他组织；（二）有明确的被告；（三）有具体的诉讼请求和事实、理由；（四）属于人民法院受理民事诉讼的范围和受诉人民法院管辖。”本案中，张某甲作为原审原告起诉，要求原审被告刘某按照双方签订的协议书支付孩子张某乙抚养费，张某甲作为协议主体的一方，也作为孩子张某乙的母亲，是与本案有直接利害关系的公民，可以作为本案适格原告②；还有 1 篇认定未成年子女是适格原告，理由是本案系抚养费纠纷，两原告依据其母亲与被告达成的“离婚协议书”中关于对原告抚养费的约定，诉求被告每月向其支付抚养费的理由成立，主体适格③。

---

① 详见河南省南召县人民法院（2021）豫 1321 民初 3186 号。

② 详见陕西省西安市中级人民法院（2016）陕 01 民终 3034 号；四川省射洪县人民法院（2017）川 0922 民初 2116 号；辽宁省铁岭市中级人民法院（2021）辽 12 民终 1240 号。

③ 详见河南省光山县人民法院（2016）豫 1522 民初 461 号。

2. 离婚协议中未约定抚养费或者约定不负担抚养费

离婚协议中未约定抚养费或者约定不负担抚养费后又请求不直接抚养方支付抚养费的，根据《民法典》第1067条的规定，父母不履行抚养义务的，未成年子女或者不能独自生活的成年子女，有要求父母给付抚养费的权利；抚养费是对未与子女共同生活一方的强制性义务，体现对未成年子女生活的重视。夫妻离婚后，法律规定未与子女共同生活的一方应当负担子女抚养费的一部分或全部，这是一种义务，是强制性规定，并非想给就给不想给就不给，这一规定，避免了仅通过道德约束而无法达到真正解决未成年子女生活的问题，这一规定，切实保证了未成年子女应有的充足的生活来源，这一规定，充分体现了对未成年子女生活的重视。支付抚养费是父母对未成年子女的法定义务，所以在离婚协议中未对抚养费进行约定时，未成年子女仍可以作为原告，直接抚养人作为法定代理人提起诉讼。同理，离婚协议中约定不负担抚养费后，子女依据法律仍然可以作为原告向法院提起抚养费纠纷诉讼。

在威科先行网站以“抚养费纠纷”“不负担抚养费”为关键词搜索到2020年和2021年的判决书共30篇，全部判决书都记载了原告均为未成年子女。

3. 变更或者追加抚养费

父母双方已经对抚养费问题达成了协议，或已经由法院判决确定抚养费支付标准，但现在要求对确定的抚养费标准进行变更或增加的，则应当以子女为原告当事人，未成年子女的父母为子女的法定代理人向法院起诉。《民法典婚姻家庭编解释一》第55条规定：“离婚后，父母一方要求变更子女抚养关系的，或者子女要求增加抚养费的，应当另行提起诉讼。”第58条规定：“具有下列情形之一，子女要求有负担能力的父或者母增加抚养费的，人民法院应予支持：（一）原定抚养费数额不足以维持当地实际生活水平；（二）因子女患病、上学，实际需要已超过原定数额；（三）有其他正当理由应当增加。”由此可得，根据法律规定在提起增加抚养费诉讼时，应当以子女为原告当事人，未成年子女的父母为子女的法定代理人。

4. 子女成年后诉讼主体的变化

根据《民法典婚姻家庭编解释一》第53条的规定，抚养费的给付期限，一般至子女18周岁为止。16周岁以上不满18周岁，以其劳动收入为主要生活来源，并能维持当地一般生活水平的，父母可以停止给付抚养费。所以，一般来说，子女成年后其不再具有请求父母支付抚养费的权利，但是不具有独立生活能力的成年子女除外。综上所述，只需探讨原告已经成年但是无法独立生活是否具有请求抚养费的权利、原告已经成年是否具有请求支付其成年前具有抚养义务的人尚未支付抚养费部分的权利。

（1）原告已经成年，但是无法独立生活可以作为抚养费纠纷案件的原告。《民法典》第1067条第1款规定：“父母不履行抚养义务的，未成年子女或者不能独自生活的成年子女，有要求父母给付抚养费的权利。”所以根据实体法可以成为适格诉讼主体，在司法实践中法院也是支持不能独自生活的子女可以作为抚养费纠纷案件的原告。例如，在一司法案例中，原告因复读不能独立生活，父母又具有给付能力，要求父母负担教育和生活等费用（即子女抚养费，其中学费20400元、生活费8000元）于法有据，该费用原则上父母应当均等负担。间接支持了原告的诉讼主体地位。①

（2）原告已经成年是否具有请求支付其成年前具有抚养义务的人尚未支付抚养费部分的权利。以“抚养费纠纷”“已成年”“成年前”为关键词在威科先行网站上搜索，其间从2016年至2021年，共收集有效裁判文书7个；①其中4个支持成年子女可以成为请求支付成年前抚养费纠纷的原告，其中有1个裁判文书在说理部

① 详见贵州省长顺县人民法院（2021）黔2729民初1263号。

分解释为：关于庾某乙辩称的，依照我国婚姻法第21条第2款的规定，庾某甲追索18周岁前庾某乙拖欠的抚养费缺乏事实和法律依据，如果支持该抗辩，将打破立法本意，向社会公众传递“有抚养义务的父或母，只要拖欠到子女18周岁后，就不用再支付拖欠子女抚养费”的负面信息，进而引发道德风险，在社会上产生不良导向，因此对该抗辩不予支持①。②1个判决书判决成年子女已经丧失请求支付其成年前具有抚养义务的人尚未支付抚养费部分的权利；其中1个裁定书不支持成年子女可以成为请求支付成年前抚养费纠纷的原告，理由是，抚养费的主要功能是保障未成年人或无法独立生活的子女健康成长，当子女成年时，抚养费用已丧失功能，不具有保护利益。子女未成年期间父母双方或者一方未承担的抚养费用，同样因其子女成年丧失保护价值，即子女成年后，不能对其未成年期间父母应承担的抚养费用进行追偿。该案中，陈某1提起诉讼时已成年，非追索抚养费用的权利主体，可由其直接抚养人依法行使追偿权。② ③1个判决书支持了直接照顾人的诉讼请求，二原告没有法定和约定的抚养义务而事实上对李某远、李某开进行管理照顾，因此原告有权请求受益人（即法定抚养义务人）被告偿还由此支出的必要费用的权利，实际构成无因管理之债。因此二原告要求被告支付李某远、李某开从婚姻无效后至二人成年前的抚养费用，法院依法予以支持③。

（二）诉讼时效问题④

在所收集到的案例中，大部分法院支持抚养费的请求权不适用

① 详见江苏省盐城市中级人民法院（2016）苏09民终1610号。

② 详见江苏省盐城市中级人民法院（2017）苏09民终4753号。

③ 详见辽宁省建昌县人民法院（2019）辽1422民初2964号。

④ 本文以“抚养费纠纷”“离婚协议”“诉讼时效”为关键词，在威科先行网上搜索相关判决书，时间为2020年和2021年。除去不相关案件，共收集到21篇裁判文书。

诉讼时效。

1. 认为抚养费的请求不应适用时效规定的判决理由

抚养费纠纷案件即使是离婚协议也不应该适用诉讼时效。理由主要有：

（1）依据《民法典》第196条第3项［《中华人民共和国民法总则》（以下简称《民法总则》）第196条第3项］的规定。且因为《中华人民共和国民法通则》（以下简称《民法通则》）并未规定抚养费不适用诉讼时效，法院对其与《民法总则》的衔接作出了解释：《民法通则》既规定了民法的一些基本制度和一般性规则，也规定了合同、所有权及其他财产权、知识产权、民事责任、涉外民事法律关系适用等具体内容，《民法总则》基本吸收了《民法通则》规定的基本制度和一般性规则，同时作了补充、完善和发展，因《民法总则》施行后暂不废止《民法通则》，在此之前《民法总则》与《民法通则》规定不一致的，根据新的规定优于旧的规定的法律适用规则，适用《民法总则》的规定，最高人民法院依据《民法总则》制定了关于诉讼时效问题的司法解释，而原依据《民法通则》制定的关于诉讼时效的司法解释只要与《民法总则》不冲突仍可适用，虽然《民法通则》中未规定抚养费是否适用诉讼时效，但《民法总则》已明确规定了请求支付抚养费、赡养费或者扶养费不适用诉讼时效，根据新法优于旧法的规定，应适用《民法总则》的规定；此外，父母对未成年子女进行抚养是法律规定其应尽的强制性义务，在子女尚未成年的情形下，父母对其应尽的抚养义务系持续性发生的，在此期间，子女要求父母支付抚养费并不违反法律规定。对此，相关判决亦持相同的观点。[①]。

（2）其他理由主要有：抚养费的追索是建立在父母子女身份基础上的权利，抚养费的负担是父母保障子女生活的义务，且具有持

① 详见（2020）辽1322民初329号。

续性，以子女未独立生活为条件，不宜适用诉讼时效的规定，故对该项抚养费已经超过诉讼时效的抗辩意见不予采纳。

2. 认为抚养费的请求应适用时效规定的判决理由

在所收集的判决中，有 2 篇支持抚养费适用诉讼时效。其中有 1 篇法院裁判文书判决适用诉讼时效，法院只支持了起诉前 3 年的抚养费，但是该案是法院直接适用，被告并未主张[①]。另外，有 1 则裁判文书也支持了诉讼时效的适用。其说理为：现原告主张其垫付的抚养费，并非子女向父母索要的抚养费，性质上已转化为徐某与董某 1 之间的，系普通债权，普通债权当受诉讼时效的限制，故原告主张的 2015 年 10 月之前垫付的抚养费已超过诉讼时效[②]。

（三）非婚生子女抚养费

1. 非婚生子女的认定问题

我国台湾学者史尚宽认为："非婚生子女亦称私生子，韩民法亦称婚姻外之出生子，在我民法谓非由婚姻关系受胎而生子女，妾所生子女以及由苟合、无效婚姻所生子女皆属之。"这采取的是受胎说，以在婚姻关系中受胎作为非婚生子女关系成立的要件。我国学者房绍坤认为："非婚生子女是指没有婚姻关系的男女所生的子女。"这采取的是出生说，以没有在婚姻关系中出生为非婚生子女关系成立的要件。《瑞士民法典》第 252 条规定，"子女与母的关系形成于子女出生之时"。我国婚姻法主要采取的是出生说，非婚生子女关系的成立需要满足两个条件：一是生父母没有缔结婚姻关系；二是存在在婚姻之外出生的法律事实。因此，非婚生子女就是指在婚姻关系之外没有进行合法婚姻登记所出生的子女。

（1）非婚生子女的法律地位。对于非婚生子女的法律地位，我国《婚姻法》第 25 条第 1 款明确规定："非婚生子女享有与婚生子

① 详见（2021）吉 0722 民初 559 号。

② 详见（2020）苏 0903 民初 597 号。

女同等的权利，任何人不得加以危害和歧视。”《民法典》同样在第 1071 条第 1 款明确规定：“非婚生子女享有与婚生子女同等的权利，任何组织或者个人不得加以危害和歧视。”

由此可见，我国法律下的非婚生子女的法律地位和婚生子女相同，即我国法律中关于婚生子女的规定同样适用于非婚生子女，非婚生子女同样享有民法典婚姻家庭编和继承编中规定的所有权利。

（2）非婚生子女亲子关系的认定方式。虽然我国法律对于非婚生子女的法律地位进行了明确的规定，非婚生子女具有和婚生子女同等的法律地位，但是在司法实践中，非婚生子女的权益保护仍然是一个突出的问题，其中的一个主要原因便是非婚生子女的亲子关系认定存在难度。[①]

在司法实践中，非婚生子女亲子关系的认定方式主要有以下两种：

第一种是运用技术手段，进行亲子关系鉴定。亲子关系鉴定，是由专业的司法鉴定中心，对于两名或者多名自然人之间的亲缘关

---

① 在我国，婚生子女实行推定制度，即在合法婚姻关系存续期间受胎或者出生的子女，推定为夫妻双方的婚生子女。婚生子女自出生之日起便享有民法典婚姻家庭编和继承编规定的权利，无须举证证明亲子关系。但非婚生子女则不同。对于非婚生子女来说，想要主张民法典婚姻家庭编和继承编下的权利，必须先证明亲子关系。例如，非婚生子女和婚生子女依法享有平等的继承权，但是在司法实践中，非婚生子女要主张继承权，必须证明其与被继承人之间的亲子关系。如果没有进行亲子鉴定，未办理出生证明或者出生证明中未载明父亲信息，一旦生父过世，非婚生子女想要证明亲子关系的难度非常大。

系进行鉴定，从而得出是否具有亲缘关系的结论。①

第二种是适用法律规则，进行亲子关系推定。在有些情况下，亲子鉴定无法进行，如父亲不配合，导致主观上无法进行；或者父亲已经去世火化，不再有脱氧核糖核酸（DNA）样本，导致客观上无法进行。对此，我国法律和司法解释规定了亲子关系推定规则，在无法通过亲子鉴定进行直接认定的情况下，法院可以根据法律规则来推定亲子关系是否成立。

（3）亲子鉴定的司法裁判规则。

规则一：婚生子女无义务配合亲子鉴定。

---

① 亲子关系鉴定是目前司法实践中证明亲子关系最直接、也是最有效的一种方式。在实践中，进行亲子关系鉴定的对象和方式有以下几种：首先，当生父在世的情况下，亲子关系的双方可亲自前往医院直接进行鉴定。如果其中一方不愿意配合进行亲子关系鉴定，另一方可以起诉向法院提出亲子关系鉴定的申请。如果亲子关系的父亲在世，鉴定是比较方便的，一般15个工作日即可出结果。但如果父亲已经过世，进行亲子鉴定的难度非常大，但也有三种方式可行：第一种方式，由孩子、爷爷、奶奶这三人同时进行鉴定，从而得出孩子和已过世的父亲之间的亲子关系。在爷爷、奶奶两人健在的情况下，如果能够同时获得爷爷和奶奶两人的同意进行鉴定，这无疑是一种比较理想的方式。如果仅有爷爷一人，奶奶无法参与鉴定，则准确性上将大打折扣。第二种方式，由父亲的其他子女（婚生子女或者非婚生子女）和孩子同时进行亲子鉴定，可以证明亲子关系，但是其他子女的人数最好要在3个以上，如果人数过少，则无法推导。事实上，这一种方式在现实中的可行性较低。首先，婚生子女和非婚生子女之间，一般有天然的利益冲突，愿意配合的情况很少；其次，这种方式对于其他子女的人数还有一定的要求，实践中可能难以满足。第三种方式，如果非婚生子女为男孩，那么可以由家族中的任一男性，如由父亲的兄弟、爷爷、爷爷的兄弟等男性，通过基因中Y染色体的检验，推断出被鉴定人是否属于同一父系。但是，这一种方式无法直接证明亲子关系，只能证明属于同一父系。

在江苏法院公布的两则婚姻家庭年度典型案例中[①]，法院认为，婚生子女无义务配合非婚生子女进行亲子鉴定。这两则案例都是非婚生子女主张继承权的典型案例，非婚生子女要求被继承人的婚生子女配合进行亲子鉴定，否则应当推定亲子关系成立。对此，两则案例中的法院一致认为，婚姻法司法解释中确立的亲子关系推定规则应当将适用主体范围严格限定在父母子女之间，而并不适用于兄弟姐妹之间，婚生子女并无配合非婚生子女进行亲子鉴定的义务，更无亲子关系推定规则适用的余地。身份关系具有鲜明的道德性和伦理性，又与财产紧密相连，随意扩大亲子关系推定规则适用主体的范围不符合法律及司法解释的精神。

规则二：法院对亲子鉴定持审慎态度。

在《人民司法·案例》2017 年第 14 期的一个典型案例中，法院认为，本案继承权是否存在不以亲子关系鉴定为依据，最终不同意亲子关系鉴定。在这一案例中，刘某某于 2010 年 8 月 15 日死亡，遗留房屋、汽车等遗产共计 1900 余万元，未留遗嘱。刘某某于 1989 年 8 月与藏某红结婚，生育一女藏某某。1995 年 2 月，刘某某与藏某红协议离婚，约定：藏某某由藏某红抚养，刘某某每月负担抚养费 1000 元，藏某某为双方当事人今后各自拥有财产的合法继承人之一。1997 年 12 月刘某某又与姚某某结婚，生育子女刘甲、刘乙。刘某某死后，藏某某主张继承遗产。姚某某私自采集藏某某的头发与刘某某生前使用的牙刷中的遗留物，隐名送鉴定机构进行 DNA 检测，结论排除二人有亲子关系，遂拒绝分配遗产给藏某某。藏某某起诉请求继承刘某某的遗产，被告姚某某等人提出对藏某某与刘某某之间是否存在亲子关系进行鉴定。但藏某某不同意进行鉴定。

---

① 江苏法院 2018 年婚姻家庭典型案例之八、2019 年度婚姻家庭十大典型案例之六。

重庆市第五中级人民法院再审后认为，亲子鉴定具有很强的伦理性，涉及父母、子女的隐私权，因此，主张亲子鉴定应当严格限定于父母与成年子女本人。被继承人刘某某生前并未提起否认亲子关系的诉讼，而是依离婚协议履行对藏某某的抚养义务。另外，子女与父母有自然血亲关系，不是享有继承权的必备条件，形成抚养关系的继子女、养子女，没有自然血亲关系也可享有继承权。因此，一、二审不支持姚某某等人进行亲子鉴定的主张，是依法对藏某某及其母亲名誉权、隐私权的保护，也是对逝者刘某某名誉的尊重，是正确的。遗产分配优先尊重死者生前的意思表示，刘某某在与藏某红的离婚协议中明确表示：藏某某为双方当事人今后各自拥有财产的合法继承人之一。刘某某一直未予以改变，藏某某依此约定享有继承权。

在北京市第一中级人民法院审理的一例法定继承案件［（2014）一中少民终字第00010号］中，隔代采样的亲子鉴定申请被法院驳回。

（4）亲子关系推定的司法裁判规则。在无法进行亲子鉴定的情况下，法院可以根据《婚姻法司法解释三》规定，结合民事诉讼证据规则和案件事实，推定亲子关系成立。[①] 因此，适用亲子关系推定规则的关键在于，上述司法解释中的“必要证据”应当如何理解？根据笔者检索的案例，司法实践中的主流裁判规则总结如下。

规则一：出生证明可以作为必要证据。

---

① 《婚姻法司法解释三》第2条规定：“夫妻一方向人民法院起诉请求确认亲子关系不存在，并已提供必要证据予以证明，另一方没有相反证据又拒绝做亲子鉴定的，人民法院可以推定请求确认亲子关系不存在一方的主张成立。当事人一方起诉请求确认亲子关系，并提供必要证据予以证明，另一方没有相反证据又拒绝做亲子鉴定的，人民法院可以推定请求确认亲子关系一方的主张成立。”而根据《民法典》，成年子女也拥有独立的诉权主张亲子关系。

在北京和上海的多个案例中[①]，法院认为，出生证明中的父亲信息可以作为《婚姻法司法解释三》中的“必要证据”，适用亲子关系推定规则。出生证明对于证明亲子关系意义重大，如果孩子在出生时由于客观原因没有办理出生证明的，最好也在事后进行补办，且出生证明中应当载明父亲的信息。

规则二：亲子鉴定结论优于出生证明。

既然出生证明和亲子鉴定都可以作为认定亲子关系的必要证据，如果出生证明中的父亲信息和亲子鉴定的结果不一致，应当以哪个为准呢？答案是亲子鉴定结论。[②]

规则三：既无亲子鉴定又无出生证明，可根据高度盖然性推定。

在没有出生证明又无法进行亲子鉴定的情况下，当事人还是可以对亲子关系进行主张，法院一般会结合当事人的举证，根据是否已经达到法定的举证责任，即是否达到了高度盖然性的标准，推定亲子关系。[③]

---

① 例如，(2015) 闵少民初字第184号、(2015) 海少民初字第262号和(2014) 通少民初字第7165号三个案例都是以出生证明来证实亲子关系。

② 在（2017）沪0118民初4625号一案中，法院认为应当以亲子鉴定的结论为依据认定亲子关系。法院认为，DNA亲子鉴定是判断亲子关系是否存在的重要依据。虽然原告出生医学证明记载是其法定代理人与案外人所某，但经DNA亲子鉴定，支持被某为原告的生物学父亲。DNA亲子鉴定由具有鉴定资质的鉴定机构通过合法程序作出，符合法律规定，被某亦予以认可，本院予以采信。

③ (2015) 沪一中少民终字第17号便是一起适用民事诉讼证据规则进行亲子关系推定的典型案例。在这一案件中，法院认为，本案系一起亲权案件，尽管王甲无法提供亲子鉴定的科学报告，但如果从其所提供的证据来看，其已经尽到法定的举证责任，并已经基本达到高度盖然性的标准，客观上是由于小张某某原因未能通过科学鉴定予以证实，并且小张某某拒绝鉴定没有合理和充分理由，应当由小张某某承担结果意义上的举证责任。

综上所述，虽然我国法律明确规定了非婚生子女与婚生子女享有同样的法律地位，但是在司法实践中，非婚生子女的权利保护仍然面临许多问题，尤其是在生父过世后，非婚生子女想要主张继承权通常会面临较大的困难。不管是生父生母，还是孩子，都有必要了解法律知识，提前做好必要的准备，以便更好地维护自己的合法权利。

2. 向非婚生子女付抚养费是否侵犯夫妻共同财产权

根据《婚姻法司法解释一》第 17 条关于《婚姻法》第 17 条关于夫或妻对夫妻共同所有的财产，有平等的处理权的规定，应当理解为：（1）夫或妻在处理夫妻共同财产上的权利是平等的。因日常生活需要而处理夫妻共同财产的，任何一方均有权决定。（2）夫或妻非因日常生活需要对夫妻共同财产作重要处理决定，夫妻双方应当平等协商，取得一致意见。他人有理由相信其为夫妻双方共同意思表示的，另一方不得以不同意或不知道为由对抗善意第三人；婚姻关系存续期间，夫妻双方对共有财产共同享有所有权，夫或妻非因日常生活需要处分夫妻共有财产时应当协商一致，任何一方单独处分夫妻共有财产，如果一方超出日常生活所需擅自将共有财产赠与他人，另一方事后不予追认的，是一种无权处分的行为，且损害了夫妻共有财产权，该赠与行为无效。

根据《民法典》第 8 条、第 10 条及第 153 条的规定，违背公序良俗的法律行为无效。夫或妻一方给付给非婚生子女抚养费的行为未违反民法上的公序良俗原则，未损害社会公共利益，不应当认定为无效的民事法律行为。对于给付的抚养费如何处理，主要有以下两种情形：一是不返还。金额小、多次支付且金额没有超出抚养费的合理范围，法院判决不返还。二是返还部分。法院判决扣除抚养费后的余额部分返还。

（四）抚养费支付方式

1. 判决一次性支付抚养费，法院考量因素有哪些？

抚养费是未成年人学习、生活、医疗等基本生活需要的保障。为避免给抚养人造成过重负担，法院通常判决抚养义务人定期支付抚养费。但在特殊情况下，法院也可判决抚养人一次性支付抚养费。司法实践中，当法院判决一次性给付抚养费时，应考虑哪些因素？《民法典婚姻家庭编解释一》第50条规定："抚养费应当定期给付，有条件的可以一次性给付。"其中的"有条件"如何理解？法院在判决一次性支付抚养费时有哪些考量因素？

最高人民法院审理的"史某名与杨某栩离婚纠纷案"[1] 中明确抚养费给付方式应优先考虑子女权益。最高人民法院《民法典婚姻家庭编解释一》第50条规定抚养费应当定期给付，有条件的可一次性给付，即确定抚养费的给付方式，应以定期给付为原则，一次性给付为例外。确定抚养费给付方式，应从最大化保护未成年人权益的角度出发予以衡量。给付子女抚养费的目的在于保障未成年人的生存权益，探视权是父母的权益，若二者之间发生冲突，应优先考虑保障子女的权益。基于儿童最大利益原则和对生存权利的保障，法官对于一次性给付抚养费的裁量，应当符合一次性给付的可行性和必要性。可行性是针对支付义务人是否有支付的经济基础而言的。如果一次性支付没有可行性，对方没有这个支付能力，那么你即便拿到判决书，法院也无法执行，这个判决就是一纸空文，有损法庭的威严；必要性在于平衡各方的道德风险。对于支付一方而言，一次性支付可以避免其通过恶意转移财产等方式逃避支付义务。但对于实际抚养孩子的一方而言，其可能挪用孩子财产，损害孩子生存权利。因此，法院对于一次性支付是慎重的。具体来讲主要有以下几种类型：

（1）在抚养费纠纷案件中，外籍子女要求一次性支付抚养费

---

① 详见最高人民法院（2018）辽01民终1616号。

的，法院应予支持。在“米1诉裴某江抚养费纠纷案”① 中，人民法院判定抚养人是否应一次性支付抚养费，需考虑一次性支付的可能性和必要性。所谓可能性是指抚养人是否具有一次性支付的经济能力，对于具有一次性给付抚养费能力的抚养人而言，也并不必然导致一次性给付方式的适用，还需考虑其必要性。鉴于外籍子女的特殊性，如果分期支付抚养费，可能会出现抚养费收取困难、执行程序烦琐费力、成本过高的问题，人民法院应判决一次性支付全部抚养费用。

（2）不直接抚养子女的父或母一次性支付抚养费须以现实可能性和客观必要性为前置条件。在“瞿某诉蔡某抚养费纠纷案”②中，父母对子女有抚养教育的义务，不直接抚养子女的生父或生母，应当负担子女的生活费和教育费，直至子女能独立生活为止。一次性支付抚养费须以现实可能性和客观必要性为前置条件，不直接抚养子女一方经济状况良好，有一次性支付全部抚养费的经济实力，为保障子女的健康成长，人民法院对抚养人提出的一次性支付抚养费请求应予支持。

（3）确定一次性支付抚养费要考虑一方的经济条件和子女的权益。在“陈某1诉计某某同居关系纠纷案”③ 中，对子女抚养费的数额的确定，要综合考虑未成年人的年龄和生活环境等因素；一方要求不抚养子女一方一次性支付全部抚养费的，既要考虑当事人的经济条件，也要保障子女的合法权益。当事人没有经济条件一次性支付全部抚养费，且分期支付更有利于保障子女今后生活的，人民法院不予支持一次性支付全部抚养费的诉讼请求。

2. 一次性支付抚养费后，子女要求增加抚养费的，法院是否

① 详见北京市第二中级人民法院（2010）二中少民终字第02782号。

② 详见福建省厦门市中级人民法院（2012）厦民终字第1656号。

③ 详见浙江省杭州市余杭区人民法院（2017）浙0110民初19725号。

支持?

离婚协议虽约定子女随一方生活，另一方一次性支付全部抚养费。但随着实际生活水平的不断变化，一次性支付抚养费后，子女再次要求未直接抚养一方增加抚养费的，法院是否支持?

在“周某诉周某明抚养费纠纷案”① 中，基于儿童利益最大化和依法保护未成年人合法权益原则，离婚协议虽约定子女随一方生活，另一方一次性支付抚养费后不再承担任何抚养费用，但子女仍可在必要时要求未直接抚养方每月另行支付抚养费。父母离婚时确定的抚养费，在一定条件下，可以根据实际情况的变化，依法予以变更。

按照《民法典》第1085条第2款的规定，子女关于增加抚育费的合理请求，不受协议或判决原定数额的限制。这种请求，往往是由直接抚养子女的一方代为提出的，最高人民法院《民法典婚姻家庭编解释一》第58条对抚养费增加的条件进行了具体的规定。在现实生活中，负担抚养费的一方可能会基于某些事由提出减少或免除原定子女抚养费的请求。对此，父母双方可以协商确定，如协商不成，可诉请法院处理。在“陈某1、陈某2等抚养费纠纷案”②中，被告与案外人陈某4原系夫妻关系，双方生育双胞胎儿子陈某1、陈某2。后因感情破裂，被告向福州市鼓楼区人民法院起诉离婚。此前，福州市鼓楼区人民法院作出（2018）闽0102民初8009号民事判决，民事判决书中确定的抚养费为每月2000元。由于该标准距起诉时已两年多，物价水平有所上涨，参考上一年度城镇居民人均消费性支出的标准，酌定将每人每月的抚养费增加至1200元，被告应负担至原告年满18周岁为止。

一次性支付抚养费后无法满足生活需求，子女仍可要求不抚养

---

① 详见重庆市第一中级人民法院（2016）渝01民终8169号。

② 详见福建省福州市仓山区人民法院（2021）闽0104民初3011号。

一方支付抚养费。在“金1诉金某抚养费纠纷案”[①] 中，夫妻双方对子女有抚养和教育的权利及义务。离婚时，关于子女的抚养费和教育费的协议或判决，不妨碍子女在必要时向父母任何一方提出超过协议或判决原定数额的合理要求。离婚后，不抚养子女的一方已一次性付清抚养费，但协议或判决的原定数额已明显偏低，无法满足现在生活需要的，人民法院可以依据不抚养子女一方的负担能力及当地实际生活水平，酌情增加抚养费数额。

3. 协议约定定期给付抚养费，是否可以起诉请求变更支付方式？

在“苏某1与苏某2抚养费纠纷案”[②] 中，案涉离婚协议约定按月支付抚养费，但是由于非直接抚养方拖欠支付，抚养方向法院请求一次性支付剩余全部抚养费。法院对此不予支持。苏某1要求苏某2一次性支付其从2012年4月起至年满18周岁止的抚养费67000元的请求能否支持的问题。根据《民法典》第1085条[③]和《民法典婚姻家庭编解释一》第50条的规定，由于《离婚协议书》是苏某1与苏某2自愿达成的，已经发生法律效力，该协议约定由苏某2每月支付抚养费1000元。现原告苏某1要求苏某2一次性支付其从2012年4月起至年满18周岁止的抚养费67000元，而苏某2明确表示不同意。此外，原告苏某1也没有举证苏某2有足够能力一次性支付抚养费的证据和推翻《离婚协议书》约定的依据。故原告苏某1该诉讼请求，依据不充分。

---

① 详见上海市松江区人民法院（2016）松少民初字第34号。

② 详见广东省江门市蓬江区人民法院（2012）江蓬法民一初字第635号。

③ 《民法典》第1085条规定：“离婚后，子女由一方直接抚养的，另一方应当负担部分或者全部抚养费。负担费用的多少和期限的长短，由双方协议；协议不成的，由人民法院判决。前款规定的协议或者判决，不妨碍子女在必要时向父母任何一方提出超过协议或者判决原定数额的合理要求。”

由此可知，在离婚协议双方约定定期支付的，如果没有证明可以一次性支付抚养费的证据和推翻《离婚协议书》约定的依据，原则上不予变更。

4. 一方拖欠支付抚养费，另一方是否可以此为由起诉请求一次性支付剩余抚养费？

在“陈某1、陈某2等抚养费纠纷案”① 中，被告与案外人陈某4原系夫妻关系，双方生育双胞胎儿子陈某1、陈某2。后因感情破裂，被告向福州市鼓楼区人民法院起诉离婚。2019年4月18日，福州市鼓楼区人民法院作出（2018）闽0102民初8009号民事判决，判决准予双方离婚，婚生子陈某1、陈某2由陈某4抚养，被告每月支付抚养费2000元至婚生子18周岁止等。2019年5月13日，该判决发生法律效力。原告主张，判令被告一次性支付两原告自起诉之日起至成年之日止的抚养费人民币1030000元（每月5000元/人，至2029年10月，共计8年7个月），因为被告在与陈某4离婚后两年半，且在法院强制执行下，才于2021年2月开始支付前期抚养费，这已经严重损害了两原告的权益，加重了原告法定代理人的负担。法院认为两原告要求被告一次性支付抚养费，亦无事实和法律依据，对该诉讼请求不予支持。又如在“蔡某某、刘某抚养费纠纷案”② 中，夫妻双方在合同中约定违反抚养费支付协议，承担违约责任的方式为一次性支付剩余抚养费，原告主张要求拖欠方一次性支付剩余抚养费，法院对该请求不予审理。

由上可知，原告以被告拖欠支付抚养费为由主张其一次性支付剩余全部抚养费，法院一般不予审理或者支持。

5. 离婚协议中关于抚养费支付的违约金条款的效力问题。

通常离婚协议中都会约定，离婚后不直接抚养子女的一方需要

---

① 详见福建省福州市仓山区人民法院（2021）闽0104民初3011号。

② 详见贵州省毕节市七星关区人民法院（2021）黔0502民初18250号。

支付抚养费，而且抚养费往往是按月支付或者按年支付，很少有一次性支付完毕的。因此，在抚养费的支付过程中，也会存在不按照约定支付抚养费的情况。那么，如果在离婚协议中约定了不按期支付抚养费就需要承担违约金的条款，是否会得到法院的支持呢?

对于这个问题，可参见最高人民法院在2015年12月4日公布的婚姻家庭纠纷典型案例“博小某诉博某抚养费纠纷案”①。该案件中，原、被告在夫妻分居协议中约定了被告逾期支付抚养费的违约金，后被告欠付抚养费，原告起诉到法院要求被告支付抚养费并依约支付违约金，法院驳回了原告要求被告支付违约金的诉讼请求。受理法院认为抚养费的给付是基于身为父母的法定义务，而并非基于父母双方的协议，该协议可以且只能约定抚养费的数额，且该法定义务不能因父母双方的协议而免除。因此，公民法定义务的履行只能依据法律法规的约束，而不宜因公民之间约定的违约金条款而予以约束。抚养费设立的初衷是保护离婚后未成年人子女的合法权益，是以赋予未抚养一方法定义务的方式，努力使得未成年子女的生活恢复到其父母离婚前的状态。抚养费本质上是一种对未成年人的保障，因此，抚养人不应以违约金的形式从子女的抚养费中获利。

此案例之后，很多法院遵循上述判例，不支持欠付抚养费的违约金。其主要理由有：(1) 离婚协议中关于抚养费的约定不同于一般的合同，具有人身属性，因此，对于违约金不予支持。② (2) 父母对子女的抚养义务是法定义务，离婚协议中约定欠付抚养费的违约金于法无据。③ (3) 被抚养人作为原告起诉，其并不是要求被告

---

① 详见北京市东城区人民法院（2014）东少民初字第10025号。

② 详见浙江省岱山县人民法院（2021）浙0921民初1513号；山东省济南市历下区人民法院（2021）鲁0102民初2189号。

③ 详见河南省郑州市中原区人民法院（2020）豫0102民初4987号。

支付违约金的适格主体。[①]（4）违约金约定过高，原告并未证明其因为被告的违约而造成的损失。[②]

也有一些法院[③]，支持欠付抚养费的违约金。理由为离婚协议系双方真实意思表示，因此，其中约定的欠付抚养费的违约金应当予以支持。

由上可知，离婚协议中关于抚养费违约金的约定。此类违约金条款效力如何，实践中有争议。持否定说的认为抚养义务的履行只能适用法定主义调整方法，不应当适用违约金条款加以约束；抚养人也不应当以违约金的形式从子女的抚养费中获利；此外，一方违约给对方带来的损失无法确定，也无法衡量违约金是否过高。持肯定说的认为离婚协议是双方当事人的合意，在协议中约定抚养费违约金并不违反法律的强制性规定和公序良俗，并且以经济制裁的方式督促违约方履行义务有利于对未成年子女的保护。

笔者赞成肯定说的观点，一方面，离婚协议中关于抚养费的约定，虽然抚养义务是法定义务，且其具有人身属性，但是其从本质上来说，还是关于财产的约定，且法律既然赋予了夫妻双方离婚时对抚养费的给付金额、给付方式、给付时间以及是否给付自行约定的自由，其约定违约金，也应当属于双方的意思自治予以保护，尤其是《民法典》出台实施后，根据第 464 条[④]，其应当具有合法性。另一方面，约定逾期支付抚养费的违约金，也有利于督促不直接抚养子女的一方按时支付抚养费，有利于未成年子女利益的保

---

① 详见陕西省西安市雁塔区人民法院（2021）陕 0113 民初 14726 号；北京市朝阳区人民法院（2021）京 0105 民初 53074 号。

② 详见陕西省西安市莲湖区人民法院（2019）陕 0104 民初 7075 号。

③ 详见上海市浦东新区人民法院（2021）沪 0115 民初 66952 号。

④《民法典》第 464 条规定："合同是民事主体之间设立、变更、终止民事法律关系的协议。婚姻、收养、监护等有关身份关系的协议，适用有关该身份关系的法律规定；没有规定的，可以根据其性质参照适用本编规定。"

护。采取一定的经济制裁手段督促承担抚养费的一方及时履行，并未对其人身自由利益产生损害，也有利于减轻直接抚养一方的经济压力，符合未成年子女利益最大化的精神。

（五）抚养费支付金额和期限标准

目前，我国法律对于抚养费支付金额和支付期限没有强制性规定，在司法实践中通常依靠法官的自由裁量权结合多种因素综合考虑进行调解和裁判。

1. 抚养费支付金额的标准

（1）协议优先。关于抚养费给付金额问题，我国法律尊重父母双方协议解决，协商不成的，再由人民法院判决。最高人民法院公报案例“刘某先诉徐某、尹某怡抚养费纠纷案”，徐某与尹某芳于2008年5月16日签订了书面《子女抚养及财产处理协议书》，约定女儿尹某怡由尹某芳抚养，徐某每月支付抚养费2万元，至尹某怡20周岁时止。2008年8月，尹某怡起诉徐某要求支付抚养费，上海市徐汇区人民法院经审理后判决徐某每月支付抚养费1万元，至尹某怡20周岁。此后，2014年6月，尹某怡再次起诉，要求增加抚养费至2万元，上海市徐汇区人民法院（2014）徐少民初字第60号判决支持了尹某怡的诉讼请求。但该判决被上海市徐汇区人民法院（2014）徐民一（民）撤字第3号民事判决一审判决撤销，认为其损害第三人即徐某配偶的利益。该案被告尹某怡上诉，上海市第一中级人民法院认为（2014）徐少民初字第60号判决内容并无不当，并撤销了一审判决。上海市第一中级人民法院强调，“抚养费费用的多少和期限的长短，系先由父母双方协议，协议不成时再由法院判决”。本案中徐某对于支付尹某怡抚养费的费用和期限都已经明确作出承诺，虽然徐某承诺支付的抚养费数额确实高于一般标准，但在父母经济状况均许可的情况下，都应尽责为子女提供较好的生活、学习条件。

（2）协议在先，适当增加或减少。抚养费纠纷协议优先是原则，但是在特别情况下人民法院有权判决适当增加或减少抚养费金额。①协议约定抚养费过低适当增加。2020 年四川省高级人民法院发布《四川法院未成年人司法保护典型案例》“李某某诉周某某抚养纠纷案”，该案原告李某某父母离婚时协议约定，李某某由女方抚养，男方周某某每月支付生活费 200 元。男方周某某自 2006 年起，每月支付 200 元的生活费，2009 年起未再支付生活费。法院认为，父母关于子女生活费和教育费的协议，不妨碍子女在必要时向父母任何一方提出超过协议约定的合理要求。因此法院将李某某的抚养费提至每月 500 元，并且承担孩子教育费、医药费的一半。②协议约定抚养费超过父母负担能力则适当减少。“李某 2、李某 1 抚养费纠纷案”中，李某 2 与妻子赵某离婚时约定，李某 2 每月支付 5000 元抚养费给李某 1，法院结合李某 2 的收入水平及本地实际生活水平，判决李某 2 每月支付抚养费 1000 元，较二人离婚协议约定大幅减少。

随着社会生活水平逐年提高，物价上涨，当年约定的两三百元生活费已不能满足现在未成年子女的日常基本生活需要和教育医疗需要，不利于未成年子女的健康成长。但父母的收入水平也可能随时间发生巨大变化，完全负担不起高额的抚养费，影响其个人生活需要。因此尽管协议在先，法院也可视情况对抚养费金额进行调整。

（3）固定收入按比例支付。现行《民法典婚姻家庭编解释一》第 49 条规定，父母有固定收入的，抚养费一般可以按其月总收入的百分之二十至三十的比例给付；无固定收入的，抚养费的数额可以依据当年总收入或者同行业平均收入，参照上述比例确定。实践中如果法院能够查明其固定收入，那么基本是按照这个比例范围来判决抚养费金额，但如果法院认为抚养费过低则会适当增加。例如，“李某 1、张某 1 离婚纠纷案”，一审、二审法院认可了李某 1 关于其每月收入 2000 元左右的陈述，因此根据李某 1 的收入情况和财产情况判决其承担每月 500 元的抚养费，占其收入的 25%，医疗费、教育费凭发票均摊。但再审法院认为该判决不符合法律规定，改判李某 1 每月支付 800 元抚养费，对医疗费、教育费不再另行规定，此时抚养费占其收入的 40%。

（4）无固定收入参照当地生活水平情况。第一，参照当地人均可支配收入情况。如前所述，法院在考虑抚养费金额时，给付方的固定收入是一大因素，但是实践中很可能遇到无法查明给付方固定收入的情况或者给付方给的证明中其固定收入相当低的情况。此时法院可能参考当地人均可支配收入确定抚养费金额。例如，2014 年"田某某与田某抚养费纠纷上诉案"，该案中被告田某某没有固定收入，因此法院判决时参考了当地上一年度城镇居民人均可支配收入，酌情确定由田某某每年给付田某抚养费 3500 元，但换算下来每月不超过 300 元，金额相当之低。2015 年最高人民法院通报的婚姻家庭纠纷典型案例之一"王某某与王甲抚养费案"中，被告主张原、被告均是农村户口，应按农村居民人均纯收入从起诉之日起支付抚养费，但法院考虑到未成年子女上学情况，最终判决被告按照城镇居民人均纯收入的标准支付原告抚养费。2021 年"张某 2、张某 1 抚养费纠纷案"，一审中原告未能举证证明被告的收入情况，二审被告上诉也未针对其无能力支付抚养费履行举证责任，因此二审法院认同一审法院的计算标准，以 2021 年全体居民人均可支配性收入 32738 元为基数，按月平均 30% 计算，判决被告每月承担 820 元抚养费。在此，存在很明显的问题，法院参照"当地"人均可支配收入时，对于当地可能出现多种理解，或是"城镇"或是"农村"，亦可能是包括城镇居民和农村居民在内的"全体"居民。

第二，参照当地人均消费支出情况。与前述适用情况类似，法院可能参照当地上一年度居民人均消费支出给付抚养费。例如，最高人民法院于 2020 年发布的典型案例"何某与李某抚养费纠纷案"，原告何甲请求增加抚养费，法院认为每月 300 元抚养费确已无法满足何甲日常生活、学习等必要消费性支出需求，判决李某按照河北省上年度城镇居民人均年消费性支出的50%给付何甲抚养费。该案采用了浮动式抚养费给付方式，既保障了未成年人权益，又便于双方履行，是邢台法院创新家事审判的有益之举。2015 年的典型案例之一“余某诉余某望抚养费纠纷案”，法院在判决时参考了河南省农村居民人均生活消费支出水平。最高人民法院强调，在婚姻家庭类案件中，人民法院在对未成年子女的抚养费进行判决、调解时，抚养费标准一般是依据当时当地的社会平均生活水平而确定。在这一标准下，既可能参照城镇居民消费支出标准，也可能按照农村居民消费支出标准计算，这与孩子生活在城镇或农村相关；既可能参照上一年度居民消费支出标准，也可能按照当年居民消费支出标准计算。

第三，参照当地最低工资标准情况。参照此种标准计算抚养费的案例较少，因为最低工资标准通常很低，在此基础上乘以 20%至30%得到的金额更低，不适合用于保障未成年子女的生活和教育。但 2018 年陕西省“咸某 1 等与咸某 1 抚养费纠纷上诉案”却支持该种抚养费计算方法。该案中，原告父亲去世，由祖母抚养，被告是原告的母亲，其在外打工却主张其没有能力抚养二子女。法院在考虑到两原告均为学龄儿童的情况下，依据 2017 年延安市安塞区最低工资标准 1580 元/月，仅判决被告承担每人每月 395 元的抚养费，这是否能够保证两个孩子的生活和教育支出，让人质疑。

（5）必要支出单独计算。《民法典婚姻家庭编解释一》第 42 条规定，《民法典》第 1067 条所称“抚养费”，包括子女生活费、教育费、医疗费等费用。但不应就此一概认为每月支付固定数额抚养费后，无须再支付医疗费。而应考虑抚养费、教育费、医疗费的支出的原因与具体数额，同时兼顾夫妻双方的利益公平。因此，我国规定的抚养费应理解为包含基本的教育费与医疗费，而不应包含为孩子利益客观必须支出的较大数额的医疗与教育费用。由此，教育费、医疗费等较大数额的必要支出可以单独计算，要求给付抚养费一方均摊费用。例如，最高人民法院 2015 年通报的典型案例“麻某某诉麻晓某抚养费纠纷案”，原告麻某某因治疗眼睛、参加少儿兴趣培训班、学习辅导班产生了较多费用，原告起诉要求被告增加抚养费并支付医疗费和教育费。法院依据《民法典》第 1085 条第 2 款的规定，判决被告支付麻某某医疗费和教育费的 50%，但并未支持原告要求增加抚养费的请求。法院强调，在每月支付的固定数额抚养费之外另行主张的大额子女抚养费用请求是否应予准许，首先应当考虑该请求是否符合未成年人的利益以及是否有相应的法律依据；其次应当考虑该请求是否属于因未成年人合理需求产生的支出，法律不鼓励超前的或者奢侈的抚养费需求；最后应当考虑未成年人父母的经济能力与实际负担义务，相应费用若由一方负担是否会导致双方义务负担的不平衡。

（6）其他因素。除了协议、支付方收入水平、当地实际生活水平、子女的实际需要等标准外，法院对抚养费金额考量时还会考虑支付方的再婚情况，由此可能产生支付方使用再婚后的夫妻共同财产支付抚养费，导致赠与行为与支付抚养费行为混淆产生纠纷。例如，最高人民法院 2014 年案例“田某抚养费纠纷申请再审民事案”，马某婷认为，田某 1 未经妻子马某婷同意擅自将夫妻共同财产赠与田某 1 非婚生子田某之母曹某，赠与行为无效；而田某、曹某认为田某 1 的行为是依法履行法定义务支付抚养费。最终法院支持了马某婷的请求。除此之外，法院还会考虑支付方再次生育的情况，如最高人民法院 2017 年案例“李某 1、李某 2 抚养费纠纷再审审查与审判监督民事案”，该案原告李某 1 要求增加抚养费，但法院考虑到李某 2 与李某 1 之母离婚后，再次结婚并生育一子需要抚养，因此驳回李某 1 的再审申请。

2. 抚养费支付期限的标准

（1）协议优先。法律遵守当事人意思自治原则，如果当事人就抚养费的期限达成一致，则法院优先依据当事人约定的期限进行判决。例如，“刘某先诉徐某、尹某怡抚养费纠纷案”，徐某与尹某芳达成的《子女抚养及财产处理协议书》中约定徐某将给付女儿尹某怡抚养费至其20周岁止，最终法院支持该约定。例如，“李某2、李某1抚养费纠纷案”，李某2与李某1的母亲赵某离婚时约定给付抚养费至孩子25岁为止。法院认为该离婚协议为双方真实意思表示，不违反法律、行政法规的强制性规定，不违背公序良俗，合法有效，双方均应按照协议约定履行。最高人民法院2015年典型案例“原告李某霖、李某诉被告李某1抚养费纠纷案”，离婚协议书约定：原告李某霖由男方抚养，女方暂代养孩子四年，男方不支付抚养费。孩子上大学、结婚费用全部由男方承担。法院认可该约定，认为此为关于原告李某霖的抚养及抚养费的承担方式、承担时间的约定，不违反法律的禁止性规定。因此该案中抚养费的支付期限就为原告李某霖完成结婚为止。

（2）18周岁为止。法院判决给付抚养费一方承担的给付期限中，“至18周岁止”是常见选择。《最高人民法院关于人民法院审理离婚案件处理子女抚养问题的若干具体意见》（法发〔1993〕30号，2021年1月1日起失效，以下简称《意见》）第11条规定，抚育费的给付期限，确定给付期限一般至子女18周岁为止；但16周岁以上不满18周岁，以其劳动收入为主要生活来源，并能维持当地一般生活水平的，父母可停止给付抚育费。例如，“顾某甲与顾某某抚养费纠纷案”，该案顾某甲不服原审法院将抚养费给付期限变更为至18周岁时止，认为这一判决结果可能导致实际总抚养费的减少，减少原告的利益，并且不符合《民事诉讼法》，因此提起上诉。但上诉法院以原审法院变更抚养期限为18周岁符合《意见》第11条的规定，并且这一变更不影响原告在必要时向被告主张抚养费权利，因此并不导致实际总抚养费的减少。“张某2、张某1抚养费纠纷案”与前述案例类似，原审法院在审理时未对抚养期限作出判决，二审中被上诉人张某1主张抚养费的支付应直至其独立生活为止，但不被二审法院认可，二审法院对于抚养费的给付期限以“未成年子女”为认定标准，改判张某2的抚养期限为张某1年满18周岁为止。

（3）独立生活为止。《民法典》第1067条第1款规定了抚养费的给付期限：“父母不履行抚养义务的，未成年子女或者不能独立生活的成年子女，有要求父母给付抚养费的权利。”而《民法典婚姻家庭编解释一》第41条对该条“不能独立生活的成年子女”作出解释，为“尚在校接受高中及其以下学历教育，或者丧失、部分丧失劳动能力等非因主观原因而无法维持正常生活的成年子女”。

相较于“18周岁为止”的支付期限，法院在司法实践中更倾向于判决抚养费支付期限为被抚养人能够“独立生活为止”。例如，“邱某甲与敬某某抚养费纠纷案”，双方当事人自愿签订离婚协议，约定原告每月给付2万元抚养费，至女儿能够独立生活为止。一审法院依据原《最高人民法院关于人民法院审理离婚案件处理子女抚养问题的若干具体意见》第7条第1款“子女抚育费的数额，可根据子女的实际需要、父母双方的负担能力和当地的实际生活水平确定”的规定，判决原告邱某甲每月付给被告敬某某婚生次女邱某丙抚养费3000元至其年满18周岁时止。该判决很明显偏向于原告，二审认为一审认定事实错误，改判邱某甲每月支付敬某某抚养费17000元，至婚生次女邱某丙独立生活为止。再如2013年“屈某与屈某为抚养费纠纷案”中，原告为被告之子，虽已年满18周岁，但因患有疾病没有独立生活的能力，仍需被告履行抚养义务。因此法院支持了原告继续支付抚养费的请求，并且考虑到原告病情的特殊性，将抚养费期限暂定为5年。

但是很明显，法律规避了不能独立生活的在校大学生要求抚养费的权利，对此是否需要法律加以规制有所争议。

（4）婚姻关系存续期间为限。最高人民法院典型案例“付某桐诉付某强抚养费纠纷案”指明，婚姻关系存续期间，父母双方或者一方拒不履行抚养子女义务，未成年或者不能独立生活的子女请求支付抚养费的，人民法院应予支持。在此类案件中，抚养费的支付期限有协议的协议优先（18 周岁为最低限制），没有协议的通常判决为 18 周岁为止（如“付某桐诉付某强抚养费纠纷案”）或独立生活为止，例外的是“以婚姻关系存续期间为限”。例如，2010 年典型案例“江某诉江甲抚养费纠纷案”，厦门市思明区人民法院经审理认为，鉴于被告当时已提起离婚诉讼，抚养费支付的期间暂以被告江甲与姜乙夫妻关系存续期间为限。

三、抚养费法律风险及其防控

（一）抚养费诉讼主体的风险与防控

1. 在离婚协议中约定抚养费的，谁可以成为诉讼主体

结合以上案例分析可知，夫妻之间一旦就抚养费问题如数额、付款期限等达成离婚协议，当负有支付抚养费义务一方拒不支付抚养费时，谁可以成为提起抚养费纠纷的主体，司法实践中尚存在不同做法。就上述分析的案例情况看，（1）针对直接抚养方是否可以作为诉讼主体：判例中有部分支持直接抚养方可以成为提起抚养费纠纷主体，也有判例支持了直接抚养方与未成年子女作为抚养费纠纷的共同原告；但也存在法院因为直接抚养方作为原告而被法院认为诉讼主体不适格而裁定驳回起诉的情形。（2）针对未成年人能否作为诉讼主体：从上有案例看，法院都是支持未成年子女作为该类案件的诉讼主体，虽然有上诉人称其案诉讼主体应为李某（离婚协议的签订主体），请求二审法院依法改判。但是终审法院最终驳回上诉，维持原判。理由在于上诉人主张本案诉讼主体应为李某。父母对子女负有基于法律的直接规定而产生的法定义务，这种义务既有人身属性，又有经济属性，且不附加任何条件，不因夫妻双方之间婚姻存续状态的变化而变化，它是子女抚养费请求权的基础。故

本案请求支付抚养费主体应为被上诉人鞠某1（未成年子女）[①]。

在离婚协议中约定抚养费的，谁可以成为诉讼主体呢？当事人如果以此提出抗辩，法院该如何裁判呢？法律未进行明确，司法机关裁判不一。笔者认为在该类案件中应当以直接抚养人作为诉讼主体，至少不能因此而裁定驳回起诉。理由如下：首先，《民法典》第464条第2款规定："婚姻、收养、监护等有关身份关系的协议，适用有关该身份关系的法律规定；没有规定的，可以根据其性质参照适用本编规定。"离婚协议中关于抚养费的约定，具有财产属性，可以参照适用合同编的规定，因此该离婚协议应当约束双方当事人，至此直接抚养人可以成为适格原告。否则将使离婚协议中的抚养费条款失去强制力和可诉性。其次，子女每月的抚养费无法精确到具体数额，且抚养费的目的在于抚育子女，子女作为未成年人，不是抚养费的直接接收方，而是直接抚养人。非直接抚养人是通过给付抚养费从而履行了不能直接抚养的义务。再次，非直接抚养方拒绝支付抚养费，加重了另一方的抚养义务，导致权责不对等，使另一方遭受损失。最后，让子女成为诉讼主体，与父母处于对立方，不利于亲子关系的维系，不利于促进父母子女关系和谐。综上，笔者认为直接抚养人应当有资格成为该类案件的诉讼主体，法律也应当对其进行明确。

2. 成年子女能否向具有抚养义务的人追讨在其成年前尚未支付的抚养费部分

根据前面所分析的案例，有些法院认为当子女成年时，抚养费用已丧失功能，不具有保护利益，因此成年子女不再具有追偿权，但是抚养费代付方可以向有抚养义务但未支付抚养费一方追偿，但是更多法院支持成年子女可以向在其成年前具有抚养义务的人追讨尚未支付的抚养费部分。笔者赞同后者，因为根据《民法典》第

① 详见辽宁省朝阳市中级人民法院（2021）辽13民终3414号。

196 条的规定，请求支付抚养费不受诉讼时效的规定。且直接抚养方代付抚养费的目的是更好地抚育子女，在抚养费纠纷案件中与成年子女是利益一体，直接抚养方代付抚养费并未导致抚养费的消灭。另外，如果直接抚养人有异议的，可以根据《民事诉讼法》的规定申请成为有独三或者提出第三人撤销之诉或者申请再审等诉权来救济自己的权利。

（二）有关非婚生子女的抚养费的法律风险及其防控

1. 非婚生子女追索抚养费的诉讼时效

根据《民法典》第 196 条第 3 项的规定，抚养费追索不适用诉讼时效规定，非婚生子女可以自知道或者应当知道自己权益受到损害起的任意时间提起诉讼，追索抚养费，保护自己的合法权益。

2. 非婚生子女的抚养费强制执行难

《婚姻法》第 25 条规定了关于抚养费承担的要求，无论是否为直接抚养非婚生子女的抚养人，非婚生子女的生父母都应当承担抚养费，这条是我国解决非婚生子女抚养费的主要规定。抚养费的承担需要以亲子关系的成立为前提，司法实践中常常出现亲子关系难以确定，生父母一方往往拒绝承认且逃避诉讼，导致抚养费难以得到有效落实。有关非婚生子女抚养费的执行问题，我国法律规定的是可以强制执行，但对执行的方式规定得不够具体。抚养费影响着非婚生子女的生存和发展，首先法律应将可以强制改为应当强制执行，抚养费的支付形式应优先接受现金支付，这样会减少执行成本且能及时执行，还可以采用转账等电子支付方式，最后就是对于抚养义务人支付抚养费的监督，我国可以采取信息追踪来保证抚养费的执行。倘若难以找到抚养义务人，或者抚养义务人确实无能力支付抚养费，为了保障非婚生子女的生存，我国还应当建立一套针对非婚生子女的社会保障项目，增设保障资金作为非婚生子女抚养费的最后救助措施。

（三）抚养费支付方式纠纷风险及其防控

目前，我国子女抚养费的给付方式是以定期付款为主，一次性付款为补充。这样的方式还是比较合理的，既不会使给付方产生过大的经济压力，又能保证抚养费的定时到位。不过实践中对于“一次性支付”的给付方式应该再三考虑方可执行。一次性支付固然方便了直接抚养方对抚养费用的收取，也杜绝了给付方拖延和拒付的可能，然而随之而来的隐患也比较明显。

首先，定期支付的方式有利于减轻义务人的压力；其次，随着子女年龄、父母收入及物价生活水平等的变化，子女可能需要增加抚养费，一次性支付的方式会导致其丧失调整的权利；再次，抚养费与探望权虽无直接对等关系，但定期支付抚养费有利于促进和保障探望权的正常行使，维护离婚后子女与非直接抚养方的正常关系，缓解离婚导致父母关系紧张的情形；最后，一次性抚养费是一笔数额较大的财产，其主要用途是子女生活，由于未成年人不能直接支配该笔财产，需由抚养方代管，虽然法律规定监护人不得侵犯未成年人的财产，但是生活中仍是难以避免该款挪作他用等情况的出现，这将直接损害未成年人的利益。

综上所述，抚养费的支付方式首选为定期支付，但是如果出现定期支付不便，比如人在国外、在监狱服刑等，或者是不及时履行，后续可能没有财产支付，或者愿意一次性支付较多抚养费等情况的，应判决一次性支付抚养费。法定代理人确定具体的支付方式应遵循对未成年人最有利的原则，以保障未成年人生活为首要目的，确实维护未成年人利益。

（四）抚养费支付金额与期限的法律风险及其防控

1. 抚养费支付金额存在的法律风险及防控措施

司法裁判案例反映出，抚养费支付金额标准不一，导致实践中存在几个方面的法律风险：（1）2020 年人均可支配收入 3.2 万元，在此基础上月均收入的20%为533元，但2020年抚养费支付金额在500元以下的判决仍然占较大比例（27.6%），金额在1000元以下的判决占绝大部分（59.4%）。抚养费支付总体存在金额较低的情况。(2) 协议在先的情况下，部分法院判决适当增加或减少抚养费的依据不足。实践中还存在法院面对支付方收入较高、抚养费较高的情况，判决降低抚养费比例的案例。① (3) 支付方无固定收入情况占比多，但事实上有固定收入但没有证据证明的情况不少；并且不乏固定工资收入虽少，但其他收入如分红、股息等收入多的情况，在此情况下诉请抚养费一方常存在证明难的问题。(4) 无固定收入应参照当地实际生活水平的标准，"实际生活水平"可以被理解为收入水平、消费水平或可支配收入等；"当地"也可分为城镇、农村、全体居民地。这其中的金额差距较大，如"城镇人均收入水平"与"农村人均消费支出水平"差距就可能达到数倍以上。

对上述问题，可采取以下四方面措施加以防控：

第一，设置抚养费最低标准。制定全国统一的最低抚养费标准不切合实际，但可依据各省、自治区、直辖市综合各地区实际经济发展状态和生活成本，通过参考各地消费性支出、物价指数等统计数据确定各地最低抚养费标准可以体现更多合理性。同时，抚养费数额的确定应当是在契合经济发展速度及总结长期审判实践的基础上逐步确定，不应事先硬性划定固定标准，以免数额限制僵化。

第二，扩大"收入"的范围。对于"收入"的定义，除包含基本工资外，还应当包括奖金、奖品、版税、其他动产及不动产、保险利益、信托收入、继承权、失业福利、养老和退休福利等。当事人不如实交代收入情况的，法院可以向税务机关申请查

---

① 详见江苏省南京市秦淮区人民法院民事判决书（2013）秦民初字第94号。

阅给付义务人的纳税申报表。对于无经济收入的义务人，法院除了要审查造成其无经济收入的原因，还需要审查其名下的财产状况。为防止故意回避或减少抚养费的给付，法院还应当继续审查其原行业平均收入、日常消费情况等，不应简单以无收入状态确定抚养费标准。

第三，设置无固定收入情况下的浮动式抚养费支付标准。浮动式支付标准以“当地实际生活水平”为依据，固定数额的抚养费随着经济发展已不能满足未成年人成长需求，另行起诉既浪费司法资源又增加了当事人诉累，采用浮动式抚养费给付方式，既能够保障未成年人权益，又便于双方履行，同时也能够节约司法资源。

第四，明确“当地实际生活水平”的范围界定。随着经济的发展和子女的成长，生活、教育费用的上涨成为必然。以“农村人均消费支出”作为判断当地实际生活水平的依据有时可能并不利于保护未成年人的利益，因此法院在使用该依据时应当慎重。

2. 抚养费支付期限存在的法律风险及防范措施

虽然实践中支付期限判决标准不一，但因法律规定相对完善所以产生的问题较小，法律漏洞和实践问题主要表现为支付期限是否应当包含成年的大学生在校期间各种费用。《民法典婚姻家庭编解释一》将“不能独立生活”的成年子女限制在尚在校接受高中及其以下学历教育或者丧失或未完全丧失劳动能力等非因主观原因而无法维持正常生活的范围内，将在高等院校接受高等教育的成年子女排除在外。在高校读书的大学生，虽然已经成年，但自身没有直接的经济来源，打工的时间有限，如果父母不予支持，则很难面对昂贵的学费和生活费用，从而难以完成学业。

面对该法律风险，许多法律人建议根据儿童最大利益延长抚养费的支付期限，将不能独立生活的在校大学生纳入抚养费支付的范围内。此举有其必要性：尽管大学生可以通过申请低利息的国家贷款付学费，但日常生活费、医疗费等还需自己解决，申请低保补助或学校奖助学金可以减少在校大学生的一些经济压力，但是大学生应对风险的能力低，一旦出现生病等意外情况，会使在校大学生陷入绝境，所以，法律支持其向父母要求支付抚养费不失为一条路径。

第七章

离婚损害赔偿纠纷类案研究

离婚损害赔偿，是指夫妻一方有过错致使婚姻家庭关系破裂，离婚时对无过错的一方所受的损失，有过错的一方应承担的民事赔偿责任。《民法典》第1091条规定："有下列情形之一，导致离婚的，无过错方有权请求损害赔偿：（一）重婚；（二）与他人同居；（三）实施家庭暴力；（四）虐待、遗弃家庭成员；（五）有其他重大过错。"

一、问题的提出：离婚损害赔偿的制度价值无法在实践中得到充分彰显

离婚损害赔偿作为一种救济程序和救济制度，在双方离婚时可以弥补弱势一方（通常为无过错方）的力量不足，通过要求过错方承担责任的方式弥补对方受到的伤害。该制度在婚姻家庭案件的审判中起到重要作用，对于维护婚姻中弱势一方利益具有重要意义。

但理想和现实往往存在较大的差距。离婚损害赔偿制度的理论价值往往在司法实践中无法得到充分的彰显，且在司法适用中对相关问题的理解也存在不同的认知。

例如，离婚协议能否等价于通常的民事合同，其中的损害赔偿可否直接由当事人约定，尽管该赔偿并不属于《民法典》所规定的情形；再如，实践中存在许多当时所要求的损害赔偿数额和法官所判的数额相差巨大的情况，离婚损害赔偿的数额应该遵守什么样的标准；此外，离婚损害赔偿和因离婚所遭受的损失的区别，等等，这些情况对于大多数当事人来说都是陌生的，因此在实践中会出现各种各样的合理或者不合理的诉讼请求。

期望我国的离婚损害赔偿制度能在实践中不断得到加强和完善，得到良好的运行和反馈，可以更好地解决当前我国社会上存在的“第三者”、被家暴、被侵害等问题，同时也推进我国相关法律制度的进步和完善。

二、离婚损害赔偿纠纷类案检索数据[①]整体情况

共计检索到565个相关案例，我们筛选了58个典型案例。其余案例不作重要参考是因为大多数当事人的离婚损害赔偿请求分为以下两种情况：（1）基本上没有证据支持，证据不足；（2）案件没有争议，法院支持了当事人的请求；等等，此类案件的争议不大，故在分析时本书将此类案例排除。

（一）离婚损害赔偿典型案例的分布区域

截至2021年10月25日，在威科先行法律信息库以上述检索式进行检索，得到裁判文书共565篇。从裁判年份来看，自2017年1月至2021年10月，相关纠纷逐年递增；从分布地域来看，审理离婚损害赔偿相关民事纠纷案件的管辖法院多集中在山东省、四

① 以威科先行法律信息数据库（https：//law.wkinfo.com.cn/）为检索平台进行数据检索，笔者将关键词限定为“离婚损害赔偿”，检索范围为“案情”，检索模式为“常规”，案件类型为“民事”，裁判日期为“2017年1月—2021年10月”。

川省、福建省、重庆市、上海市等地；从标的额来看，离婚损害赔偿相关民事纠纷标的额多在 50 万元以下。

（二）离婚损害赔偿典型案例所涉标的额

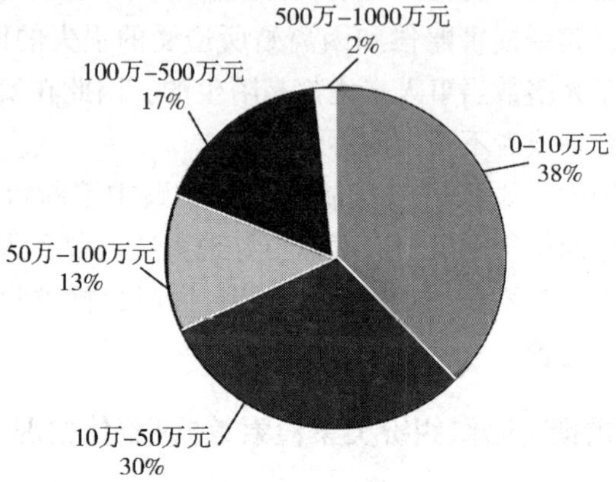

图 7–1　标的额分布

（三）离婚损害赔偿纠纷典型案例类型

通过分析筛选出的 58 个典型案例，有较大争议的纠纷大致分为以下几类：

第一类：离婚协议约定了离婚损害赔偿，但并不符合法律明确规定的离婚损害赔偿的情形能否被法院支持，占 14%；

第二类：当事人一方所提出的离婚损害赔偿的认定标准应当如何确定，占 11%；

第三类：仅婚内出轨并与他人生育子女，但未与他人形成同居状态，能否请求离婚损害赔偿，占 14%；

第四类：婚内所生育子女与一方无生物学关系，能否请求离婚损害赔偿，占 43%；

第五类：离婚损害赔偿与离婚所产生的经济损失的区别，占 9%；

第六类：离婚损害赔偿法定情形中“虐待”（家暴）的认定，占 9%。

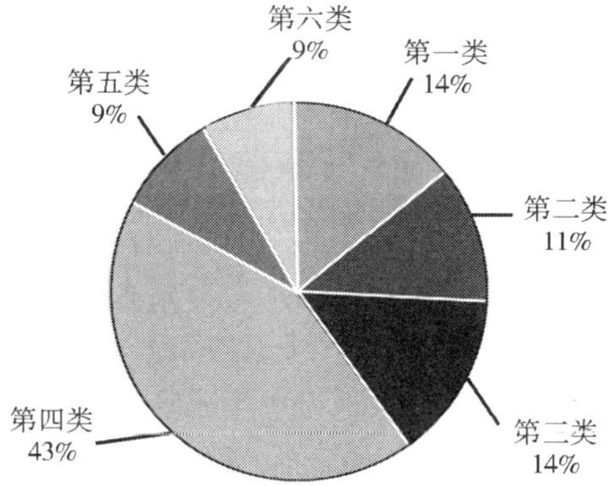

图 7-2　六类典型案例占比

三、离婚损害赔偿制度的适用及其完善

《民法典》第 1091 条虽然明确了可以提出离婚损害赔偿的情形及其适用，但在实务中，无论实体上还是程序上均存在“模糊地带”，需要加以明确与完善。

（一）离婚协议约定的离婚损害赔偿不符合法律明确规定的情形能否被法院支持

此类案件占据 31 个案件的 14%，可见问题还是具有普遍性的。此类案件的关键在于认定“鉴于男方要求离婚的原因，男方应一次性补偿女方精神损害费××万元整”性质和效力。

1. 典型案例之介绍

上诉人与被上诉人于 2018 年 4 月 2 日签订离婚协议协议离婚，该离婚协议明确子女抚养、财产及债务处理等事项，并约定“鉴于男方要求离婚的原因，男方应一次性补偿女方精神损害费伍拾万元整，精神损害费 5 年之内给清”。[①]

二审法院认为，上诉人并未提出被上诉人存在需赔偿其精神损害法定情形的有效证据，双方当事人的该约定不符合有关离婚精神赔偿的法律规定；而离婚协议中“鉴于男方要求离婚的原因”，又不是离婚纠纷中无过错方取得精神赔偿的法定情形，而是双方当事人协议达成的情形，在无明确法律规定，协议一方当事人由不认可、不主动履行的情形下，鉴于离婚协议与普通合同的性质存在显著的不同，人民法院应当对相应约定条款是否符合法律规定进行审查，而不能径行依据离婚协议中约定的条款直接予以支持；同时，协议的约定应当明示，上诉人诉讼中主张该精神赔偿的约定实质为被上诉人对其因财产分配而给予的一种折价补偿，但显然该约定中并没有财产折价补偿的意思表示，对于上诉人的该项主张，没有证据证实，依法不予支持；故对上诉人的该项诉讼请求一审法院不予支持并无不当。

2. 法理之评析

本案系一起离婚后财产及离婚后损害责任纠纷案。争议的焦点在于双方在离婚协议中约定“鉴于男方要求离婚的原因，男方应一次性补偿女方精神损害费伍拾万元整”性质和效力如何认定。实践中，经常会出现夫妻在婚姻关系存续期间签署忠诚协议的情形，如夫妻双方约定：“双方应互敬互爱，对家庭、配偶、子女要有道德感和责任感。若一方在婚姻期间由于道德品质的问题，出现了背叛另一方的不道德行为（婚外情），要赔偿对方名誉损失及精神损失费××万元。”

（1）该约定不是忠诚协议。关于夫妻在婚姻关系存续期间签署忠诚协议是否有效，最高人民法院在《中华人民共和国民法典婚姻家庭编继承编理解与适用》一书中明确：夫妻之间签订忠诚协议，

① 详见（2021）鲁 03 民终 1966 号民商判决书。

应由当事人本着诚信原则自觉自愿履行，法律并不禁止夫妻之间签订此类协议，但也不赋予此类协议强制执行力，从整体社会效果考虑，法院对夫妻之间的忠诚协议纠纷以不受理为宜。理由如下：

第一，如果法院受理此类忠诚协议纠纷，主张按忠诚协议赔偿的一方当事人，既要证明协议内容是真实的，没有欺诈、胁迫的情形，又要证明对方具有违反忠诚协议的行为，可能导致为了举证而去捉奸，为获取证据窃听电话、私拆信件，甚至对个人隐私权更为恶劣的侵犯情形都可能发生，夫妻之间的感情纠葛可能演变为刑事犯罪案件，其负面效应不可低估。

第二，赋予忠诚协议法律强制力的后果之一，就是鼓励当事人在婚前签订一个可以“拴住”对方的忠诚协议，这不仅会增加婚姻成本，而且也会使建立在双方情感和信任基础上的婚姻关系变质。

第三，忠诚协议实质上属于情感、道德范畴，当事人自觉自愿履行当然极好，如违反忠诚协议一方心甘情愿净身出户或赔偿若干金钱，为自己的出轨行为付出经济上的代价。但是如果一方不愿履行，不应强迫其履行忠诚协议。

上海市高级人民法院在相关指导性意见中规定：对夫妻双方签有忠实协议，现一方仅以对方违反忠实协议为由，起诉要求对方履行协议或支付违约金及赔偿损失的，人民法院不予受理；除《婚姻法》第 46 条规定的情形外，夫妻一方在离婚案件中以对方违反忠实协议或违背忠实义务为由，要求对方支付违约金或损害赔偿的，审理该案的人民法院不予处理。江苏省高级人民法院于 2019 年 7 月 18 日印发的《家事纠纷案件审理指南（婚姻家庭部分）》中指出，夫妻忠诚协议是夫妻双方在结婚前后，为保证双方在婚姻关系存续期间不违反夫妻忠诚义务而以书面形式约定违约金或者赔偿金责任的协议。夫妻是否忠诚属于情感道德领域的范畴，夫妻双方订立的忠诚协议应当自觉履行。夫妻一方起诉主张确认忠诚协议的效力或者以夫妻另一方违反忠诚协议为由主张其承担责任的，裁定不予受理，已经受理的，裁定驳回起诉。

就本案协议条款而言，系原、被告在婚姻登记机关申请离婚登记时达成的离婚协议，并未体现双方在结婚前后，为保证双方在婚姻关系存续期间不违反夫妻忠诚义务而以书面形式约定违约金或者赔偿金责任，故不是忠诚协议。

（2）该约定非附条件的离婚财产及债务处理协议。《民法典》第 1076 条规定："夫妻双方自愿离婚的，应当签订书面离婚协议，并亲自到婚姻登记机关申请离婚登记。离婚协议应当载明双方自愿离婚的意思表示和对子女抚养、财产以及债务处理等事项协商一致的意见。"婚姻关系的本质是一种身份关系，这种特定的身份关系伴随着法定的财产关系，但这种法定的财产关系允许婚姻当事人通过约定加以改变，有《民法典》第 1065 条的规定作为依据。《民法典》第 1065 条第 1 款规定："男女双方可以约定婚姻关系存续期间所得的财产以及婚前财产归各自所有、共同所有或者部分各自所有、部分共同所有。约定应当采用书面形式……"这种"约定"即协议、合同，而且是关于财产权属问题的合同。关于这类合同的订立、生效、无效、撤销、变更的原则，需要适用《民法典》婚姻家庭编和合同编的相应条款。当然，在适用时需要考虑到离婚涉及财产分割协议确实存在一些与一般民事合同不同的地方，由于离婚的男女毕竟与对方有过夫妻名分，共同生活过一段时间，可能还育有子女，在订立关于分割共同财产协议或离婚协议时，除了纯粹的利益考虑外，常常会掺杂感情因素。当事人依照《民法典》第 1076 条签订的关于财产以及债务处理离婚协议，是指实质上的财产及债务处理协议，既包括单纯的财产分割及债务处理协议，也包括混合内容的协议中财产及债务处理部分。根据《民法典》合同编第 472 条规定，要约内容必须具体明确。因此，离婚协议中的财产处理协议应当明确财产分割办法、财产范围和具体数额。

本案中，原告主张 50 万元精神赔偿金，名为"精神赔偿"，实为对财产分割的“折价补偿”。通过离婚协议书，明显发现：原告放弃了房产、车辆的所有权，把房产赠给了孩子，还承担了大量的债务。被告却实实在在获得了价值50万元的车辆。被告则辩称，双方签订的《离婚协议》，公平、合理地分割了两人的共同财产与债务，并且原告取得的权益要多于被告。财产与债务分割情况：①房产归子女所有；②应收账款18万元归原告所有；③双方共同拥有的公司名下所有资产（包括动产与不动产）归原告所有；④车辆一辆归被告所有；⑤债务被告偿还14万元，原告偿还11.4万元。从《离婚协议》约定的财产和债务分割来讲，被告分割到的财产要少于原告，但被告承担的债务要多于原告。因此原告主张的“精神赔偿”是基于其取得的较少财产的“折价补偿”不准确，本案不存在“折价补偿”的事实依据。根据法律规定，协议的约定应当明示，原告诉讼中主张该精神赔偿的约定实质为被告对其因财产分配而给予的一种折价补偿，但显然该约定中并没有财产折价补偿的意思表示，对于原告该项主张，没有证据证实，依法不应得到支持。

（3）该约定是双方的一种离婚损害赔偿协议。离婚损害赔偿，是指因夫妻一方的重大过错致使婚姻关系破裂的，过错方应对无过错方的损失予以赔偿的法律制度。《民法典》第1091条规定：“有下列情形之一，导致离婚的，无过错方有权请求损害赔偿：（一）重婚；（二）与他人同居；（三）实施家庭暴力；（四）虐待、遗弃家庭成员；（五）有其他重大过错。”离婚损害赔偿的适用条件有五个：一是一方对离婚存在过错。二是过错方实施了妨害婚姻家庭关系的违法行为。包括：重婚；与他人同居；实施家庭暴力；虐待、遗弃家庭成员；有其他重大过错，包括通奸、卖淫、嫖娼、赌博、吸毒等过错行为。三是另一方没有过错。四是过错方的损害行为造成了损害结果。包括物质损害和精神损害。五是过错行为与损害结果之间存在因果关系。离婚损害赔偿制度既适用于协议离婚，也适用于诉讼离婚。《民法典婚姻家庭编解释一》第 89 条规定："当事人在婚姻登记机关办理离婚登记手续后，以民法典第一千零九十一条规定为由向人民法院提出损害赔偿请求的，人民法院应当受理。但当事人在协议离婚时已经明确表示放弃该项请求的，人民法院不予支持。"

离婚损害赔偿本质上是过错方对无过错方侵权行为导致的损害赔偿，如果侵权事实存在，双方就赔偿金额达成了一致，或者在"夫妻忠诚协议"中曾对离婚损害赔偿作出约定，应当尊重当事人对权利的自行处分。在先约定的情况下，如果一方在离婚损害赔偿真正发生时反悔且不能协商一致，人民法院仍应当按照前述的方式进行处理。

本案原告主张被告实施家庭暴力，离婚前被告与婚外异性同居，以此为据主张精神损害赔偿，被告对其主张及所举证据予以否认。离婚损害赔偿纠纷案件的举证同其他普通民事诉讼案件一样，在举证责任上都适用"谁主张、谁举证"的原则。从《民法典》第 1091 条的规定看，受害方也就是无过错方负有举证责任。离婚损害赔偿的证据主要包括：①过错行为人承认错误的文字记录或口头陈述；②由过错方所在的居（村）委会或其所在单位出具的其与他人同居或与他人以夫妻名义相称共同生活的证明；③由婚姻登记机关出具的其与他人结婚的证明；④有关机构如医院出具的证明遭受家庭暴力的诊断或者有关机关出具的伤情鉴定书；⑤由人民法院作出的构成虐待罪、遗弃罪或其他关于家庭暴力犯罪的刑事判决书；⑥左邻右舍的证词；⑦能证明一方有过错事实或行为的照片；⑧司法、行政、执法机关的相关记录等。就本案而言，原告并未提出被告存在需赔偿其精神损害法定情形的有效证据，双方当事人的该约定不符合有关离婚精神赔偿的法律规定；而离婚协议中"鉴于男方要求离婚的原因"，不是离婚纠纷中无过错方取得精神赔偿的法定情形，而是双方当事人协议达成的情形，在无明确法律规定，协议一方当事人有不认可、不主动履行的情形下，鉴于离婚协议与普通合同存在显著的不同性质，人民法院应当对于相应约定条款是否符合法律规定进行审查，而不能径行依据离婚协议中约定的条款直接予以支持。《离婚协议》约定被告支付精神抚慰金是基于“男方提出离婚的原因”，不仅不符合《民法典》第1091条的规定，而且夫妻一方提出解除婚姻关系，是基于人身权利，是婚姻自由的一种体现，而一方在主张权利时却要承担较大的义务，也不符合《民法典》的立法本意。

综上所述，原告基于离婚协议，主张离婚后财产及离婚后损害责任，离婚协议中“鉴于男方要求离婚的原因，男方应一次性补偿女方精神损害费伍拾万元整”，不是离婚纠纷中无过错方取得精神赔偿的法定情形，原告主张该精神赔偿的约定实质为被告对其因财产分配而给予的一种折价补偿，但该约定中并没有财产折价补偿的明确意思表示，故对原告要求被告立即支付精神赔偿金50万元的诉讼请求人民法院不应支持。

（二）当事人一方所提出的离婚损害赔偿的认定标准应当如何确定

此类案件数量占筛选案例的11%，是提起离婚损害赔偿案件中较为普遍的案件类型。

1. 典型案例之介绍

（1）夫妻双方无事先约定，当事人一方诉请离婚精神损害赔偿。此类案件多为夫妻双方事先没有约定，离婚协议中亦没有对相关事项进行协商，而当事人一方诉请较高的精神损害赔偿金、精神抚慰金、离婚损害赔偿金、精神损失费等离婚损害赔偿。此类案件中，各地法院对于符合《民法典》第1091条规定情形的，予以认定当事人精神损害赔偿主张，但对具体赔偿数额，酌情调整。关于损害赔偿数额，依据《最高人民法院关于确定民事侵权精神损害赔偿责任若干问题的解释》，应结合当事人过错程度、当地经济水平、当事人的经济能力等综合认定。尽管法律对于具体离婚损害赔偿的认定标准规定并不明晰，综合检索案例，发现法院对该类案件似自有其裁判基准：若过错方符合《民法典》第1091条所规定之某一项情形的，则无过错方精神损害赔偿金多认定为2万元①；若过错方满足《民法典》第1091条所规定之某几项情形的，则无过错方精神损害赔偿金酌情增加。②

（2）夫妻双方于离婚协议中事先约定精神损害赔偿金额，当事人一方诉请对方履约。从现有的判决来看，若夫妻双方在离婚协议中自由协定了精神损害赔偿金，则无论该款项是否过高、合理与

---

① （2021）津0116民初11449号：马某1与马某2离婚后损害责任纠纷一审民事判决书：本院认为，根据《最高人民法院关于适用〈中华人民共和国民法典〉婚姻家庭编的解释（一）》第69条之规定，离婚协议中关于财产以及债务处理的条款，对男女双方具有法律约束力。本案当事人马某1与马某2已办理离婚手续，离婚协议内容对双方均具有法律约束力，当事人均应依照协议约定履行义务。原告马某1现依照协议约定要求被告马某2履行协议义务的诉讼请求，于法有据，本院予以支持。

② （2020）沪0104民初30653号徐某某与廉某1离婚后损害责任纠纷一审民事判决书：本院认为，夫妻双方在婚内应当尽到忠诚的义务，对于因家暴、出轨等情形导致婚姻破裂的，无过错方有权要求过错方承担损害赔偿责任。现徐某某出具的有关庭审笔录、廉某1自书材料、相关谈话录音、电话录音中，廉某1多次自认婚内出轨的事实，并且承认曾将徐某某打伤，可以认定廉某1在婚姻存续期间确存在较大过错。廉某1称手写材料系徐某某逼迫所写，录音中自认的言语没有直接承认出轨，但其并未就抗辩的事实予以举证证明，且亦与录音中反映的事实不符，故本院不采纳其抗辩意见。廉某1称徐某某在婚内也有出轨行为，但在举证期间内亦未提交任何证据举证，故本院对其所陈述的事实亦不予采纳。综上，本院支持徐某某要求廉某1支付损害赔偿金的诉请，但其要求赔偿的数额过高，本院依据廉某1的过错程度予以调整。依照《最高人民法院关于适用〈中华人民共和国民法典〉时间效力的若干规定》第2条及2001年的《婚姻法》第46条规定，判决如下：廉某1于本判决生效之日起10日内给付徐某某关于婚内过错损害赔偿金3万元。

否，均是当事人意思自治的体现，法律不多加干涉，予以了支持。①

2. 法理之评析

对于离婚损害赔偿金额的认定，若当事人已于离婚协议中自由协定，则应当遵循意思自治原则，法院不应多加干涉；若当事人没有约定，可以综合行为方式、过错程度、所受损害、社会影响、夫妻双方财产状况和经济能力等作为综合考量因素。②

对于精神损害赔偿，适用2021年1月1日施行的《最高人民法院关于确定民事侵权精神损害赔偿责任若干问题的解释》的有关规定。《最高人民法院关于确定民事侵权精神损害赔偿责任若干问题的解释》第5条规定："精神损害的赔偿数额根据以下因素确定：（一）侵权人的过错程度，但是法律另有规定的除外；（二）侵权行为的目的、方式、场合等具体情节；（三）侵权行为所造成的后

① （2021）黔0281民初4199号陈某与姚某离婚后损害责任纠纷一审民事判决书：本院认为，原、被告在婚姻登记机关办理离婚登记手续并签订《离婚协议书》，《离婚协议书》第4条约定精神损害赔偿：由于男方过错较大，女方要求合理的精神赔偿，男方同意分期支付精神损害赔偿金伍拾万元整（￥500000.00元）。上述男方应付的款项，自离婚协议签订之日起，于2025年12月31日前支付完毕。每年的12月31日之前不得低于支付十万元（￥100000.00元）。该协议书第4条约定是双方当事人的真实意思表示，被告于2020年4月支付了10000元，余下90000元未支付，被告已构成违约，对原告主张被告支付损害赔偿金90000元的诉请，依法予以支持。（2021）鲁0305民初1432号徐某与胡某离婚后损害责任纠纷一审民事判决书：本院认为，离婚协议中关于财产处理的约定，对男、女双方具有法律约束力。原、被告在离婚协议中约定被告自愿补偿原告精神损失费25万元，已支付5万元，为此本院对原告诉求被告支付余款20万元予以支持。

② 参见景鑫、杜风君：《离婚损害赔偿制度的司法运用与完善》，载《法律适用》2019年第16期。

果；(四) 侵权人的获利情况；(五) 侵权人承担责任的经济能力；(六) 受理诉讼法院所在地的平均生活水平。”除了《最高人民法院关于确定民事侵权精神损害赔偿责任若干问题的解释》规定的几种参考因素外，还应考虑到婚姻家庭的特殊性，如婚姻的持续时间、夫妻关系的状态以及过错的持续时间及反复性。一般而言，夫妻共同生活的时间越长，双方感情越深厚，离婚所导致的痛苦就越大，相较于结婚时间较短的情形，赔偿金应当有所提高。对比分居多年的夫妻，正常夫妻关系中夫妻一方的重大过错对无过错方配偶的伤害更为严重，在确定赔偿金数额时也应予以考虑。而对于长时间遭受家庭暴力、虐待的无过错方，较于一次性的、偶发的过错行为，其赔偿金也应当有所区别。

(三) 特殊情况下离婚损害赔偿请求权的行使

1. 仅婚内出轨并与他人生育子女，但未与他人形成同居状态，能否请求离婚损害赔偿

此类案件数量占筛选案例的14%。其中，因夫妻一方婚内出轨并与他人生育子女但未形成同居状态，另一方请求离婚损害赔偿的，90%的法院判决要求对方承担离婚损害赔偿责任。

判决支持的案例中，法院在判决时援引了《婚姻法》第46条，但其说理部分却并未提及应当承担离婚损害赔偿责任的四种情形，将损害赔偿责任的焦点聚集于夫妻间的“忠实义务”和第46条中

“损害赔偿”的范围，最终判决应当予以赔偿。①

少量案件中，法院认为婚姻关系存续期间与他人生育子女因不符合离婚损害赔偿的法定情形，判决不予支持。例如，（2020）桂09民终447号吴某、韦某1离婚后损害责任纠纷中一审判决认为婚内夫妻一方与他人生育子女不符合《中华人民共和国婚姻法》（已废止）第46条规定的离婚损害赔偿的情形。该民事判决书中列明：

一审法院认为，《婚姻法》第4条规定：“夫妻应当互相忠实，互相尊重；家庭成员间应当敬老爱幼，互相帮助，维护平等、和睦、文明的婚姻家庭关系。”第46条规定：“有下列情形之一，导致离婚的，无过错方有权请求损害赔偿：（一）重婚的；（二）有配偶者与他人同居的；（三）实施家庭暴力的；（四）虐待、遗弃家庭成员的。”本案被告韦某1在与原告同居期间与他人发生性关系，于婚后生下吴某3，并不完全符合婚姻关系存续期间夫妻应当履行互相忠实义务，也不存在有配偶者与他人同居的情形，但婚后未如实告知丈夫孩子的情况，也有一定的过错，对原告确实存在一定的伤害，本应给予原告一定的补偿。但，被告自和原告结婚开始，两个孩子一直是由被告抚养、照顾，同时，被告还悉心照顾原告的父母；特别是离婚之后，被告还一直与原告父母生活，并悉心

---

① 最高人民法院公布49起婚姻家庭纠纷典型案例之十二：周某诉张某离婚后损害责任纠纷案的民事判决书：河南省滑县人民法院经审理认为，依据《婚姻法》第4条规定：“夫妻应当互相忠实，互相尊重；家庭成员间应当敬老爱幼，互相帮助，维护平等、和睦、文明的婚姻家庭关系”；第46条规定，导致离婚的，无过错方有权请求损害赔偿；最高人民法院《关于适用〈中华人民共和国婚姻法〉若干问题的解释》第28条《婚姻法》第46条规定的“损害赔偿”，包括物质损害赔偿和精神损害赔偿。被告张某在与原告婚姻关系存续期间，与他人有不正当男女关系的行为，并生育一女，导致离婚，应该承担相应的民事赔偿责任，应当支持原告提出损害赔偿请求，即判令被告张某给付原告周某精神损害赔偿人民币15000元。宣判后，双方均未提出上诉。

照顾两位老人起居和两小孩的生活，在两位老人病重期间需要亲人照顾时，原告未在父母身边照顾，而是由被告在老人身边悉心照料，让原告的父母老有所依，安度晚年生活。从结婚起，十多年来被告一直为维护整个家庭和谐付出了辛勤的劳动，支付了原告父母的大部分医疗费开支，一人承担起了照顾整个家庭重担，原告没有证据证实被告婚后存在不忠实的行为；原告外出广东工作，虽然支付过部分小孩的抚养费，但数量有限。因此，原告要求被告的赔偿请求，理由不成立，证据不足，该院依法不予支持。

笔者认为，损害赔偿时，应当遵循以下基本理念：

（1）既要惩罚有重大过错的一方，又要救济无过错方，且此类过错应当是“重大”的。首先，在婚姻关系中，请求离婚损害赔偿的一方应当无过错，这是适用第 1091 条的前提；其次，承担损害赔偿责任的一方所犯过错应当是“重大”的，此处对“重大”的理解应当是与前述所列四种情形有相当程度的物质和精神损害的情形，并最终达到了导致婚姻关系破裂的程度。

（2）平衡过错责任与离婚自由的关系。我国《民法典》婚姻家庭编规定了结婚自由、离婚自由，双方只要达成了离婚的合意，即可以解除婚姻关系。离婚救济制度的功能不仅是要救济无过错方，也要避免过度限制离婚自由。因而，不是所有的过错都能构成对离婚自由的合理限制，只有达到一定严重程度的才能构成请求赔偿的法定事由。

（3）如何认定《民法典》第 1091 条第 5 项“有其他重大过错”。《民法典》第 1091 条采取“列举+兜底”的模式对应当承担离婚损害赔偿责任的情形进行列举，因而，在婚姻关系存续期间配偶一方有婚外性行为但达不到与他人同居的程度时是否属于第 5 项“有其他重大过错”，是今后处理本类案件的关键。

“有其他重大过错”的情形的认定，需要遵循两个原则：

第一，违反了夫妻忠实义务。此情形中，过错方违反了夫妻忠实义务。通过对以上案例进行分析发现，法院判决过错方承担损害赔偿责任均援引夫妻忠实义务条款，认为在婚姻关系存续期间，夫妻双方都有忠实于对方、忠实于家庭的义务，这是维系家庭关系与婚姻关系的重要义务。

第二，对另一方造成的损害等同于或大于“重婚”和“与他人同居”。之所以对重婚者以及与他人同居者要求离婚损害赔偿是因为该行为给婚姻关系中的当事人带来了巨大的精神损害。我国的道德观念及风俗理念要求我们忠贞守法，婚姻关系中，一方实施了不道德的行为，另一方或因其特殊身份而受到他人的异样看待，这对于无过错方而言是痛苦的，也是不公平的。无过错方没有实施过错行为却承受着舆论压力和社会评价降低的后果。因而，应当通过法律规定对过错方进行惩罚，对无过错方予以救济。

生活中，有配偶者在婚姻关系存续期间与第三人发生性关系并生育子女的行为不仅使无过错方感受到欺骗和背叛，甚至可能因为舆论而遭受精神创伤，这一情形所造成的精神损害程度与“重婚”和“与他人同居”所带来的损害程度相当。

综上所述，在《民法典》婚姻家庭编重视保护婚姻家庭，注重弘扬家庭美德，倡导维护平等、和睦、文明的婚姻家庭关系的立法精神指引下，司法审判机关在判断过错行为是否属于“有其他重大过错”的情形时，既要结合过错程度和损害后果平衡好过错责任与离婚自由的关系，也要充分发挥离婚损害赔偿的制度功能，努力实现离婚损害赔偿制度实施中的实质平等与公正。有配偶者在婚姻关系存续期间与他人发生性关系并生育子女的行为首先违反了夫妻间的忠实义务，应当承担相应的法律责任；其次，因其给另一方造成的精神损害和社会影响大，符合“重大过错”的特征；最后，该行为产生的损害后果大于等于“重婚”和“与他人同居”的情形，应当予以规制。因而，有配偶者在婚姻关系存续期间与他人发生性关系并生育子女应当承担离婚损害赔偿责任。

2. 婚内所生育子女与一方无生物学关系，能否请求离婚损害赔偿

此类案件占筛选案件的43%，为离婚案件中提起离婚损害赔偿的主要案件类型之一。在筛选案件中，因婚内所生育子女与一方无生物学关系，另一方提出离婚损害赔偿责任，法院均判决过错方应当承担精神损害赔偿责任，当婚内私生他人子女的事实不能支持离婚损害赔偿请求的，过错方应承担其他侵权损害赔偿责任。当构成欺诈性抚养的，被欺诈方可请求欺诈方与第三方承担侵权损害赔偿责任。①

婚内所生育子女与一方无生物学关系，在实践中分为两种

---

① （2010）巴民初字第2317号：本院认为，在夫妻关系存续期间，周某与他人共同生育一子罗乙，罗甲对罗乙没有法定的抚养义务。离婚前，罗甲虽然对罗乙尽了抚养义务，但离婚时，罗甲已分得了全部夫妻共同财产，故周某再诉请罗甲给付离婚前小孩罗乙的抚养费的理由不当，不应予以支持；离婚后，小孩罗乙由周某抚养，罗甲并没有对罗乙尽抚养义务，故罗甲要求周某给付离婚后罗乙的抚养费的理由也不成立。离婚时已约定罗乙由周某抚养，罗甲不给付罗乙任何费用，并且罗甲分得了全部夫妻共同财产，故周某辩称离婚时，罗甲就已知晓罗乙不是其亲生儿子的辩解理由成立，且罗甲在离婚三年之后才起诉，要求周某给付罗乙的抚养费以及精神损失费的理由不能成立。遂判决：驳回罗甲的诉讼请求。（2010）渝五中法民终字第4234号：本院认为，由于周某在婚姻关系存续期间与婚外异性生育一子罗乙，且对配偶罗甲隐瞒了该事实，周某的过错行为一方面导致罗甲误对非亲生子罗乙尽到了抚养义务，为此遭受了经济利益损失；另一方面又必然致使罗甲遭受极大的精神痛苦，致使其人格利益受到侵害。故应认定周某的行为已对罗甲构成了侵权，依法应承担相应的侵权赔偿责任。由于罗甲在离婚时已分得全部夫妻共同财产，其在婚姻关系存续期间的抚育费损失实质上已得到了适当弥补，故一审法院对罗甲主张的抚育费损失不予支持，并无不当。至于时效，由于罗甲于2010年4月1日经过亲子鉴定后才确切知道自己不是罗乙的生物学父亲，即罗甲至此时才确知自己权利被侵害并随即提起诉讼，未超过二年的诉讼时效。遂判决：撤销原判，改判由周某赔偿罗甲精神抚慰金1万元。

情形：

（1）婚内所生育子女与一方无生物学关系，能否请求过错方离婚损害赔偿。

在我国，由于对婚姻契约论普遍持否定态度，对《民法典》第1091条规定的离婚损害赔偿，通说亦不持违约论，而持侵权损害赔偿论。根据我国《民法典》第1091条的规定，离婚时可以获得损害赔偿的情形只有重婚；有配偶者与他人同居；实施家庭暴力；虐待、遗弃家庭成员四种情形。该条规定的侧重点在于否定重婚及与他人婚外同居的行为，即惩处的是挑战一夫一妻制的行为，仅凭通奸并生育子女的事实不能支持其离婚损害赔偿请求，但这并不意味着过错方不承担其他侵权损害赔偿责任。婚内所生育子女与一方无生物学关系属于《民法典》第1091条规定之外的侵害配偶权的行为，可以依据侵权责任编要求过错方承担损害赔偿责任。

配偶权是一种权利的集合，主要包括夫妻姓名权、夫妻同居权、忠实请求权、住所决定权、互相扶助权、人身自由权、生活事务代理权和共同生育权等。其中，配偶权的核心内容是忠实义务，它是指专一的夫妻性生活的义务。在《民法典》中，对夫妻之间的忠实义务有规定，且将通奸行为视为对无过错配偶名誉权的侵害。破坏婚姻关系的行为，从客观上会造成受侵害配偶一方名誉权的损害，但是这种损害是一种间接的结果，行为所直接侵害的客体是配偶权，造成的直接损害结果是对配偶身份利益的损害。

成立侵害配偶权的侵权责任，应当具备普通侵权损害赔偿的四个要件：

①违法行为。配偶权是身份权，侵害配偶权的前提是有合法的配偶权存在。常见的侵害配偶权的行为可分为以下几种情形：第一，通奸，是指有配偶者自愿与第三者发生不正当的性关系。第二，姘居，指有配偶者与他人对外不以夫妻名义同居生活，并持续较长的时间。仅仅一次、两次在一起短暂地起居、性生活，属于通

奸行为，对外以夫妻名义持续较长时间的同居生活，则构成重婚。第三，重婚，有配偶一方又与婚外第三人登记结婚，或虽未登记结婚，但长期以夫妻名义同居生活。第四，第三人的强奸、强制猥亵行为，第三人强奸、强制猥亵有配偶的妇女，不但构成了犯罪，同时也侵害了他方配偶的配偶权。第五，第三人侵害夫妻一方身体健康权导致其性功能丧失。

②损害事实。侵害配偶权的损害事实，是使配偶遭受损害的事实，一般包括如下几种情形：一是合法的婚姻关系受到破坏，二是配偶身份利益遭受损害，三是造成配偶精神痛苦和财产损害。配偶身份利益的损害是对性利益的侵害。前述第一种至第四种侵害配偶权的行为，破坏了配偶性的纯洁性，第五种侵权行为导致配偶间性利益的丧失。有的侵权行为不仅直接造成受害配偶的精神损害和财产损害，也间接造成受害配偶的精神损害。侵害配偶权造成的损害中必有精神损害，特殊情形下还会造成一定的财产损害，如恢复名誉的必要费用、鉴定费用等。

③因果关系。因果关系，是指加害行为与损害之间的内在联系，是一切侵权责任构成的必备要件，是归责的前提和基础。侵害配偶权违法行为与配偶身份利益损害事实之间的因果关系，较易判断，即只要存在前述的侵权行为，并造成他方配偶精神痛苦的，可直接认定侵权行为与精神损害之间存在因果关系。但侵害配偶权造成的财产损害，则需受害人举证证明，法官宜依相当因果关系说予以审查判断，即行为人的行为对受害配偶的财产损害构成适当条件，即可认定具有因果关系。

④主观过错。侵害配偶权的主观过错，也有故意或过失两种形式，通奸、姘居、重婚、强奸、强制猥亵等侵害配偶权的行为，只有故意才能成立。

⑤受害配偶无过错。侵害配偶权具有特殊性，除前述四个要件外，根据婚姻法的立法精神，需受害配偶无过错。受害配偶对离婚

有过错的，不得主张侵权损害赔偿。

（2）欺诈性抚养能否请求第三方承担离婚损害赔偿。第三方是否构成法律上的侵权人，目前民法典婚姻家庭编对于夫妻间的忠诚义务规定仅约束夫妻之间，除军婚外，对于婚外第三人并无规定。法理上认为婚外性行为属于道德范畴问题，非法律问题，故曾有法院据此判决驳回了养父对于生父的赔偿请求。事实上，这是混淆了出轨行为与欺诈性抚养之间的关系。二者虽然都是由于妻子违反忠实义务导致，但前者侵犯的是丈夫的配偶权，而后者是用欺骗隐瞒手段使丈夫陷于错误认识而抚养非亲生子女，两者侵犯的法益并不相同，故生父可以成为欺诈性抚养的侵权人。

欺诈性抚养关系的认定应当符合以下四个要件：

①侵权行为人行为的违法性。即非婚生子女的生父、生母采取欺诈方式，让非婚生子女生母之配偶误以为该子女为其婚生子女并履行抚养义务。

②损害事实的客观存在。受欺诈抚养非亲生子女的一方因抚养而支出抚养费，遭受财产损失；因受欺诈误认为所抚养子女为亲生子女，其人格权、名誉权亦遭受侵犯。

③侵权行为与损害事实之间存在因果关系。即被抚养子女的生父、生母的欺诈行为，与被欺诈人因抚养非亲生子女遭受的财产损失及人格权侵害存在必然的因果关系。

④行为人主观上有过错。即被抚养子女的生父、生母明知子女为其婚外性行为所生，却采取欺诈隐瞒的方式使得孩子生母之配偶相信虚构的事实，主观上存在过错。

被欺诈方可以主张返还抚养费，若双方已经离婚，夫妻财产已经分割为个人财产，那么被欺诈方可以主张另一方返还婚姻关系存续期间已支付的抚养费，但要按照离婚时男女双方财产的分割比例进行折算。在有证据证明第三方为何人的情况下，可以要求第三方承担连带偿还责任。若双方婚姻关系仍存续，在无约定财产制的情况下，夫妻财产为共同财产。如果未确认第三方，在夫妻共同财产制的情形下，被欺诈方无法要求过错方返还抚养费。如果有证据证明第三方，在夫妻共同财产制的情形下，被欺诈方仍无法要求过错方返还抚养费，但可以要求第三方返还抚养费。被欺诈方还可以主张精神损害赔偿，在欺诈性抚养中，欺诈方在婚姻关系存续期间与他人存在婚外情、生育子女，并采取隐瞒的方式欺骗配偶，严重损害了被欺诈人的人格尊严等人格权利，造成了巨大的精神伤害，故受欺诈抚养非亲生子女的一方可以主张精神损害赔偿金。但此处精神损害赔偿不同于离婚损害赔偿，因为与他人有婚外情并生育子女并不必然是有配偶者与他人同居的情形，二者不能等同。

（四）离婚损害赔偿与离婚所产生的经济损失的区别

此类案件数量占筛选案例的9%，虽然法院对该问题单独作出说明的案例不多，但却是在大部分离婚损害赔偿案件中普遍存在的问题。

1. 典型案例之介绍

典型案例1：（2020）渝02民终343号江某与陶某离婚后损害责任纠纷案中，一审法院认为离婚后损害责任是指过错方的过错行为导致婚姻关系破裂，无过错方有权要求过错方承担的损害责任。认为陶某婚内与他人同居并生育后代的行为对江某造成的损害是精神损害，适用2001年3月10日施行的《最高人民法院关于确定民事侵权精神损害赔偿责任若干问题的解释》第10条第1款规定，根据各种因素确定最终的损害赔偿数额。二审法院针对江某请求陶某赔偿其因主张陶某重婚过程中遭受的物质损失的请求予以了驳回，认为这些为了证明过错方之过错而产生的支出不属于因为过错方之过错造成的精神损失。法院认为，离婚损害的范围并不是指因离婚而对一方配偶造成的损害，而是指配偶一方导致离婚的侵权行为所造成对无过错配偶方的损害。

典型案例2：（2020）桂09民终447号吴某1、韦某1离婚后损害责任纠纷案则更能代表法院的裁判观点，该案中，一审法院认为被告虽与第三人婚外孕有一子女，但是并未重婚，也未与第三人以夫妻名义同居，因此不属于离婚损害赔偿的范畴，但是二审法院撤销了一审判决，认为吴某1的请求不符合婚姻法规定的损害赔偿的情形，离婚损害赔偿是婚姻法特别设立的对有重大过错导致离婚一方的惩罚，对无过错方的一种救济，离婚损害赔偿不能代替或排斥夫妻间的一切侵权赔偿责任。本案虽不成立离婚损害赔偿责任，但仍可成立侵权损害赔偿责任。从吴某1的角度来看，韦某1在婚姻关系存续期间与他人生育子女，在主观上存有过错，客观上亦给吴某1造成了损害后果，此侵权行为与损害后果之间具有因果关系，韦某1应当向吴某1承担精神损害赔偿责任，综合本案双方当事人实际生活情况，本院酌情由韦某1赔偿吴某1共5000元。

典型案例3：（2017）黔0112民初601号冉某与邵某离婚纠纷一审案中，邵某长期对原告冉某实施家暴，还用菜刀刀背击打原告后腰，经派出所委托的司法鉴定确认，原告全身多达42处皮肤戳擦伤，已经构成轻微伤，同时原告左肩关节脱位，构成轻伤二级。法院判决支持了双方离婚，但是针对离婚损害赔偿问题，法院认为，关于原告诉请的离婚损害赔偿，因有被告打伤原告的事实，本院认为被告在婚姻关系存续期间存在过错，但是并未造成严重后果，根据被告的实际收入和经济能力，本院酌情由被告支付原告3000元损害赔偿金，因离婚损害赔偿就包含精神损害赔偿的部分，故本院对原告要求被告支付精神抚慰金的诉请不予支持。

上诉第一个和第二个案例，虽然法院判决离婚过错方承担赔偿责任，但是判决的理由并不相同，案例1的请求权基础是《婚姻法》中明确规定的情形，而案例2中明确不属于离婚损害赔偿的条件范围，但是法院根据《最高人民法院关于确定民事侵权精神损害赔偿责任若干问题的解释》第1条判决过错方对无过错方进行赔付。案例3中法院认为被告应当承担离婚损害赔偿责任，但是将被告对原告实施暴力遭受的损害与实施暴力对原告精神方面遭受的损害区分开，在被告同意承担医疗费后，在离婚损害赔偿金中侧重于精神损害方面。反映了司法对于离婚损害赔偿范围的态度，即认为过错方实施的行为是侵权行为，赔偿依据是过错方的行为对无过错方造成的损害，并且侧重于精神损害。

2. 典型案例之法理评析

我国的离婚损害赔偿制度最早出现在2001年修正后的《婚姻法》第46条，其立法目的在于保护婚姻关系中无过错一方，在因另一方的重大过错行为而导致婚姻解除时，有权要求过错方承担损害赔偿责任。2020年生效的《民法典》第1091条承继了《婚姻法》第46条，并且在可请求离婚损害赔偿的条件中增加一条"有其他重大过错的"情形的兜底性条款，进一步完善了该制度，体现了法治对婚姻家庭稳定和受害人权益的保护。

对于离婚损害赔偿的法律性质，理论界存在两种学说：一是离因损害说，也叫侵权责任论。该说认为离婚损害赔偿制是对配偶一方因另一方的过错行为而受到损害的赔偿①。二是离异损害说，又称违约责任论。该说认为离婚损害赔偿是在因一方过错行为导致离婚的情况下，对无过错方配偶因离婚而造成损害的赔偿②。离因损害说实质上认为离婚损害赔偿属于侵权责任，承担责任的基础是侵害了配偶权③。离异损害说则认为离婚损害赔偿属于债务不履行责任（契约责任）的范畴，支持该说的学者认为侵权责任论的前提是配偶权属于侵权责任的保护范围，然而婚姻家庭并非侵权法的保护

---

① 参见薛宁兰：《我国离婚损害赔偿制度的完善》，载《法律适用》2004年第10期。

② 参见冉平克：《论配偶权之侵权法保护》，载《法学论坛》2010年第4期。

③ 参见黄建水：《离婚过错损害赔偿制度的理论与实践》，载《当代法学》2002年第8期。

客体，无论是配偶权抑或是身份权，虽然具有法定性，但是均不具有如同人格权或者物权那样的绝对效力①。近来也有学者支持折中说，即离婚损害赔偿兼具了违约责任论和侵权责任论的特点②。笔者赞同离异损害说。

首先，从文义解释的角度来看，《民法典》第1091条规定“有下列情形之一，导致离婚的”，结合民法典第1043条第2款规定，夫妻应互相忠实、互相尊重、互相关爱。由此可知第1091条的立法目的是救济因过错方未履行夫妻相互忠实互相关爱的义务导致离婚受到损害的人，因为“导致离婚的”是满足离婚损害赔偿的构成要件，即使过错方实施了家庭暴力或者与他人同居等行为，但是未导致离婚，则无过错方也无权请求离婚损害赔偿。

其次，从离婚损害赔偿的构成要件来看，只有无过错方有权请求离婚损害赔偿，这也显然不同于侵权责任构成要件，在普通的侵权事件中，即使受害方存在过错，也有权请求加害方承担侵权责任，这也体现了离婚损害赔偿不同于侵权责任，其是为了弥补无过错方因离异而遭受的利益损失。

最后，从救济方式来看，侵权责任可以通过其他诉讼请求得到救济，正如上述案例3，受害人可以通过侵权之诉，要求实施家暴者给予损害赔偿。如果过错方实施的是重婚、与他人同居等行为，如果将之归类为侵权责任，那么是否当事人可以单独对侵权责任提起诉讼呢？答案是否定的。

综上所述，离婚损害赔偿是过错方违反夫妻义务而对无过错方进行救济的制度，而非基于过错方侵权而对另一方的损害弥补。支

---

① 参见冉平克：《〈民法典〉离婚救济制度的体系化阐释》，载《政治论丛》2020年第5期。

② 参见张韶峰：《〈民法典·婚姻家庭编〉损害赔偿问题研究》，载《法制博览》2021年第27期。

持离异损害说是否意味着因离婚导致的所有损失都可以请求赔偿呢？笔者的观点是离婚损害赔偿不等于因离婚所产生的经济损失。离婚损害赔偿制度的社会条件是对婚姻中的无过错方提供经济补偿，使其可以有能力提出离婚或摆脱失败婚姻，进而尽最大限度实现婚姻自由，并保障其合法权益①。同时，为了保障婚姻家庭稳定，如果相比于维持婚姻，离婚能获得更多的物质利益，必然有婚姻家庭不稳定的隐患，因此离婚损害赔偿是一种救济手段而非当事人获利的途径。在案例 1 中，江某上诉请求陶某支付其为了寻找陶某和证明陶某与他人同居所产生的经济损失，显然是为了离婚而导致的经济损失，并非离婚本身对江某带来的物质和精神伤害。

① 参见朱小路：《我国离婚损害赔偿制度现状及其完善建议研究》，载《法制与社会》2021 年第 3 期。

结　语

多管齐下——我国婚姻家庭纠纷多元化解决机制的构建

婚姻家庭纠纷作为典型的民事纠纷之一，近年来，其数量不断增长，不仅给司法工作和诉讼外纠纷解决组织和制度带来挑战，也引起社会对婚姻家庭纠纷的重视和讨论。构建完善可行的婚姻家庭纠纷解决机制势在必行。

一、我国婚姻家庭纠纷解决机制历史沿革

鉴于我国婚姻家庭纠纷解决机制的形成及确立同我国的历史经验密切相关，以时间线展开观察视角，对于我国婚姻家庭纠纷解决机制历史沿革的考察，可以划分为古代、近代、现代三个阶段来进行相应的系统阐述。由于各阶段不断在生产力发展水平、政权组织结构、统治政策完善程度等方面往前推进，婚姻家庭纠纷的发生频率、案件类型、解决主体以及解决方式也都呈现出多样化与复杂化的特点，因此，单一的解决机制并且一劳永逸地解决婚姻家庭纠纷的方法，是无法适应社会发展的，多元化的家庭纠纷解决机制更能适应实践发展的需要。认真分析各时期的特点并总结成熟经验，有

助于建设符合我国国情的家庭纠纷解决机制。

（一）我国古代婚姻家庭纠纷解决机制

1. 先秦时期

我国婚姻家庭纠纷的解决机制滥觞于奴隶社会早期。私有制度伴随着生产力的发展在原始社会后期出现，从对偶婚向个体婚过渡的婚姻状态使得婚姻家庭关系趋向稳定。[①] 但是子女生育、财产分配与继承等问题开始凸显，以至于发展到奴隶社会时期，解决婚姻家庭纠纷成为统治者行使管理权力所要达成的重要社会治理目标，此时的婚姻家庭纠纷主要依赖于氏族部落内部的礼制与习俗进行调整。

商周时期，崇尚礼法，讲究宗法等级观念，家庭成员的地位被严格确定，婚姻家庭纠纷主要依靠宗族管理者进行裁判，同时在宗法制的基础上对诉讼制度进行了刑民区分，并专门设立官员如“媒氏”对男女户婚等事务进行管理。“所云男女之阴讼，则今所谓人事诉讼之婚姻事件。[②]”这表明统治者并不单一强调“礼”的作用。但从总体上看，婚姻家庭纠纷的解决还是以非讼方式即宗族调解为主，客观上压抑了家庭成员中弱势个体的权利。

2. 秦汉至唐代时期

秦汉时期，以调解为前提的婚姻家庭纠纷解决机制相对发展成熟。秦朝时期的基层地方设有“三老”，即农老、工老和商老。按照秦法规定，婚姻家庭纠纷要先由“三老”进行审理和调解，并且对于“非公室告”案件，即使向官府告发也不会得到审理。两汉时期，对待亲属之间的诉讼问题，应由当地官员进行自我反省后劝解当事人撤掉诉讼。总体而言，秦汉时期讲究“无讼”

---

① 王明霞：《婚姻家庭法》，中国政法大学出版社 2008 年版，第 13 页。

② 徐朝阳：《中国古代诉讼法》，中国政法大学出版社 2012 年版，第 141 页。

"息讼"，只有确实无法经调解解决的婚姻家庭纠纷才会进入诉讼。

三国两晋南北朝时期，在保留秦汉制度的模式下，婚姻家庭纠纷解决制度有一定程度的发展。及至唐朝，《唐律疏议》对婚姻家庭诉讼的程序、机构作了明确的划分。① 还规定了婚姻家庭案件调解前置的程序，并在事后审判中不局限于双方的请求，应根据事实、结合礼法作出裁判，婚姻家庭纠纷解决机制进一步完善。

3. 两宋至清朝时期

两宋时期民事诉讼制度有很大的进步，婚姻家庭纠纷甚至可以上诉到中央的户部。② 元朝法典中也有专门的"诉讼篇"。明朝在宋的传统上更注重调解的作用，典型如《教民榜文》所确认的具有"半官方性质"的乡里调解制度，由各乡推荐公正的老人组成申明亭，在民间进行婚姻家庭纠纷的调解，甚至有法令明文规定户婚案件必须经过申明亭，申明亭成为最基本的司法单位。这种模式一直延续到清朝，得到民众的广泛认可，其精神甚至对如今的基层调解方式也产生了不可忽略的影响。总体而言，这一时期在婚姻家庭纠纷的解决上形成多元化格局，婚姻家庭纠纷解决机制日益完善。

（二）我国近代婚姻家庭纠纷解决机制

1. 清末至民国时期

清朝末期，我国逐渐从传统封建社会沦为半殖民地半封建社会，"西学东渐"的大幕也随之拉开，编纂了我国第一部民事诉讼法典——《民事诉讼律草案》，其在特别程序编中规定了人事

---

① 陈顾远：《中国法制史》，商务印书馆 2011 年版，第 122 页。

② 参见陈景良：《宋代司法传统的叙事及意义——立足于南宋民事审判的考察》，载《法律文化研究》2008 年第 4 期。

诉讼程序。在此基础上，北洋政府在 1921 年颁布《民事诉讼条例》，将人事诉讼审判对象的范围划定为婚姻事件、亲子关系事件、禁治产事件等。国民党政府沿用北洋政府的编纂体例，先后在 1930 年、1935 年颁布了两部民事诉讼法，对人事诉讼程序的特别规定，历经多次修改，至今仍在我国台湾地区广泛适用。但是从整体上看，除少数殖民地区受西方法律思想的冲击外，大多数地区受封建思想习惯影响，通过传统方式借助宗法族约解决婚姻家庭纠纷。

2. 抗日战争时期

革命根据地和边区司法机关为适应特殊时代背景下的条件，采取了“调解为主、审判为辅”的婚姻家庭纠纷解决模式。1931 年 11 月颁布的《苏维埃地方政府的暂行组织条例》中规定，采取村、乡、区逐级调解的模式，以德高望重的民间群众为调解员，将新民主主义的精神与边区的实际情况结合起来。后来各抗日革命根据地均制定了适应本地区的调解法规，并形成了被称为带有职权主义特色的“马锡五审判方式”。这种模式既有利于婚姻家庭纠纷的便捷解决，也顺应民心。

（三）我国现代婚姻家庭纠纷解决机制

1. 诉讼解决模式

20 世纪 50 年代到 80 年代沿用“调解为主”的婚姻家庭纠纷解决方式，出现了将调解绝对化的问题，以至于法院工作过于被动，人民认可度降低。1982 年《民事诉讼法（试行）》颁布后，婚姻家庭纠纷由多个解决主体“齐抓共管”变为司法审判机关主导解决，出现了调解结案率降低、判案率提升的现象，形成了以司法中心主义的纠纷解决模式。但也存在忽略中国本土经验的法庭调解制度的不足。[1] 1991 年 4 月 9 日施行的《民事诉讼法》中明确规定，调解应当"自愿、合法"，立法也明确婚姻家庭纠纷应当"着重调解"，而不再是原来的"调解为主"，调解与审判之间不再存在主次之分，二者共同构成婚姻家庭纠纷的诉讼解决模式。

2. 非诉讼解决模式

从新中国成立到 20 世纪 80 年代，调解是婚姻家庭纠纷非诉讼解决的主要方式，具体而言，非诉讼解决方式有亲属调解、妇联教育解决、民政局行政处理等多种，具备便捷、快速解决问题的优点。[2] 2002 年 9 月 26 日司法部发布了《人民调解工作若干规定》，使得人民调解委员会成为一个半官方、半民间的婚姻家庭纠纷解决组织，时至今日该规定仍在婚姻家庭纠纷的解决方面发挥着重要作用。此外，还存在介入国家公权力的行政调解，如民政部门调解和公安机关调解。但无论是法官或者调解员均是采取说服教育、居中调和的方式处理问题，以自愿为原则，在维护家庭关系和睦的同时也能减轻司法机关的审判负担。总之，调解主体范围的扩大，表明婚姻家庭调解方式朝着多样化发展，不断完善的诉外婚姻家庭纠纷解决机制也将在平息家庭纷争、维护社会和谐稳定等方面，显示出其独特的优越性和生命力。

二、我国现行婚姻家庭纠纷解决机制存在的问题

（一）我国婚姻家庭纠纷解决机制的现状

从我国的现行法律规定来看，除特别程序中属于婚姻家庭非讼程序的宣告失踪、宣告死亡，认定公民无民事行为能力、限制民事

---

① 富羽仙：《婚姻家庭纠纷解决机制研究》，黑龙江大学 2020 年硕士学位论文。

② 陈亚莉：《结构功能理论下婚姻家庭纠纷解决机制研究》，重庆工商大学 2017 年硕士学位论文。

行为能力案件程序外，真正涉及一般婚姻家庭案件审判的程序性法律条文数量有限且规定的范围比较狭窄。涉及婚姻家庭纠纷的案件在处理时，总体上还是适用普通民事审判程序。

近年来，随着社会的不断发展、各种价值理念的冲突加剧，婚姻家庭纠纷案件一直是民事案件的重要组成部分。据中国裁判文书网的数据显示，2012 年到 2020 年婚姻家庭、继承纠纷案件呈现先上升后下降继而趋于平稳的状态。从 2012 年至 2015 年，案件数量逐步增加，2015 年达到 816172 件，2017 年下降至 271169 件。2018 年到 2020 年案件数量趋于平稳，保持在 210000-250000 件的区间范围内。① 婚姻家庭纠纷案件数量的不断增加，说明家庭的抚养、赡养、扶养问题不断增多，导致多种社会问题的产生，对社会的各个方面带来冲击。为了更好地实现公正司法，维护当事人的合法权益，同时有效地回应各方的利益诉求，最高人民法院于 2016 年 4 月 21 日发布了《最高人民法院关于开展家事审判方式和工作机制改革试点工作的意见》，正式启动了婚姻家庭审判改革的试点工作。

我国的婚姻家庭审判改革试点举措的内容主要涉及探索婚姻家庭纠纷工作机制的创新和探索婚姻家庭纠纷工作方式的转变两方面。一方面，各地主要开展了成立婚姻家庭审判改革试点领导小组、设置婚姻家庭审判合议庭、组建专业化司法辅助人员队伍（如婚姻家庭调解员、婚姻家庭调查员、心理疏导员等）等实践工作；另一方面，各地通过确立财产申报制度、建立跟踪回访制度、落实人身安全保护制度、改革裁判文书的制作等方式来进行

---

① 参见中国裁判文书网，https：//wenshu. court. gov. cn/website/wenshu/181217BMTKHNT2W0/index. html？pageId=7bbddd3196023901bcc4599a1f335e45&s8=03，2021 年 6 月 6 日访问。

创新。[1]

婚姻家庭审判改革的试点工作无疑给我国婚姻家庭审判创造了良好的开端，也对妥善解决婚姻家庭纠纷起到了显著的作用。但婚姻家庭纠纷的解决不仅需要法院的力量，更需要社会各界的共同努力。

我国诉外婚姻家庭调解主体构成多样，既有传统的长辈、朋友可以参与的私人调解；也有依靠常见的妇联、工会等组织介入进行调解；还可以在行政机关的主持下，以国家政策法律为依据，以自愿为原则，通过说服教育等方法，促使双方当事人协商解决争议。此外还有我国所特有的人民调解制度。[2] 但司法实践中，即使是诉讼外的调解，也基本是在法院的主导下进行的，法院之外的其他社会主体不具有解决婚姻家庭纠纷的主动性，各职能部门之间也处于相互独立的状态，无法形成解决婚姻家庭纠纷的社会合力。由于诉讼和诉讼外调解存在不足，导致婚姻家庭纠纷处理效果并不理想。[3]

（二）婚姻家庭纠纷解决机制的理念欠妥，未能适应现代社会的发展需求

婚姻家庭纠纷多产生于具有亲情和血缘关系的当事人之间，并夹杂着复杂的情感，不同于陌生人之间的纯粹关系，具有更强的伦理性和亲缘性。婚姻家庭纠纷的解决既与经济财产类案件奉行的私权处分原则有差别，也不单纯是针对权利义务关系作出非

---

① 武晓宇：《我国婚姻家庭审判改革的现状及路径选择》，山西大学2020年硕士学位论文。

② 易可：《我国婚姻家庭纠纷解决机制的完善——以婚姻家庭诉讼为主要视角》，湘潭大学2013年硕士学位论文。

③ 参见陈晓静：《婚姻家庭纠纷多元化解决机制研究》，载《人民司法（应用）》2018年第16期。

黑即白的裁判结果了事，这就决定了婚姻家庭诉讼的理念与传统民事诉讼的理念有根本性差异，也决定了婚姻家庭纠纷用非诉讼机制解决的适宜性和特殊性，构建二者之间恰当的协同关系至关重要。①

1. 凡事找法院的观念深入人心

随着经济水平的不断发展和法治改革的逐步推进，人们的法律意识越来越高，同时也带来了相应的问题，如很多人一遇到纠纷，就主张通过法院诉讼的途径来解决纠纷。但是，婚姻家庭纠纷多发生在家庭内部成员之间，可能会涉及家庭成员的生活和情感隐私，这些隐私可能是当事人不愿意为他人所知悉的内容，如果一味采取诉讼的方式，可能会导致这些隐私被公之于众，反而更不利于纠纷的解决。此外，婚姻家庭纠纷还具有一定的社会性和公益性，正如有学者指出："婚姻家庭关系虽属私法关系，但却是私法中公益属性较强的部分，因为婚姻家庭不但是个人生活的城堡，还是儿童初步社会化的枢纽，宏观意义上还具有缓和社会矛盾、维护社会稳定的功能。"② 如果过度重视采取诉讼的方式解决婚姻家庭纠纷，可能会对未成年子女造成不良影响，不利于未成年子女的健康成长。

"婚姻家庭审判的制度设计和实践运行与我国社会快速转型发展的形势不相适应。计划生育政策的实施使得家庭日益小型化，亲属关系的简化和疏离使得家庭在缓解婚姻危机方面的功能开始弱化，离婚率呈攀升趋势；与此同时，市场经济条件下契约观念在婚姻家庭领域的深度渗透，使得人们的婚恋观发生重大变化，导致草

---

① 参见齐凯悦、王彩霞：《论婚姻家庭纠纷诉讼与非诉讼协同解决机制的构建》，载《河北科技大学学报（社会科学版）》2019 年第 3 期。

② 参见王德新：《婚姻家庭审判改革的理念革新与路径调适》，载《当代法学》2018 年第 1 期。

率结婚和离婚、有配偶者与他人同居、家庭暴力、家庭成员虐待和遗弃等现象较为突出，有子女的离婚案件比例攀升。”[①] 过度强调诉讼方式对解决婚姻家庭纠纷的作用，无法适应社会发展的需求，也不符合和谐社会的价值理念。

2. 婚姻家庭纠纷解决机制目的偏差

在对婚姻家庭纠纷自身属性进行深刻理解之后，重新认识纠纷解决机制目的就成为必然的逻辑结果。以诉讼为主导的婚姻家庭纠纷解决机制的目的，更多地在于对受到损害一方当事人的救济和对具有过错一方当事人的惩罚，从而以法律手段实现正义，实际上就是希望恢复到纠纷发生之前的状态。而婚姻家庭纠纷的属性，决定了其不可能从法律上来确定过错方与无过错方，相反，作为一个社会和情感问题，纠纷各方当事人都是在心灵上需要得到安慰与治疗的“伤者”，因此制度设计的目的不可能再定位为重回原来的状态，而应当是向前看的“治疗”。[②] 传统的解决婚姻家庭纠纷的机制，最重要的目的是在双方当事人不能自行解决争议时，通过现实的强制性活动控制双方的激烈争端，以期恢复到争议未发生前的状态。我国法院在解决婚姻家庭纠纷时，也比较愿意对其进行调解，然而从调解的目的上看，大部分法官还是秉持着“劝和不劝离”的思想，即如何让当事人回到曾经的和睦关系中。但是在很多家暴类以及赌博类婚姻家庭纠纷中，如果法官仍然坚持“以和为贵”“劝和不劝离”的思想，会导致受害人处于循环往复的恐惧之中，并没有达到有效解决纠纷的目的。

---

① 参见李洪祥：《我国离婚率上升的特点及其法律对策》，载《社会科学战线》2015 年第 6 期。

② 参见杨冰：《从理念转变到多元协作——略论美国婚姻家庭纠纷解决机制新发展》，载《河北法学》2011 年第 12 期。

审理婚姻家庭纠纷案件的法官不能局限在发现哪方存在过错，而是应当从长远出发来处理纠纷。在“治疗”这一理念的指导之下，解决纠纷固然重要，但对于个体和家庭的身心两方面的康复与慰藉也是不可忽视的。婚姻家庭案件的解决要求法院在维护社会秩序的同时，运用疗愈型的司法理念，与家庭成员共同努力，妥善处理当事人之间的交流困难，挽救感情破裂情形下的当事人与其他家庭成员的关系，为妥适解决婚姻家庭纠纷提供积极、持久的方法。①

（三）婚姻家庭纠纷诉讼解决机制存在的问题

根据是否通过诉讼方式解决婚姻家庭纠纷，纠纷解决机制包括诉讼机制与非诉机制。诉讼方式，是指在法院依照民事诉讼程序，通过法庭调查、法庭辩论、合议庭评议、法庭判决以及法庭调解的方式处理婚姻家庭纠纷。非诉讼方式又包括行政性调解、人民调解、民间调解（包括亲属调解）等。② 目前我国婚姻家庭纠纷解决机制就是一个以诉讼为中心，其他多种方式并存发挥效力的多元化纠纷解决机制。

诉讼模式是解决婚姻家庭纠纷的重要机制，具有以下优势。第一，适用范围广。诉讼模式可以涵盖一切婚姻家庭纠纷案件，为纠纷的处理提供终极性的制度保障。第二，具有国家权威性。诉讼由人民法院依据法定程序进行民事审判，其裁决具有法律强制力和国家权威性。第三，具有确定力和执行力。一经司法机关

---

① 参见齐玎：《论婚姻家庭审判体制的专业化及其改革路径——以美国纽约州婚姻家庭法院为参照》，载《河南财经政法大学学报》2016 年第 4 期（总第 156 期）。

② 参见巫若枝：《30 年来我国婚姻家庭纠纷解决机制的变迁及其启示——基于广东省某县与福建省厦门市五显镇实践的分析》，载《法商研究》2010 年第 2 期（总第 136 期）。

作出处理决定，争议双方的权利义务即明确，具有确定力；法律赋予的执行力最终保障当事人权益的实现。诉讼解决机制也有其局限性。第一，诉讼的成本高，效率低。第二，婚姻家庭具有私密性，案情中隐情较多，诉讼难以顾及。第三，对未成年子女有很大的负面影响。第四，诉讼中双方当事人诉讼地位对立，难以理性解决问题。[①] 我国现行的婚姻家庭纠纷诉讼解决机制还存在以下问题。

1. 缺乏专门解决婚姻家庭纠纷的审判机构和专业人员

我国没有专门的婚姻家庭法庭，婚姻家庭案件同普通民事案件一样由法院的民事审判庭审理。我国虽然在试点地区已经建立了婚姻家庭法庭，但是尚未在全国开展。婚姻家庭法庭是设立在法院内部的机构，专门负责审理婚姻家庭案件，配备专门的婚姻家庭法官和司法辅助人员。家庭纠纷与普通民事纠纷由于性质不同，在审理时所要遵循的原则和法理也不尽相同，法院却一视同仁，由相同的审判机构和法官队伍处理，这有悖于司法专业化的趋势，不利于司法公正的实现。随着社会的发展，民事纠纷案件也呈现出越来越专业化的趋势，时代呼唤司法的专业化。司法专业化不仅能够提高效率，节约司法资源，同时还是对公平与正义的一种保障，因为只有在法官具备充分的精力与能力的前提下，案件的质量才能得到最大的保障，公平和正义才能得以最大限度的实现。婚姻家庭诉讼内在的特殊性决定了它需要一种专门化的处理渠道，配置专业化的人员。

2. 缺乏解决婚姻家庭纠纷的相对独立的、专门的审判程序

对于婚姻家庭纠纷，我国没有相对独立、专门的审判程序。多依照普通的民事诉讼程序审理婚姻家庭案件，无法体现婚姻家

---

① 参见张伟：《婚姻家庭纠纷解决机制的调查与研究》，载《河南财经政法大学学报》2012 年第 6 期。

庭纠纷解决的特殊性、专业性、精准性。与财产关系案件审判程序不同，处理涉及家庭成立、解散、家庭成员权利义务的人身关系案件对审判方式和工作机制提出了新的要求。[①] 婚姻家庭纠纷具有伦理性、公益性、隐私性、复杂性。域外许多国家都根据其特殊性在审判程序上作出专门的规定。我国将婚姻家庭诉讼并入民事诉讼程序，在审判中很容易将婚姻家庭案件与其他财产类民商事案件混淆，忽视婚姻家庭纠纷当事人在身份、情感属性上的特殊需求，也违背了不同性质案件应当适应不同诉讼程序进行审理的基本原则，阻碍婚姻家庭审判专业化的发展。面对越来越复杂的婚姻家庭纠纷，特别是新类型案件的涌现，我国尚未制定独立的婚姻家庭实体法，导致现行法律左支右绌。婚姻家庭诉讼程序的缺失，也无法满足审判实践对多元化婚姻家庭纠纷解决机制的需求。

3. 缺乏保障充分发挥诉讼调解作用的配套机制

现有法治条件下的诉讼调解并未实现理想价值。第一，前置性调解的强制力不足，条文中使用的“应当”并不是强制的意思，实践中法官的调解尝试一旦遇阻，调解就如走过场一般，收效甚微。第二，调解人员缺乏专业性，婚姻家庭纠纷通常涉及法律判断以外的许多内容，诸如心理学、社会学、医学、教育学等领域的知识，尤其要注重心理学知识在处理婚姻家庭案件中的作用。例如，在孩子的抚养问题上，应当尊重孩子的意愿，充分考虑从有利于孩子的成长和学习的角度来选择直接扶养人。这些是法官所不擅长的，若在调解阶段请心理学专家参与，与孩子沟通交流，对了解孩子真实想法有很大帮助，更有利于保护未成年人的合法权益，有效解决婚姻家庭纠纷。第三，调解原则不适当，

① 王琦：《聚焦我国家事审判改革的几个面向》，载《政法论丛》2018年第1期。

法院秉承事实清楚的原则，以裁判的思路来开展调解工作不利于形成有效的调解协议。法院应当注意婚姻家庭纠纷的情感性和伦理性，着重解决纠纷而不拘泥于厘清是非。第四，法院婚姻家庭调解缺乏专业的调查机制，强调当事人的主体地位，由当事人双方自行举证，证据大多带有主观色彩，不利于法官作出判断，使法官不能进行有针对性的调解工作。

4. 婚姻家庭纠纷的诉讼机制和非诉讼机制的对接缺位

20 世纪 80 年代起，我国就开始了婚姻家庭司法改革，因社会背景的不断变化，婚姻家庭纠纷解决机制发展进程并不顺利，婚姻家庭司法改革历经坎坷，尚未形成协调统一的婚姻家庭纠纷解决机制。婚姻家庭纠纷的非诉讼机制和诉讼机制的对接缺位，直接导致婚姻家庭纠纷解决机制的整体效力无法体现。2009 年 7 月 24 日，最高人民法院出台的《关于建立健全诉讼与非诉讼相衔接的矛盾纠纷解决机制的若干意见》体现了将司法权让渡一部分给社会的理念，标志着我国纠纷解决机制的建构、利用和发展进入了一个新阶段。但是目前我国婚姻家庭纠纷诉讼与非诉讼解决机制对接缺位，存在以下问题。第一，化解矛盾纠纷的组织结构单一，尚未形成党委领导，法院引导，其他部门配合的大格局。第二，诉讼外解决机制有待培育和发展。各诉讼外解决机制普遍缺乏稳定的队伍和经费保障，处于发展初级阶段，尚不成熟。第三，诉讼和非诉讼解决机制工作衔接流程的制度内容原则性规定较多，缺乏实际可操作性，亟须细化并规范统一。婚姻家庭纠纷有其固有的特质，仅靠婚姻家庭诉讼机制并不能很好地解决问题，唯有将诉讼机制与非诉讼机制协调配合，分工合作，才能将积聚在法院的案件分流出去，更有效地解决婚姻家庭纠纷，化解家庭矛盾，保持社会的长治久安，永续发展。[①] 完善婚姻家庭纠纷解决机制要加强各种民间性非诉讼纠纷解决机制与法院的诉讼程序之间的合理衔接；要加强专门性、行业性及行政性非诉讼纠纷解决机制与诉讼程序之间的合理分工与衔接。[②]

（四）诉讼外婚姻家庭纠纷解决机制存在的问题

诉讼外婚姻家庭纠纷的解决机制能够最大限度地尊重各方的意思自治，以更加和缓的方式对婚姻家庭纠纷作出更合乎社会生活经验的解决方法，各地也十分重视利用调解方式解决婚姻家庭纠纷，加强社区治理[③]。随着我国改革开放的不断深化和社会主要矛盾的变化，近年来我国婚姻家庭关系呈现出日趋复杂的趋势。相关制度的缺陷、功能的缩水致使人民调解受到某些质疑[④]，其他的调解方式作为“非主流”的纠纷解决机制也难以真正发挥作用。诉讼外的婚姻家庭纠纷解决机制是婚姻家庭纠纷解决的第一道防线，在注重发挥其优势的同时，也要注意其面临着诸多亟待解决的

---

① 齐凯悦、王彩霞：《论家事纠纷诉讼与非诉讼协同解决机制的构建》，载《河北科技大学学报》（社会科学版）2019年第3期。

② 缪文升：《关于婚姻家庭纠纷多元化解决机制的路径选择》，载《学术交流》2009年第2期。

③ 例如，从2017年8月起，受武汉市妇联委托，武汉市13个区的民政局离婚窗口设置了婚姻家庭纠纷调解中心，对有离婚诉求的夫妻进行相应的调解工作。https://www.xuexi.cn/lgpage/detail/index.html?id=3110755090458582488&item_id=3110755090458582488，2021年6月6日访问。在内蒙古锡林郭勒盟锡林浩特市人民法院，有一个盟妇联和法院联合成立的“温馨驿站”品牌调解室。这里的负责人张秀艳告诉记者，仅去年就接待案件452件，调解成功289件，调撤率达到64%，调解成功率达到93%以上。https://www.xuexi.cn/lgpage/detail/index.html?id=15267335305716324826&item_id=15267335305716324826，2021年6月6日访问。

④ 参见林险峰、李明哲：《当前人民调解工作的困境与出路》，载《中国司法》2004年第11期。

问题。

1. 专门立法的欠缺

良法是善治之前提，但是我国有关诉讼外婚姻家庭纠纷解决机制的立法却十分欠缺。目前我国关于人民调解的专门立法有：《中华人民共和国人民调解法》[①]（2011 年）、《人民调解委员会组织条例》（1989 年）、《人民调解工作若干规定》（2002 年）等。可以看出，这些法律、法规或规章的颁布和实施时间较长，并没有根据社会生活突飞猛进的变化进行适时修正，最新的当属 2011 年的《人民调解法》，距今也已经过去 10 多年，并且《人民调解法》仅六章三十五条，内容单薄，可操作性不强。

各级人民调解委员会是婚姻家庭纠纷调解的主要力量，上述关于“人民调解”的立法尚且不够健全和丰富，婚姻家庭纠纷调解的立法更甚。目前，我国有关婚姻家庭纠纷调解的立法被分散在各个部门法中，比如《民法典》第 1079 条第 1 款规定，夫妻一方要求离婚的，可以由有关组织进行调解或者直接向人民法院提起离婚诉讼；第 1132 条第 2 款规定，遗产分割的时间、办法和份额，由继承人协商确定；协商不成的，可以由人民调解委员会调解或者向人民法院提起诉讼。但是并没有专门的针对婚姻家庭纠纷调解的较为系统全面的法律规范，“这使得组建专门的调解机构、培训专门的调解人员，由其专职进行婚姻家庭纠纷的调解，均无法律依据”。[②]

---

① 以下简称《人民调解法》。

② 参见陈苇、来文彬：《论我国婚姻家庭纠纷人民调解的新机制——以澳大利亚“家庭关系中心”之婚姻家庭纠纷调解为视角》，载《学术交流》2009 年第 7 期。

2. 专门组织机构的缺乏

我国对婚姻家庭纠纷的民间调解并没有专门的组织机构，包括人民调解委员会也并不是专门处理婚姻家庭纠纷的组织机构，它负责处理各种各样的民间纠纷，行政调解也只是在法定职权范围内履行调解的职能，并没有统一的管理机构。目前，有地方已经开始设立专门的调解委员会以更专业地解决民间纠纷，比如 2019 年，旅游胜地海南省成立了海南省旅游消费纠纷人民调解委员会，受理法律适用要求较高的各类旅游投诉及重大、疑难、复杂、群体性投诉等案件。但却未曾在地方设立专门的婚姻家庭纠纷人民调解委员会，一些专门负责婚姻家庭纠纷解决的“调解站”或者“婚姻家庭纠纷调解窗口”的出现固然是婚姻家庭纠纷解决机制的进步，但是目前组织有序、结构完整的专门机构还未形成。

3. 调解人员的专业素质有待提高

邻友调解、单位调解的专业性不足自不用说，我国的人民调解也存在社会经验丰富但专业素质不高的问题。人民调解员的担任条件在《人民调解法》第 14 条中有所规定，即公道正派、热心人民调解工作，并具有一定文化水平、政策水平和法律知识的成年公民。在调解实践中，担任调解员的一般都是年纪较长的妇女，不可否认，她们一般拥有丰富的社会生活经验和调解经验，但是却缺乏相应的心理、婚姻家庭相关的法律知识，而这些专业知识恰恰是婚姻家庭纠纷调解所必需的，国外的婚姻家庭调解员也“多数是由具有社会学、医学、教育学、心理学、行为学知识以及经过法律训练的专门人士担任”①。尽管《人民调解法》也规定人民调解委员征得当事人同意可以邀请具有专门知识的人员参与调解，但这仅仅是一个倡导性规范，并不具备强制力，所以

① 参见陈爱武：《婚姻家庭调解：比较借鉴与制度重构》，载《法学》2007 年第 6 期。

实施效果也不够理想。

4. 调解的效果受到质疑

邻友、单位调解通常是“晓之以理、动之以情”，当事人经常碍于情面或者碍于领导的面子而违心接受调解意见，此类调解方式只能暂时地平息矛盾，并不能从根本上解决问题。行政调解主要包括公安、妇联和民政部门的调解，但调解工作作为他们工作中的一小部分，在工作中并不积极主动，逐渐沦为一种形式化的调解，并没有实质的化解矛盾效果。

人民调解的过程由于缺乏完整的程序规制和强制力，双方当事人在调解过程中达成一致意见之后，经常出现一方当事人恶意违约的情形，即便当事人可以向法院申请确认调解协议的效力以获得强制执行效力①，但是确认调解协议效力需在30日内共同向人民法院申请，这使得调解协议的效力大打折扣，进而挫伤人们选择诉讼外调解方式解决婚姻家庭纠纷的积极性。此外，因为诉讼外的调解机制始终坚持当事人意思自治原则，所以在调解过程中会缺乏有效的监督，所达成协议的合法性会受到一定质疑。对于纠纷主体当事人在调解过程中作出的承诺是否会损害他人的合法权益也无从考证。

① 2011年1月1日施行的《人民调解法》第33条规定：“经人民调解委员会调解达成调解协议后，双方当事人认为有必要的，可以自调解协议生效之日起三十日内共同向人民法院申请司法确认，人民法院应当及时对调解协议进行审查，依法确认调解协议的效力。人民法院依法确认调解协议有效，一方当事人拒绝履行或者未全部履行的，对方当事人可以向人民法院申请强制执行。人民法院依法确认调解协议无效的，当事人可以通过人民调解方式变更原调解协议或者达成新的调解协议，也可以向人民法院提起诉讼。”

三、构建婚姻家庭纠纷多元化解决机制的可行路径

在梳理我国婚姻家庭纠纷解决现状和现有婚姻家庭纠纷解决机制存在的问题的基础上，笔者将从完善婚姻家庭纠纷审判、诉讼调解配套机制、诉讼外调解制度和探索构建其他婚姻家庭纠纷解决机制方面提出构建婚姻家庭纠纷多元化解决机制的设想。

（一）婚姻家庭纠纷审判

1. 完善婚姻家庭程序立法

将婚姻家庭诉讼程序与婚姻家庭非诉程序分别列入，形成统一协调的婚姻家庭纠纷审理程序立法体系。从横向看，国内各个区域及地方风俗习惯的差异，导致各地法院裁判标准不一，裁判程序也各有差异。从纵向看，婚姻家庭纠纷的审判程序始终融于普通案件的审理，仅仅以原则或模式一以贯之，并未有独立具体的规定。

随着民法典婚姻家庭编及婚姻家庭制度司法解释的出台，我国婚姻家庭实体法规范已经逐步趋向统一，而婚姻家庭程序立法尚未跟进，多散落分布于《民事诉讼法》各分则及其司法解释、相关法律法规中，没有形成统一的体系结构，为婚姻家庭纠纷的解决效率造成一定的阻碍。

综观域外各国立法，就大陆法系国家而言，德国 1877 年《民事诉讼法》设置第六编“婚姻事件与禁治产事件”，在此基础上，2008 年制定了《德国婚姻家庭事件和非讼事件程序法》，其中涉及婚姻家庭审判的内容共四编三十章 373 条，贯彻了与一般民事案件相区别的职权主义、限制处分等立法指导思想。[①] 日本早在 1898 年就制定了《人事诉讼程序法》，后来又陆续制定了《婚姻家庭审判法》《非讼案件程序法》《民事调停法》，形成了四位一体的婚姻家

① 王葆莳：《德国婚姻家庭事件和非讼事件程序法》，武汉大学出版社 2017 年版，第 6-7 页。

庭审判立法体系。[①] 就英美法系而言，英国通过《离婚改革法》《儿童法》《家庭法》等单行法令逐步推进了婚姻家庭审判制度改革，并最终通过2013年《法院与犯罪法案》，构建了一套完整的婚姻家庭法院体系。美国纽约州制定《婚姻家庭法院法》，多个州法院设立专门的婚姻家庭法院及婚姻家庭法庭。

我国婚姻家庭程序主要内容应包括其适用范围、程序主体、证据规则、诉讼程序等特殊规则，以保障婚姻家庭程序的逻辑清晰、统一有序。同时我国婚姻家庭审判程序法应确立强化法官职权的立法原则。在婚姻家庭纠纷中，身份关系与财产关系混杂，家族的血缘伦理关系错综复杂，中华民族几千年来的宗亲氏族观念根深蒂固，因此，在一般审判程序中当事人处分原则之上，婚姻家庭纠纷审判程序更应当加强法院的调查职权。基于婚姻家庭案件的伦理性及公益性，从保障弱者利益的角度，在婚姻家庭纠纷案件中强化法院职权，有助于法院更好地查清案件事实，厘清各方关系，公正处理纠纷，从而稳定社会秩序。

婚姻家庭程序法应兼顾诉讼法理与非诉法理。婚姻家庭纠纷中可能呈现多重法律关系的混杂，身份与财产难以简单割裂，需进行合并处理。以诉讼程序处理的案件与以非诉程序处理的案件如何合并处理，应通过婚姻家庭程序立法予以解决。

2. 推动婚姻家庭审理主体专业化、多元化

应加强法院内部专门人员队伍建设，促进专业人才多元化。在审判机制下，各国成立不同组织机构对婚姻家庭纠纷案件进行审理，英国、日本、澳大利亚等国设立专门婚姻家庭法院；德国、西班牙等国增设婚姻家庭法庭；澳大利亚、日本、墨西哥等国为婚姻家庭纠纷案件配置专门的婚姻家庭法官。

---

① 参见徐月笛、陈钰铭：《婚姻家庭审判的专业化与社会化探析》，载《山东理工大学学报（社会科学版）》2020年第3期。

首先，结合我国婚姻家庭案件繁多、法官数量不足的特点，增设婚姻家庭法庭、婚姻家庭法官专业化等路径尽管具有可行性，但仍然不足以支撑庞大的案件数量。当下，完善婚姻家庭纠纷审判中的陪审员制度更加具有可操作性和可覆盖性。陪审员作为合议庭的一员，对案件的审理起到不可忽视的作用，法官作为审判员，在审理婚姻家庭案件的过程中，具有一定的局限性，可能体现在对于新型婚姻家庭问题缺乏了解、对当地风俗习惯难以把握等方面，专业的陪审员能够与法官在认识社会现象及社会关系的层面进行互补，对具体婚姻家庭纠纷案件进行多维度分析了解。因此，对于婚姻家庭案件陪审员的选择，应设立门槛条件。笔者认为，专业婚姻家庭案件陪审员应当具有丰富的社会经验和扎实的专业基础，因此为了最大限度发挥婚姻家庭陪审员的专业特性，在满足一般的人民陪审员选任条件的同时，也应当设定年龄限制及专业要求，考虑工作经验及工作成绩，充分发挥社会力量以解决婚姻家庭纠纷。婚姻家庭陪审员条件包括：（1）35 周岁以上；（2）从事社区调解工作、社会调查工作、心理服务工作等，在工作过程中表现出较丰富的社会生活经验和较强的沟通交流能力。专业化的陪审员参与庭审，既弥补了法官在婚姻家庭纠纷审理中的经验不足问题，又能够实现与非诉讼机制的人员、经验的沟通交流。

其次，设置专门的婚姻家庭调查员，普及和完善婚姻家庭调查员制度。婚姻家庭调查员制度，是指特定人员根据法官的命令，在必要的情况下以其社工、教育、心理等专业知识就婚姻家庭案件中的特定事项以实地探访的方式展开事实调查，在事实调查的基础上提出调查报告，以协助法官厘清案件事实的制度。婚姻家庭调查员是对于职权主义的贯彻，通过调查员对婚姻家庭纠纷案件当事人日常生活范围的走访调查，法院主动获取案件事实及相关信息。结合我国司法审判结构，可以设立专职和兼职婚姻家庭调查员。专职调查员由婚姻家庭审判法官助理担任，兼职婚姻家庭调查员可以邀请人民陪审员、妇联、社区等组织的人员担任。[①] 目前在2018年7月18日施行的《最高人民法院关于进一步深化家事审判方式和工作机制改革的意见（试行）》中，已经对婚姻家庭调查员的准入门槛、职责事项、保密义务及禁止行为等方面作出规定，对婚姻家庭调查员制度的普及化迈出了重要一步。设置专门的婚姻家庭调查员，对婚姻家庭纠纷进行评估，综合调查情况，也能够促进婚姻家庭纠纷的合理解决，同时有助于诉讼与调解机制的对接，提高婚姻家庭纠纷的审理效率。

（二）完善诉讼调解配套机制

在普通的民事案件中，当事人之间通常具有明晰的诉讼请求，呈现明显的对抗性。[②] 但婚姻家庭案件作为一种特殊的民事案件，从婚姻家庭案件具有身份关系属性，具有极强的伦理性与亲缘性。因此，较之其他普通民事案件，从婚姻家庭纠纷当事人所要求的是非曲直的判断来说，婚姻家庭案件的当事人更希望的是在解决纷争的同时，顾念亲情和伦理、妥善解决婚姻家庭纠纷。婚姻家庭案件呈现明显的弱对抗性，而利用诉讼调解能够借以斡旋与调和、对话与交流等柔性过程减轻当事人间的对抗情绪，引导当事人解决纠纷复归理性。故诉讼调解是处理家事纠纷的重要途径。

1. 加强诉讼调解力度，规范诉讼调解制度

一是调解机构的专业化。首先，专门化的婚姻家庭诉讼机构有利于帮助家庭实现一种实质性的正义。专门化的婚姻家庭诉讼机构，使得婚姻家庭诉讼法院处理婚姻家庭诉讼纠纷案件更加透彻明了，处理方式也更加专业化，对于有效维护家庭实体正义，具有更

---

① 参见李鹤贤、刘志强：《完善婚姻家庭审判工作的三个关键制度》，载《人民司法（应用）》2016年第34期。

② 参见任容庆：《论我国婚姻家庭纠纷协同机制的构建》，载《山东法官培训学院学报》2018年第3期。

加深远的意义。婚姻家庭诉讼法院如果无法有效地实现家庭实体的正义，其对家庭带来的不利影响将远远高于普通法院。婚姻家庭纠纷案件如果出现错误判决结果，则意味着当事人的合法权益和身份利益结构出现紊乱。身份关系的特性，会严重影响第三人的合法权益。随着时间的推移，最终的结果也将延伸到整个社会层面。此外，有助于专门机构提高效率，扩大效益。设立婚姻家庭诉讼法院的最初目的之一，就是根据婚姻家庭纠纷解决的程序和目的，建立相应的婚姻家庭调解机构，这与普通婚姻家庭法院相比，可以更加高效、专业地处理婚姻家庭案件，对妥善解决纠纷意义重大。但这里需要说明的是，我国人民法院设立的家庭诉讼法院所追求的效率，不仅是短期的、低成本的支出或一次性的高产出，而是可持续的、综合多方因素的结果。

二是要实现调解人员专业化。婚姻家庭调解员应具有判断案件是否适合调解的能力，且应当在保证公平的基础上对当事人进行心理疏导、引导当事人积极调解。因此在完善婚姻家庭纠纷法院调解制度时，必须强调调解人员的专业性，为了实现婚姻家庭调解员队伍专业化。要建立明确的准入机制。明确的准入机制一方面保证了调解员的质量，有助于调解工作的顺利进行；另一方面有助于当事人判断调解员的水平，有助于律师、婚姻家庭法院转介调解时有针对性地选择合适的调解员。

2. 完善诉讼调解原则，促进诉讼调解规范化

（1）明确婚姻家庭纠纷调解前置原则。调解前置原则是符合前置调解的案件应该先进行调解，调解不成功，再转入审判程序，而且一方当事人去申请就可以启动调解程序，我国婚姻家庭纠纷的法院调解是在开庭审理程序之前进行。我国法律规定离婚和继承等婚姻家庭纠纷案件要先进行调解，案件没有调解成功才进入审判程序，但这不是我们所说的调解前置。

事实上，婚姻家庭纠纷调解前置原则存在争议，有的认为是在

立案之前为法院当事人调解算调解前置，不然不允许转为诉讼。有的则认为是在立案后为当事人的调解算调解前置，调解未成，直接转入审判。[①] 笔者认为可以适当地平衡，按照案件的不同进行选择调解的顺序。婚姻家庭纠纷的案件现在的要求是基本上都要调解，而且是调审要分开，案件先进行调解后才能转入审判，即调解前置原则。

（2）婚姻家庭纠纷法院调解未成年子女最佳利益的原则。婚姻家庭纠纷案件中未成年子女的利益在各个国家和地区都受到重视，因此，未成年子女的最佳利益原则在各个国家的法律里边都会有所涉及，这说明各个国家在婚姻家庭纠纷案件中都很关心未成年子女的利益。未成年子女在父母离婚的案件中，最容易受到伤害，因为父母的离婚可能给未成年子女带来不可磨灭的心里阴影，调解时要多考虑未成年子女的利益，先以他们的利益为出发点考虑。法院的调解员要适当倾向未成年子女，为他们的成长考虑，在涉及未成年子女参与的调解中，应当安排专业的心理医生调解员一起参与调解，及时安排心理医生与未成年子女进行沟通，疏导他们的内心，让他们的内心不产生恐慌。在整个调解过程中应竭尽全力地将对未成年子女受到的伤害降到最低，使他们的身心尽可能远离伤害，同其他孩子一样健康地成长。

3. 诉前调解与诉讼程序相衔接

建立婚姻家庭纠纷诉前调解机制的目的是通过实现诉讼与非诉讼相衔接，发挥调解简便快捷、成本低、效果好的优势，缓解审判压力，以及由于审限压力导致的诉讼调解不足导致矛盾未能实质性解决的上诉、上访的产生。由于在立案前或者立案后引导当事人到特邀调解组织或者由特邀调解员进行调解，在某种程度上延长了纠

---

① 参见王亚明：《婚姻家庭审判诉前分流路径初探》，载《行政与法》2017 年第 1 期。

纷解决的时间，因此应当严格执行诉前调解期限，对于达不成调解的，要及时立案，实现诉前调解与诉讼无缝对接，以便及时高效地解决纠纷，构建诉前调解分流制度。

首先，如若调解成功，可达成协议。在婚姻家庭纠纷诉前调解程序中，纠纷双方当事人合意达成调解的，经由法院形式审查，不违反法律规定的，形成的调解书与判决书具有同等效力。笔者认为通过此项规定，一方面可以使诉前调解程序具有独立的价值；另一方面通过法院的主导行为，实现纠纷当事人对于诉前调解的信赖度，而法院对于调解书的审查只限于形式方面，只要不违反法律规定，不损害第三人、社会公共利益即可。

其次，如果调解失败，则转入诉讼程序。作为婚姻家庭纠纷的解决程序，诉前调解程序和诉讼程序都是具有独立价值的程序设置。但为了保持两种程序之间的有效协作，应该对诉前调解程序和诉讼程序的衔接问题进一步明确。在此，笔者赞同连续性说的观点，即诉讼和调解联动起来，调解作为诉讼的前提条件，调解不成的特定婚姻家庭纠纷，直接转入诉讼程序。

（三）完善诉讼外调解制度

我国民事法庭规定了婚姻家庭案件调解优先①，且传统观念下我国一向奉行“家丑不外扬”的理念，多数人出现家庭纠纷后可能不会选择起诉的救济方式，而是选择自行和解，或者找亲近之人做第三人进行调解。诚然，和解机制在某种程度上达到了一定解决婚姻家庭纠纷的作用，但由于当事人面对婚姻家庭纠纷时通常处于不甚理性的状态，且缺乏外部监督，容易造成一方恶意反悔等情况②。

---

① 参见任俊琳、唐聚泽：《婚姻家庭调解之社会协调路径》，载《山西高等学校社会科学学报》2021 年第 33 期。

② 陈晓静：《家事纠纷多元化解决机制研究》，载《人民司法（应用）》2018 年第 16 期。

同时，和解协议只是当事人之间达成的合意，法律并未赋予其执行力，其履行全靠当事人自觉。总体来说，和解对于婚姻家庭纠纷的解决意义不大，反之对调解的需求大大增加。

目前，时代的变迁强烈冲击着传统的家庭价值观，婚姻家庭纠纷日趋复杂，社会对纠纷解决的诉讼需求过于旺盛，而法院受理婚姻家庭纠纷案件量较大，但受现有的业绩考核制度影响，多数法官更加看中结案数和结案周期。因此对于已经进入审理程序的案件，法官必须在结果和效益之间进行取舍。这样产生的后果直接表现为案件调解时间大幅缩短，调解过程中法官也没有时间和精力仔细听取当事人的意见及案件经过，在询问过重要案件事实过后便直接出具调解书。法官对于调解结果的追求远高于修复受损家庭关系的需要，且鉴于民事庭审通常不做区分，法官也不会寻找社会力量进行协助。如此，当事人之间的真实案件情况可能得不到详细调查，当事人也不会真心接纳法官出具的调解结果，反而加快了家庭的破裂速度。

在此情况下，寻求诉讼外的纠纷化解途径，一方面可以优化司法资源配置，减轻法院的受案压力；另一方面也有利于稳定当事人的情绪，妥善化解婚姻家庭纠纷。而诉讼外调解是婚姻家庭纠纷解决机制中的重要一环，其有利于降低成本的投入，提高程序收益，同时也符合我国的中庸思想——“和”“大事化小，小事化了”等。诉讼外调解可以分为民间调解、行政调解等，民间调解是最为普遍的调解方式，而行政调解则表现在离婚登记和财产公证时由司法、行政组织促使当事人之间达成合意的调解。在构建和谐社会理念的推动下，婚姻家庭调解机制对于促进婚姻家庭纠纷的解决、建立和谐的家庭关系有着不可小觑的功能，而多元化解的处理结果也是双方当事人自由意志的体现，当事人为了自身的利益所达成的协议更能被当事人自愿遵守，对促进婚姻家庭纠纷的有效解决发挥了重要作用。由于我国目前的诉讼外调解存在一定不足，亟待完善。

我们应倡导多元化的诉讼外调解机制，广泛激发社会机构的积极性，发挥其主观能动性，促进婚姻家庭纠纷的解决。

1. 推进调解主体的专业化

调解主体是否专业很大程度上影响调解的成功率。婚姻家庭调解要求调解人员不再只是建立各方交流的平台、由各方当事人表达自身的观点和看法，而是主动协调婚姻家庭纠纷的解决，促成双方的积极让步，充分发表自身对于待解决纠纷的意见和想法。在尊重当事人处分权、表达权的基础上，主动探知当事人未提出的设计案件事实认定的证据，从而最大程度上追求调解结果的公正。此外，在保障居民委员会、村民委员会、公安局以及民政部门等传统社会力量参与的基础上，充分发挥人民调解委员会、妇女联合会、司法局、教育局、关心下一代工作委员会等的积极性和创造性，统筹心理及法学、教育界的人才积极参与婚姻家庭纠纷的调查工作，同时做好当事人的法律支持和心理疏导，定期为调解人员做培训，推动调解主体的专业化、社会化、多元化。

2. 明确诉讼外调解协议效力

2002 年 11 月 1 日施行的最高人民法院《关于审理涉及人民调解协议的民事案件的若干规定》中明确了人民调解委员会调解达成的调解协议具有民事合同性质，《民法典》又规定涉及身份关系的协议适用特别规定，没有规定的参照合同编。虽然实践中法官往往不承认民间调解协议的效力，但通过英美法系的做法来看，如果双方就财产和子女问题等达成书面协议的，按照协议的约定履行。如有一方反悔，另一方可以诉诸法院请求强制执行（不适宜强制执行的除外），法院不得擅自改变协议。只有在协议完全一边倒的情况下，法官才可以改变协议的内容[1]。我国应完善诉讼外调解的程序

① 孟慧：《家事纠纷解决机制研究》，中国政法大学 2008 年硕士学位论文。

设置，强化民间调解与诉讼机制的衔接，承认民间调解协议的效力，赋予民间调解一定的法律地位①，推进民间调解的司法化发展。

（四）探索建立新型婚姻家庭纠纷解决机制

基于婚姻家庭纠纷的固有特征，尤其是婚姻家庭纠纷的身份性和情感性，在婚姻家庭纠纷解决中，“解决”的意义绝不仅是孰是孰非的判断或是消除纠纷当事人之间矛盾，更要通过婚姻家庭纠纷的处理，恢复当事人之间的感情，实现家庭矛盾纠葛化解。除婚姻家庭纠纷的诉讼解决机制和诉讼外调解解决机制外，还需探讨构建相应的配套措施。从婚姻家庭纠纷预防、效果监督、当事人基本生活保障等方面，配合婚姻家庭纠纷诉讼及诉讼外调解解决机制，提前预防婚姻家庭纠纷、保障弱势群体生活、抚慰婚姻家庭纠纷当事人的情感，从根本上化解婚姻家庭矛盾，避免和解决婚姻家庭纠纷。

在比较法及国内已有试点考察基础上，与婚姻家庭纠纷诉讼及诉讼外调解解决机制相配合，可在我国探索培育婚姻家庭纠纷预防机制、建立婚姻家庭纠纷福利制度、婚姻家庭回访制度。

1. 培育婚姻家庭纠纷预防机制

培育婚姻家庭纠纷预防机制的目的在于通过法院和社会的广泛参与，更新群众的婚姻家庭观念，从源头上预防婚姻家庭纠纷的产生，同时教育群众正确应对婚姻家庭纠纷，培育潜在婚姻家庭纠纷当事人解决纠纷的能力。在构建婚姻家庭纠纷预防机制方面，美国已经形成较为成熟的经验。从 2005 年开始，经美国纽约州婚姻家庭法院认可的社区心理健康中心、宗教组织设立的家庭服务中心等非政府组织就开始为由离婚或者分居需求的婚姻家庭纠纷提供当事人父母教育和宣传课程。一方面通过宣传教育纠正当事人的家庭观

---

① 参见徐黄华：《民间调解被重拾的原因和发展趋势》，载《学术交流》2014 年第 3 期。

念，化解婚姻家庭纠纷；另一方面也教育当事人提高自我解决纠纷的能力，促进纠纷的内部解决。笔者认为，学习美国的婚姻家庭纠纷预防经验，可以结合我国实际情况，构建一种多元主体、不同阶段、自愿与强制相结合的婚姻家庭纠纷预防机制。

在主体上，由于婚姻家庭诉讼及婚姻家庭纠纷诉讼外调解为我国现有主要的婚姻家庭纠纷解决机制，且婚姻家庭纠纷当事人多处于某一具体基层群众性自治组织中，笔者认为，法院、调解组织、村（居）委会、当事人申请“人身安全保护令”时的公安司法机关应当承担预防婚姻家庭纠纷的职能。婚姻家庭纠纷发生之前，重在教育预防。此时可由法院和调解组织在不侵犯当事人隐私权的前提下，通过以案释法、法治讲堂等方式对婚姻家庭纠纷解决的成功案例进行宣传，讲解婚姻家庭纠纷合理解决途径，提升群众家庭意识和纠纷处理能力。也可依托居委会、村委会、妇联等组织力量，开展家庭评选、宣传活动，进行婚姻家庭纠纷预防教育。对于婚姻家庭纠纷发生前的预防教育活动，群众可自愿参见。法院、调解组织在解决已有婚姻家庭纠纷时，可同时教育纠纷当事人事后理性对待婚姻家庭矛盾，预防婚姻家庭纠纷再发生。在发生家庭暴力等严重婚姻家庭纠纷，向公安机关申请保护或向法院申请“人身安全保护令”时，公安机关可在依法处理纠纷的同时，强制被申请人接受一定时长的婚姻家庭纠纷预防教育，在告知再犯后果的同时晓之以理，防止纠纷再发生。

2. 探索建立婚姻家庭福利制度

探索建立婚姻家庭福利制度之目的并非直接解决婚姻家庭纠纷，而在于在婚姻家庭纠纷解决中为需要的纠纷当事人提供物质和精神帮助。

福利制度本身，是在社会无法满足其群体或者家庭无法满足其个体的基本需求时，由国家提供福利、弥补制度设计。涉及财产关系的婚姻家庭纠纷可能导致纠纷当事人严重生活困难、原本和谐稳定的家庭发生纠纷也可能对当事人的心理造成打击，尤其是处于弱势地位的老人和未成年人。为有需要的纠纷当事人提供物质帮助，通过心理疏导、心理咨询平复因家庭纠纷矛盾而激化的情绪，引导当事人冷静、理性面对婚姻家庭问题，修复家庭成员之间的感情就是婚姻家庭福利制度功能所在。[①]

从比较法上和国内试点实践看，美国婚姻家庭审判改革就在淡化婚姻家庭审判对抗制色彩的同时，创设诸多司法附设替代性婚姻家庭纠纷解决机制，其中就包括审判程序结束后的修复性法律服务机制，为婚姻家庭诉讼当事人提供婚姻家庭教育、心理咨询方面的福利，帮助修复纠纷当事人情感，促进婚姻家庭纠纷根本性解决。在国内试点改革中，针对婚姻家庭案件当事人可能存在的心理问题、情绪问题、感情问题，很多法院在改革中尝试引入心理咨询、心理评估、心理疏导机制。学者调研发现，徐州市铜山区人民法院、徐州市贾汪区人民法院、山东武城县人民法院都在婚姻家庭审判程序改革中加入心理咨询相关服务。[②]《山东法院程序指引》第2条明确规定审理离婚案件的法官，应当优先遴选调解经验丰富，有婚姻经历和心理学知识的人员担任。在婚姻家庭纠纷，尤其是农村地区的婚姻家庭纠纷中，婚姻家庭纠纷当事人的基本生活和情感、心理健康需求是必须解决的问题。在试点成功的基础上，完全可以在有条件的法院引入心理疏导机制，在解决婚姻家庭纠纷时向纠纷主体提供司法帮助。同时探索建立妇联、共青团等其他公益性组织和基层群众性自治组织、民政部门等为婚姻家庭纠纷当事人提供物质和精神帮助的机制。

---

① 富羽仙：《家事纠纷解决机制研究》，黑龙江大学2020年硕士学位论文。

② 参见陈爱武：《婚姻家庭案件审判程序改革的观察与思考——兼议民法典时代我国婚姻家庭诉讼立法的必要性》，载《法治现代化研究》2020年第4期。

3. 建立婚姻家庭回访制度

针对当前婚姻家庭纠纷解决机制存在的诉讼外调解缺乏监督，诉讼外调解协议执行难的问题，以及婚姻家庭纠纷本身的情感性与身份性等特征，笔者认为，面对婚姻家庭纠纷案件，不能单纯满足于案结事了，应建立婚姻家庭纠纷案后跟踪、回访制度。对于通过诉讼解决的婚姻家庭纠纷，由案件承办法官在一定时间内定期回访，了解纠纷解决状况，对于未成功解决的案件及时进行调解，对纠纷当事人进行纠纷再发生的预防教育并为有需要的纠纷主体提供心理咨询等福利服务。对于通过诉讼外调解、和解、第三方参与协商等方式解决的婚姻家庭纠纷，通过事后回访，除为纠纷主体提供物质、精神帮助和进行预防教育外，最主要是检查调解、和解、协商成果执行情况，以便纠纷解决失败的当事人重新调解、和解、协商或及时进入诉讼程序，避免纠纷解决迟延。此外，各组织之间可以建立婚姻家庭纠纷长效综合协作平台，各自发挥优势，对复杂、敏感的婚姻家庭案件的有效处理进行定期的探索和交流，协同开展案后跟踪、回访和帮扶工作常态化进行。

参考文献

著作：

1. ［德］鲁道夫·冯·耶林：《法学的概念天国》，柯伟才、于庆生译，中国法制出版社 2009 年版。

2. 阎云翔：《礼物的流动：一个中国村庄的互惠原则与社会网络》，上海人民出版社 1999 年版。

3. 余延满：《亲属法原论》，法律出版社 2007 年版。

4. 杜晓晖：《彩礼返还请求权研究》，中国政法大学出版社 2020 年版。

5. 魏振瀛：《民法》（第八版），北京大学出版社 2021 年版。

6. 王利明：《民法》下册（第九版），中国人民大学出版社 2020 年版。

7. 王薇：《非婚同居法律制度比较研究》，人民出版社 2009 年版。

8. 王明霞：《婚姻家庭法》，中国政法大学出版社 2008 年版。

9. 徐朝阳：《中国古代诉讼法》，中国政法大学出版社 2012 年版。

10. 陈顾远：《中国法制史》，商务印书馆 2011 年版。

11. 王葆莳：《德国婚姻家庭事件和非讼事件程序法》，武汉大学出版社 2017 年版。

12. 刘敏、陈爱武：《〈中华人民共和国家事诉讼法〉建议稿及立法理由书》，法律出版社 2018 年版。

13. 陈群峰：《离婚利益协调机制研究——财产、子女及其他》，人民法院出版社 2008 年版。

14. 杜江涌：《家事法与家事习惯——晋中地区家事习惯调查报告》，华中科技大学出版社 2017 年版。

15. 杜江涌：《老年人监护制度研究》，中国人民公安大学出版社 2020 年版。

论文：

1. 李升、方卓：《乡村婚姻支付的社会交换逻辑——基于豫东 F 乡高额彩礼的个案研究》，载《贵州师范大学学报（社会科学版）》2021 年第 6 期。

2. 李付雷：《论彩礼的功能转化与规则重构》，载《中国社会科学院研究生院学报》2021 年第 1 期。

3. 吴娟：《解除同居关系后彩礼返还的法律分析》，载《东南大学学报（哲学社会科学版）》2017 年第 S1 期。

4. 吴家林：《解除同居后彩礼返还法律问题探讨》，载《福建师大福清分校学报》2011 年第 4 期。

5. 何立新：《论婚姻财产权的共有性与私人财产神圣化》，载《中州学刊》2013 年第 7 期。

6. 杨临萍、龙飞：《德国家事审判改革及其对我国的启示》，载《法律适用》2016 年第 4 期。

7. 张亮：《从约会到同居："他的"和"她的"同居决策比较——基于"90 后"流动青年同居者的质性研究》，载《妇女研究论丛》2020 年第 2 期。

8. 许敏：《当前中国社会同居现象的伦理精神分析》，载《学海》2021 年第 1 期。

9. 王旭霞：《多层次家庭规制体系之一——非婚同居的历史考察及重构》，载《兰州大学学报（社会科学版）》2009 年第 2 期。

10. 于晶：《青年非婚同居的财产权益保护问题研究》，载《中国青年研究》2019 年第 12 期。

11. 廖秉静：《非婚同居的法律思考》，载《武汉科技学院学报》2007 年第 3 期。

12. 贺波：《论非婚同居财产法律关系》，载《法学研究》2016 年第 5 期。

13. 龙翼飞、赫欣：《〈民法典〉婚姻家庭编最新司法适用准则探析》，载《法学杂志》2021 年第 8 期。

14. 李婧杰：《论非婚同居财产关系》，载《知识经济》2009 年第 6 期。

15. 杨彪、林艳祺：《非婚同居中的家务劳动补偿请求权》，载《政治与法律》2020 年第 12 期。

16. 冉克平：《夫妻团体债务的认定及清偿》，载《中国法学》2017 年第 5 期。

17. 冉克平：《论夫妻共同债务的类型与清偿——兼析法释〔2018〕2 号》，载《法学》2018 年第 6 期。

18. 叶名怡：《"共债共签"原则应写入〈民法典〉》，载《东方法学》2019 年第 1 期。

19. 吴国平：《收养立法完善的思考》，载《福建政法管理干部学院学报》2007 年第 4 期。

20. 张如曦、崔建华、靳羽：《事实收养关系的司法认定与处理机制》，载《人民司法》2010 年第 6 期。

21. 张熠星：《浅议我国收养制度中的几点瑕疵》，载《公民与法（法学版）》2012 年第 7 期。

22. 王歌雅：《关于我国收养立法的反思与重构》，载《北方论丛》2000 年第 6 期。

23. 傅郁林：《家事诉讼特别程序研究》，载《法律适用》2011 年第 8 期。

24. 景鑫、杜凤君：《离婚损害赔偿制度的司法运用与完善》，载《法律适用》2019 年第 16 期。

25. 薛宁兰：《我国离婚损害赔偿制度的完善》，载《法律适用》2004 年第 10 期。

26. 冉克平：《论配偶权之侵权法保护》，载《法学论坛》2010 年第 4 期。

27. 黄建水：《离婚过错损害赔偿制度的理论与实践》，载《当代法学》2002 年第 8 期。

28. 冉克平：《〈民法典〉离婚救济制度的体系化阐释》，载《政治论丛》2020 年第 5 期。

29. 张韶峰：《〈民法典·婚姻家庭编〉损害赔偿问题研究》，载《法制博览》2021 年第 27 期。

30. 朱小路：《我国离婚损害赔偿制度现状及其完善建议研究》，载《法制与社会》2021 年第 3 期。

31. 陈景良：《宋代司法传统的叙事及意义——立足于南宋民事审判的考察》，载《法律文化研究》2008 年第 4 期。

32. 陈晓静：《婚姻家庭纠纷多元化解决机制研究》，载《人民司法（应用）》2018 年第 16 期。

33. 齐凯悦、王彩霞：《论婚姻家庭纠纷诉讼与非诉讼协同解决机制的构建》，载《河北科技大学学报（社会科学版）》2019 年第 3 期。

34. 王德新：《婚姻家庭审判改革的理念革新与路径调适》，载《当代法学》2018 年第 1 期。

35. 李洪祥：《我国离婚率上升的特点及其法律对策》，载《社会科学战线》2015 年第 6 期。

36. 杨冰：《从理念转变到多元协作——略论美国婚姻家庭纠纷解决机制新发展》，载《河北法学》2011 年第 12 期。

37. 齐玎：《论婚姻家庭审判体制的专业化及其改革路径——以美国纽约州婚姻家庭法院为参照》，载《河南财经政法大学学报》2016 年第 4 期（总第 156 期）。

38. 巫若枝：《30 年来我国婚姻家庭纠纷解决机制的变迁及其启示——基于广东省某县与福建省厦门市五显镇实践的分析》，载《法商研究》2010 年第 2 期（总第 136 期）。

39. 张伟：《婚姻家庭纠纷解决机制的调查与研究》，载《河南财经政法大学学报》2012 年第 6 期。

40. 缪文升：《关于婚姻家庭纠纷多元化解决机制的路径选择》，载《学术交流》2009 年第 2 期。

41. 林险峰、李明哲：《当前人民调解工作的困境与出路》，载《中国司法》2004 年第 11 期。

42. 陈苇、来文彬：《论我国婚姻家庭纠纷人民调解的新机制——以澳大利亚“家庭关系中心”之婚姻家庭纠纷调解为视角》，载《学术交流》2009 年第 7 期。

43. 陈爱武：《婚姻家庭调解：比较借鉴与制度重构》，载《法学》2007 年第 6 期。

44. 徐月笛、陈钰铭：《婚姻家庭审判的专业化与社会化探析》，载《山东理工大学学报（社会科学版）》2020 年第 3 期。

45. 李鹤贤、刘志强：《完善婚姻家庭审判工作的三个关键制度》，载《人民司法（应用）》2016 年第 34 期。

46. 任容庆：《论我国婚姻家庭纠纷协同机制的构建》，载《山东法官培训学院学报》2018 年第 3 期。

47. 王亚明：《婚姻家庭审判诉前分流路径初探》，载《行政与法》2017 年第 1 期。

48. 任俊琳、唐聚泽：《婚姻家庭调解之社会协调路径》，载《山西高等学校社会科学学报》2021年第33期。

49. 徐黄华：《民间调解被重拾的原因和发展趋势》，载《学术交流》2014年第3期。

50. 陈爱武：《婚姻家庭案件审判程序改革的观察与思考——兼议民法典时代我国婚姻家庭诉讼立法的必要性》，载《法治现代化研究》2020年第4期。

51. 丁宝同：《我国家事审判改革阶段性成效盘点》，载《法治现代化研究》2020年第4期。

52. 徐德臣：《从解决纠纷到管理纠纷：现代家事法院功能之转变》，载《河北法学》2020年第38期。

53. 陈晋、黄筱蓉：《离婚诉讼外调解制度研究——基于浙鄂川三省的实地调研》，载《江西社会科学》2014年第34期。

54. 刘敏：《论诉讼外调解协议的司法确认》，载《江海学刊》2011年第4期。

55. 黄忠顺：《诉讼外调解协议自愿性的司法审查标准》，载《东方法学》2017年第3期。

56. 张翼杰：《社区家事纠纷解决机制构建》，载《人民论坛》2015年第20期。

57. 杨临萍、龙飞：《德国家事审判改革及其对我国的启示》，载《法律适用》2016年第4期。

58. 陈苇、曹贤信：《澳大利亚家事纠纷解决机制的新发展及其启示》，载《河北法学》2011年第8期。

59. 富羽仙：《婚姻家庭纠纷解决机制研究》，黑龙江大学2020年硕士学位论文。

60. 陈亚莉：《结构功能理论下婚姻家庭纠纷解决机制研究》，重庆工商大学2017年硕士学位论文。

61. 武晓宇：《我国婚姻家庭审判改革的现状及路径选择》，山西大学 2020 年硕士学位论文。

62. 易可：《我国婚姻家庭纠纷解决机制的完善——以婚姻家庭诉讼为主要视角》，湘潭大学 2013 年硕士学位论文。

63. 曹雪帆：《家事案件诉前调解程序研究》，吉林大学 2019 年硕士学位论文。

64. 陈朝斋：《家事纠纷解决机制研究》，浙江工商大学 2018 年硕士学位论文。

65. 王珏玲：《家事纠纷诉调对接机制研究》，四川省社会科学院 2020 年硕士学位论文。

66. 王宁：《家事纠纷诉前调解程序研究》，辽宁师范大学 2020 年硕士学位论文。

网络文章：

1. 孙宪忠：《民法典婚姻家庭编草案应该解决的四个现实问题》，http://iolaw. cssn. cn/zxzp/201907/t20190725_4939239. shtml，2022 年 7 月 15 日访问。

2. 中国裁判文书网，https://wenshu. court. gov. cn/website/wenshu/181217BMTKHNT2W0/index. html? pageId=7bbddd3196023901bcc4599a1f335e45&s8=03，2021 年 6 月 6 日访问。

3. 民法典时代　家庭公共服务如何升级？https://www. xuexi. cn/lgpage/detail/index. html? id=3110755090458582488&item_id=3110755090458582488，2021 年 6 月 6 日访问。

4. 锡市法院“温馨驿站”会同妇联部门合力为受家暴女性维权，https://www. xuexi. cn/lgpage/detail/index. html? id=15267335305716324826&item_id=15267335305716324826，2021 年 6 月 6 日访问。